货币国际化理论研究
与人民币国际化前景展望

张桂文　田正华◎著

西南财经大学出版社
中国·成都

图书在版编目(CIP)数据

货币国际化理论研究与人民币国际化前景展望/张桂文,田正华著.—成都:西南财经大学出版社,2023.7
ISBN 978-7-5504-5832-1

Ⅰ.①货… Ⅱ.①张…②田… Ⅲ.①人民币—金融国际化—研究 Ⅳ.①F822

中国版本图书馆 CIP 数据核字(2023)第 123302 号

货币国际化理论研究与人民币国际化前景展望
HUOBI GUOJIHUA LILUN YANJIU YU RENMINBI GUOJIHUA QIANJING ZHANWANG

张桂文　田正华　著

责任编辑:李特军
责任校对:陈何真璐
封面设计:墨创文化
责任印制:朱曼丽

出版发行	西南财经大学出版社(四川省成都市光华村街55号)
网　　址	http://cbs.swufe.edu.cn
电子邮件	bookcj@swufe.edu.cn
邮政编码	610074
电　　话	028-87353785
照　　排	四川胜翔数码印务设计有限公司
印　　刷	四川煤田地质制图印务有限责任公司
成品尺寸	170mm×240mm
印　　张	17
字　　数	430 千字
版　　次	2023 年 7 月第 1 版
印　　次	2023 年 7 月第 1 次印刷
书　　号	ISBN 978-7-5504-5832-1
定　　价	88.00 元

1. 版权所有,翻印必究。
2. 如有印刷、装订等差错,可向本社营销部调换。

前言

长期以来，黄金作为一般等价物，因其与生俱来的稀有尊贵特性，执行着国际货币的职能，成为各国经济往来的"天然货币"。但正因为黄金的稀有，其增长速度并非以人的意志为转移，所以，当黄金的开采供给速度不及经济增长速度和国际贸易发展对货币储备的需求时，黄金作为国际货币的属性逐渐被削弱，以国家信用为背书的纸币，逐渐取代黄金成为国际货币的主要形式。由此，一段历时将近两百年的各国货币争夺国际地位、角逐货币霸权的历史大戏拉开了帷幕。

每一次国际货币的形成和更迭都伴随着一个主导国家的崛起和国家间权力的转移。从国际货币发展历史看，英镑脱颖而出成为第一个国际关键货币。这主要得益于工业革命、殖民贸易、世界工厂以及自由贸易制度的确立，英国以征服者的身份，最终确立了其一家独大的全球霸主形象，具有"纸币黄金"属性的英镑替代黄金完成国际货币的构筑，成为历史上第一个具有主权性质的真正国际货币。

三十年河东，三十年河西。在两次世界大战中元气大伤的英国，已经无法支撑和维系英镑在国际货币体系中的霸权地位。与此同时，美国在战争中吃足"红利"，大发横财，并以"欧洲救世主"的形象启动马歇尔计划，重返欧洲大陆，超越英国正式成为真正意义上的世界霸主。在强大的国家实力支持下，美元不仅成为布雷顿森林体系的核心，更是成为风靡全球的"纸黄金"。在维持国际货币体系近三十年稳定运行的同时，美国通过其霸主地位，以近乎零成本的美元在全球疯狂攫取铸币税。

由于"特里芬难题"的矛盾难以调和，布雷顿森林体系逐步失去稳定运行的基础。美国在充分获取布雷顿森林体系的所有收益后，也拒绝履行布雷顿森林体系赋予的义务，主动让美元与黄金脱钩，布雷顿森林体系随之解体，国际货币体系随之进入牙买加体系。但由于有强大的政治、经济、金融和军事力量作为后盾，美元的霸权地位并未丧失，真正成为以国家信用为背书的国际货币。在牙买加体系下，美元霸权依旧坚挺，欧元创新性诞生，英镑地位日渐式微，日元蠢蠢欲动却不得志。各种国际货币相互角力、交互竞争，精彩纷呈。由于未能形成更为稳定的制度安排，牙买加体系作为"无体系的体系"，已维持了将近五十年的时间，并预期将继续维持较长一段时间。

一部国际货币体系演变的历史，也是强权货币更替的历史，同时还是一部大国的兴衰史。以史为鉴，可以知兴替，在各国货币地位的起伏与货币霸权的更迭中，回顾和梳理国际货币从黄金到英镑、从英镑到美元，国际货币体系从国际金本位制、布雷顿森林体系到牙买加体系的历史沿革，总结指引这一变迁背后的客观规律，有助于我们在纷繁复杂的国际环境中认清中国应当如何趋利避害、主动作为，人民币应当如何应对当前的机遇和挑战，稳定且谨慎地推进人民币国际化。

开放竞争是牙买加体系的最大特点，这对人民币的发展来说既是机遇也是挑战。关于人民币国际化的利弊，在学术界、政策制定部门和有关方面曾经存有争议，现在仍在一定程度上有不同看法。不过作为迅速崛起的新兴经济体，尽管有不同观点，中国政府还是在2009年如期开启人民币国际化进程。十几年来，受跨境贸易结算政策调整、人民币汇率周期演变和跨境资本流动政策变化等多种因素的影响，人民币国际化有起有落，在波动中向前发展，但总体上取得了显著的成绩。尤其是2016年，人民币正式加入国际货币基金组织特别提款权货币篮子，成为国际储备货币之一。作为一种新兴的国际货币，人民币充当国际性交易媒介、计价工具和价值储藏的情形在不同程度上已经出现。

在此背景下，笔者认为有必要对货币国际化的相关问题进行系统的研究。货币国际化是国际货币领域中一个非常重要的现象，同时也是一个复杂的过程。货币国际化是市场选择的结果，它要求货币发行国在政治上强大且稳定、经济实力雄厚、国际贸易和投资有较大的市场份额、金融市场发达、货币币值稳定等。正是由于以上原因，绝大多数货币无法完成国际化之旅，只有少数几种货币能同时在国内和国际上执行货币的职能。

本书旨在通过对国际货币的性质进行考察，研究货币国际化的相关理论问题。本书根据研究问题的需要，综合运用了规范分析与实证分析相结合、归纳与演绎相结合、历史分析与比较分析相结合等方法。首先，以货币的性质为出发点，分析国际货币的职能与性质的特殊性，指出国家货币成为国际货币（这一过程就是货币国际化）的内在动力；其次，研究货币国际化所需要具备的条件以及货币国际化给发行国带来的收益与成本，并对主要国际货币的国际化进程进行梳理和总结；再次，分析国际货币与国际货币体系的关系，指出国际货币体系中的主导货币决定了国际货币体系的性质，货币霸权的更替导致了国际货币体系的更迭；最后，对人民币国际化相关问题进行了探讨。

人民币国际化之路，任重而道远。面对百年未有之大变局，国际货币体系发生着新变化。与此同时，人民币国际化的逻辑和外部环境也发生了深刻变化。本书聚焦货币国际化，全面论述世界货币体系的演变过程和人民币国际化的相关问题，在国际货币体系历史变迁的视野下探寻新时代新格局下人民币国际化的有效路径。

作者

2023 年 1 月

目录

第一章 绪论 / 1
 一、研究背景与研究意义 / 1
 二、相关概念界定 / 3
 三、本书的主要内容 / 5
 四、本书的主要观点 / 7

第二章 货币国际化相关理论综述 / 9
 第一节 货币替代理论 / 9
  一、货币替代理论的相关理论模型 / 10
  二、货币替代的经济效应 / 12
  三、对货币替代理论的评述 / 13
 第二节 国际资本流动理论 / 14
  一、费雪的国际资本流动理论 / 14
  二、麦克杜尔的国际资本流动理论 / 15
  三、资产组合理论 / 16
  四、对国际资本流动理论的评述 / 17
 第三节 最优货币区理论 / 18
  一、蒙代尔的 OCA 理论 / 19
  二、OCA 的成本收益分析 / 20
  三、对 OCA 理论的评述 / 21

第四节　三元悖论 / 23
　　一、三元悖论的发展历程 / 23
　　二、三元悖论的扩展 / 26
　　三、对三元悖论的评述 / 27

第三章　货币国际化相关文献综述 / 30
　第一节　国际货币产生的机制 / 30
　　一、国际媒介货币的产生机制 / 30
　　二、国际计价货币的产生机制 / 32
　第二节　国际货币体系 / 33
　第三节　人民币国际化 / 35
　　一、人民币国际化的可行性与必要性 / 35
　　二、人民币国际化的实现途径 / 36
　　三、"一带一路"与人民币国际化 / 38
　　四、后疫情时代的人民币国际化 / 39
　第四节　对相关文献的评述 / 40

第四章　货币的性质与国际货币 / 43
　第一节　货币的形态、职能与性质 / 43
　　一、货币的形态 / 43
　　二、货币的职能 / 47
　　三、货币的性质 / 53
　第二节　关于"数字货币"的探讨 / 65
　　一、数字货币的分类 / 66
　　二、私人数字货币并非真正意义的货币 / 66
　　三、关于数字货币的评述 / 69
　第三节　国际货币的形态、职能与性质 / 70
　　一、国际货币的形态 / 70

二、国际货币的职能 / 72
　　三、国际货币的性质 / 73
第四节　国际货币与货币国际化 / 77

第五章　货币国际化的一般理论分析 / 79
第一节　货币国际化的条件 / 79
　　一、经济因素：货币国际化的决定性因素 / 79
　　二、历史因素：在位国际货币的粘滞作用 / 85
　　三、政治因素 / 86
第二节　货币国际化的收益 / 87
　　一、国际铸币税收入 / 88
　　二、改善贸易条件、增强国际支付能力 / 90
　　三、享有非对称的政策优势 / 92
　　四、节约交易成本、促进本国金融业的发展 / 94
　　五、政治方面的收益 / 95
第三节　货币国际化的成本 / 95
　　一、"特里芬难题"对国际货币地位的自我削弱 / 96
　　二、削弱宏观调控能力、增大宏观调控的难度 / 97
　　三、金融市场波动加剧、金融稳定成本增加 / 99
　　四、汇率调整方面的非对称性 / 100
第四节　对货币国际化的条件、收益与成本的评述 / 101

第六章　主要货币国际化演变的历史考察 / 104
第一节　英镑国际化 / 104
　　一、英镑国际化的路径 / 104
　　二、英镑地位的衰落 / 107
　　三、对英镑国际化的评述 / 108
第二节　美元国际化 / 110
　　一、美元国际化的路径 / 110

二、金融危机下的美元 / 115

三、对美元国际化的评述 / 118

第三节 欧元国际化 / 120

一、欧元国际化的路径 / 120

二、欧元启动后的表现 / 124

三、欧洲主权债务危机和欧元的前景 / 126

四、对欧元国际化的评述 / 128

第四节 日元国际化 / 130

一、日元国际化的路径 / 130

二、对日元国际化的评述 / 134

第五节 主要货币国际化进程的启示 / 136

第七章 主要国际货币与国际货币体系 / 138

第一节 英镑霸权与国际金本位制 / 139

一、英镑的崛起与国际金本位制的建立 / 139

二、国际金本位制的运行机制与特点 / 141

三、国际金本位制下的英镑霸权 / 142

四、英镑霸权的衰退与国际金本位制的解体 / 144

五、对国际金本位制的评述 / 145

第二节 英镑霸权向美元霸权过渡下的金汇兑本位制 / 148

一、国际金汇兑本位制 / 148

二、国际金汇兑本位制下英镑的衰落与美元的崛起 / 149

三、对国际金汇兑本位制下货币霸权的评述 / 151

第三节 美元霸权与布雷顿森林体系 / 152

一、美元霸权的确立与布雷顿森林体系的建立 / 152

二、布雷顿森林体系时期的美元霸权 / 154

三、美元霸权的下降与布雷顿森林体系的解体 / 156

四、对布雷顿森林体系的评述 / 157

第四节　美元占相对主导地位的牙买加体系 / 159
　　一、牙买加体系的主要内容与特点 / 160
　　二、牙买加体系下的美元霸权 / 161
　　三、对牙买加体系的评述 / 164
第五节　对国际货币体系历史演变的评述 / 166
第六节　对未来国际货币体系的看法 / 169

第八章　人民币国际化的进程及现状 / 171
第一节　人民币国际化发展历程 / 171
　　一、人民币跨境结算扮演人民币国际化的"排头兵"角色 / 172
　　二、多措并举促进人民币国际投融资功能的提升 / 172
　　三、以货币互换为突破口发挥人民币国际储备货币职能 / 179
第二节　人民币国际化的现状 / 180
　　一、人民币跨境使用延续稳步增长态势 / 180
　　二、人民币的大宗商品计价能力相对较弱 / 182
　　三、全球外汇储备中人民币的规模显著扩大 / 183
第三节　人民币国际化评价指标 / 186
　　一、人民币国际化指数 / 186
　　二、人民币国际化综合指数 / 189
　　三、跨境人民币指数 / 190
　　四、离岸人民币指数 / 191

第九章　人民币国际化的综合分析 / 193
第一节　人民币国际化的条件 / 193
　　一、高质量发展格局下的经济动力 / 193
　　二、金融体系日臻成熟 / 198
　　三、人民币币值总体保持稳定 / 200
　　四、外汇储备总体保持充足 / 201

第二节 人民币国际化的收益与成本 / 202
　一、人民币国际化的收益 / 203
　二、人民币国际化的成本 / 205
第三节 人民币国际化的机遇和挑战 / 206
　一、人民币国际化的机遇 / 207
　二、人民币国际化的挑战 / 212

第十章　人民币国际化发展展望 / 215

第一节 人民币国际化的目标 / 215
　一、人民币国际化的短期目标 / 215
　二、人民币国际化的中长期目标 / 216
　三、人民币国际化的终极目标 / 217
第二节 人民币国际化应坚持的原则和应处理好的关系 / 218
　一、人民币国际化应坚持的原则 / 218
　二、人民币国际化应处理好的关系 / 220
第三节 稳慎推进人民币国际化的政策建议 / 223
　一、全力推动经济高质量发展，提升人民币国际化软实力 / 224
　二、推进金融体制创新，为人民币国际化提供重要支撑 / 225
　三、抢抓共建"一带一路"高质量发展机遇，完善人民币的国际循环 / 226
　四、积极应对"去中国化"，为人民币国际化争取宽松的外部环境 / 227
　五、把握数字经济发展时代机遇，冲刺人民币国际化新赛道 / 229

参考文献 / 231

附录　人民币国际化大事记 / 245

后记 / 256

第一章 绪论

一、研究背景与研究意义

长期以来，黄金作为一般等价物，执行国际货币的职能，成为各国对外经济交往的媒介。但当经济社会发展到资本主义的高速增长阶段，黄金生产的增长速度远远跟不上世界经济的增长速度，此时，作为当时世界上经济最发达国家的货币——英镑，就顺势成为国际社会普遍接受的支付工具和储备手段，此时形成的以英镑为核心的国际金本位制，稳定了各国货币的汇率，促进了资本主义国家第一个黄金增长期的到来。然而，随着英国在两次世界大战期间综合实力的下降，英镑无法维持其核心地位，国际金本位制宣告解体，以美元为核心的布雷顿森林体系取而代之，布雷顿森林体系的顺利运行促进了资本主义第二个黄金增长期的到来。但由于布雷顿森林体系的内在缺陷（特里芬难题）以及美元霸权地位的下降，布雷顿森林体系于1972年宣告解体，牙买加体系取而代之。

如今，国际货币体系进入"无体系"的牙买加体系已经四十余年。在这一时期，国际金融危机甚至经济危机频频爆发，如20世纪90年代的墨西哥金融危机和亚洲金融危机，2007年美国爆发的次贷危机并最终演化为波及全球的金融海啸。近年来，全球化遭遇逆流，贸易保护主义、单边主义盛行，美国奉行"美国优先"战略，滥用美元在当前货币体系中的主导地位转嫁危机、以邻为壑，透支美国作为世界经济领头羊的信誉与美元作为全球主要储备货币的信用。以上种种，一再证明当前的国际货币体系存在着种种弊端。面对这种局面，理论界与各国政府开始探讨国际货币体系的改革方向，建立一个更加稳定、更加公平的国际货币体系是世界各国，特别是发展中国家的共同诉求。

2009年以来，人民币正式启动国际化进程，人民币国际化是我国维护金融安全、地缘安全和实现国家战略的重要举措，也是减轻外部经济冲击和降低风险的稳定器。在我国综合实力绝对提升与"一带一路"倡议实施的合理推动下，人民币国际化取得了显著成果。随着中国贸易和金融的全球影响力提升，人民币国际化的基础更加牢固。

在此背景下，以下问题值得深入思考：为何许多国家不遗余力地推动本国货币的国际化？英镑为何能够在国际金本位制中确立其霸权地位，但最终却将其拱手让出？美元为何能在布雷顿森林体系中确立其霸权地位并延续至今，今后美元还能维持其霸权地位吗？为什么每一个历史时期总有一些货币崭露头角，甚至独占鳌头，而有些货币却悄无声息？一种货币成为国际关键货币需要具备什么样的条件，国际关键货币的地位又会给发行国带来怎样的收益和成本？国际货币与国际货币体系之间的关系是什么？更加稳定、更加公平的国际货币体系究竟只是一种主观意愿，还是具有现实的可行性？今后的国际货币体系将依旧是美元霸权，还是走向"多极"或"一超多极"？人民币能否在纷争不断的国际货币体系中站稳脚跟，拥有更多的话语权？

为了寻求以上问题的答案，笔者认为有必要对货币国际化的相关问题进行系统地研究。货币国际化是国际货币领域中一个非常重要的现象，同时也是一个复杂的过程。货币国际化是市场选择的结果，它要求货币发行国政治上强大且稳定、经济实力雄厚、国际贸易和投资有较大的市场份额、金融市场发达、货币币值稳定等。正是由于以上原因，绝大多数货币无法完成国际化之旅，只有少数几种货币能同时在国内和国际上执行货币的职能。

本书旨在通过对国际货币的性质进行考察，研究货币国际化的相关理论问题。本书根据研究问题的需要，综合运用了规范分析与实证分析相结合、归纳与演绎相结合、历史分析与比较分析相结合等方法。首先，以货币的性质为出发点，分析国际货币的职能与性质的特殊性，指出国家货币成为国际货币（这一过程就是货币国际化）的内在动力；其次，研究货币国际化所需要具备的条件以及货币国际化给发行国带来的收益与成本，并对主要国际货币的国际化进程进行梳理和总结；再次，分析国际货币与国际货币体系的关系，指出国际货币体系中的主导货币决定了国际货币体系的性质，货币霸权的更替导致了国际货币体系的更迭；最后立足于当前时间节点,分析人民币国际化的现状,当前进一步推进人民币国际化的条件、收益与成本、机遇与挑战,并对人民币国际化的未来进行了展望。

二、相关概念界定

(一) 国际货币

货币是指在市场中普遍被接受的,被用来执行交易媒介、计价单位、支付手段和价值储藏四种职能的一般等价物。本书研究的货币包括实物货币和由国家主权信用担保发行的信用货币。

迄今为止,理论界对于国际货币尚未有一个统一的精确定义,不同学者在各自的文献中都对国际货币做过定义。科恩(Cohen,1971)认为,货币的国际职能是其国内职能的扩展,如果一种货币的使用范围扩展到货币发行国之外,那么它就具有国际货币的特征[1]。塔瓦拉斯(Tavlas,1997)认为,如果一种货币在国际贸易中充当了计价单位、交易媒介和价值储藏手段,那么该货币就是国际货币。哈特曼(Hartmann,1998)从货币职能的角度扩展了科恩的定义,他将货币的职能分为记账单位、支付手段和价值储藏三个不同层次,认为国际货币是指那些在国际市场上执行一种或多种国际货币职能的货币[2]。蒙代尔(Mundell,2003)认为,当货币流通范围超出法定的流通范围,或该货币的分数或倍数被其他国家或地区模仿时,该货币就是国际货币[3]。而国际货币基金组织(International Monetary Fund,简称IMF)对国际货币的定义是:国际货币是能够在世界范围内发挥类似金属货币作用、可以为各国政府和中央银行所持有、可作为外汇平准基金干预外汇市场的货币[4]。

---

[1] COHEN BENJAMIN J. The future of sterling as an international currency [M]. Macmillan: Macmillan Press, 1971.

[2] 若某一货币被用于国际贸易或金融交易的计价单位,并被官方机构用作汇率的"驻锚(Anchor)",则该货币履行的是国际货币记账单位职能;若某一货币被非居民的私人部门选为金融资产时运用,如持有以该货币为标的的债权、存款、票据、股票等金融资产,或者作为非居民的官方部门持有该种货币名义下的储备资产,则该货币此时体现的是国际货币的储藏手段职能;若某一国际货币在国际贸易和资本账户下的交易中被私人用于直接货币兑换或者作为其他两种货币兑换的媒介货币,同时也被官方部门用作外汇市场干预和平衡国际收支的工具,则该货币履行的是国际货币的支付手段职能。详见:HARTMAN P. The International Role of Euro [J]. Journal of Policy Modeling, 2002 (24).

[3] 姜波克,张青龙. 货币国际化:条件与影响研究综述 [J]. 新金融,2006 (8):6-9.

[4] 李继民. 货币国际化研究成果综述 [J]. 首都经济贸易大学学报,2011 (2):96-104.

本书认为，国际货币是指流通域①扩展到发行国之外，在国际上执行交易媒介、计价单位、支付手段和储备手段四种职能中的一种或多种职能的货币。根据货币国际化的程度的不同，国际货币分为一般国际货币、国际关键货币和超主权国际本位货币②：

一般国际货币是指货币国内职能向境外延伸，但其流通域相对较小，一般是在货币发行国与周边国家和地区的贸易和投资中使用，其职能主要是交易媒介和支付手段，没有或者极少被其他国家当作储备货币。

国际关键货币是指流通域超越发行国国界，在世界范围内执行交易媒介、计价单位、支付手段和价值储藏四种职能的货币。作为交易媒介，国际关键货币可以成为其他货币间确定汇率的载体货币；作为计价单位，国际关键货币用于国际商品和债务的价值衡量；作为支付手段，国际关键货币被用于国家间债务的偿还和国际间的援助等；作为价值储藏，国际关键货币被各国中央银行作为外汇储备并用于平衡国际收支。从目前世界上的各种主权货币看，美元、欧元、日元、英镑等属于国际关键货币的范畴。

超主权国际本位货币应该具有以下特征：第一，超主权国际本位货币是各国无条件接受的计价单位，既是各国汇价的定价基础，又是各国官方和民间贸易与金融活动的通用工具③。第二，超主权国际本位货币是最高形态的信用货币。作为国际共同的计价单位，其信用担保不应该是某一国家的信用，而是比国家信用更高层次的权威④。第三，超主权国际本位货币应当由世界性的中央银行发行和管理，这样才能保证货币政策是指向全球范围内的利益最大化。从这几个特征看，历史上符合以上特征的国际货币并未出现过，超主权国际本位货币目前只是理论上的探讨。

(二) 货币国际化

货币国际化是指一国货币跨越国界，在境外流通，成为国际上普遍认

---

① 货币流通域的概念最早是由哈耶克于1937年在《货币民族主义与国际稳定》一书中提出的，其基本含义是指某一特定货币的流通广度或被接受和被使用的范围。显而易见的是，某一货币流通范围越广，市场对它的需求就越大，该货币的发行者获得的铸币税也就越丰厚。F A HAYEK. Monetary Nationalism and International Stability [J]. Augustus M. Kelley, 1989.

② 虽然国际货币分为一般国际货币、国际关键货币和超主权国际本位货币，但由于一般国际货币在国际市场上的实际作用与影响并不大，国际本位货币还不具有出现的现实性，因此本书重点讨论国际关键货币。

③ 吴富林. 论国际货币与货币的国际化 [J]. 经济学家，1991 (2)：74-82.

④ 由于目前并不存在超越国家主权的权威，所以高于国家信用的信用也不存在。

可的计价单位、结算货币以及储藏货币的过程,也就是一种国家货币逐步演变为国际货币的过程。用"化"来表达,往往是指一个正在进行的、尚未完成的过程,而货币国际化作为一个过程,具有丰富的内涵和广泛的影响。首先,货币国际化是一种货币的国内职能向境外延伸的过程;其次,货币国际化是货币作为国内公共产品演变为国际公共产品的过程;再次,货币国际化是一国软实力逐步增强的过程;最后,货币国际化是既有国际货币格局重新调整的过程[①]。

根据货币国际化程度的不同,货币国际化可以分为三个层次:第一,货币的周边化。货币的周边化是指某一国家货币的流通域延伸到境外,在周边国家和地区流通。第二,货币的区域化。货币的区域化是指某一国家货币在某一国际区域内成为被普遍接受并持有的,作为区域内贸易、投资的计价结算货币,作为国际储备资产的货币;或者是指在一个国际区域内不同国家的货币通过长期合作最终整合为一种新型的、统一的国际区域货币(比如欧元)。第三,货币的全球化。货币的全球化是指在货币区域化基础上进一步扩展货币的流通域,使某一货币最终在全球范围内广泛使用[②]。

根据国际货币所承担的职能范围的不同,货币国际化可分为部分国际化和完全国际化。部分国际化是指一国货币在国际经济中只充当交易媒介、计价单位、支付手段和价值储藏四种职能中的一种、两种或三种职能[③];完全国际化是指货币在国际经济中充当交易媒介、计价单位、支付手段和价值储藏全部四种职能。

三、本书的主要内容

从内容安排上,本书主要内容分为四大部分,共十章。除本章外,本书主体部分具体安排如下。

（一）理论综述与文献综述部分

第二章,货币国际化相关理论综述。本章分别对货币替代理论、国际资本流动理论、最优货币区理论和三元悖论进行了梳理和评述,为货币国际化的内在动机,国际货币的流通机制、流通域、汇率机制选择、内在矛

[①] 韩文秀.人民币迈向国际货币[M].北京:经济科学出版社,2011:29-31.
[②] 吴惠萍.国际货币与货币国际化研究综论[J].现代财经,2010(7):37-41.
[③] 比如特别提款权就只执行价值储藏职能。

盾等方面的分析提供了理论基础。

第三章，货币国际化相关文献综述。本章分别对国际货币产生的机制、国际货币体系和人民币国际化三个方面的相关文献进行梳理和评述，指出了当前研究中存在的空白和不足，为本书进一步就相关问题进行探讨奠定了基础。

(二) 货币的性质与货币国际化的理论分析

第四章，货币的性质与国际货币。本章首先从货币的本质出发，指出当前各国货币均为国家权力担保下的信用货币，研究得出一国货币兼具内生性与外生性，短期非中性与长期中性的性质。在此基础上，本章分析了国际货币的职能与性质的变化，指出国际货币无论短期还是长期都是非中性的，并创新性地提出国际货币基本矛盾的观点。同时，本章还基于货币的性质，对数字货币进行了探讨，指出央行数字货币是传统货币在载体上的创新，而私人数字货币不是严格意义上的货币。

第五章，货币国际化的一般理论分析。本章主要研究货币国际化所需要具备的条件以及货币国际化给发行国带来的收益与成本。具体而言，货币国际化需要具备以下条件：强大的经济实力、完善的金融体系、稳定的币值以及历史与政治方面的因素。货币国际化的收益为：国际铸币税收入、贸易条件的改善、影响他国经济政策的能力、完善本国金融体系以及政治方面的收益。货币国际化的成本为："特里芬难题"对国际货币地位的自我削弱、增大宏观调控的难度、金融稳定成本增加以及汇率调整方面的非对称性。

(三) 主要货币国际化与国际货币体系演变

第六章，主要货币国际化演变的历史考察。本章对英镑、美元、欧元和日元的国际化进程进行梳理，研究这四种货币国际化进程中的共性与特性。这既是对前面理论分析的一个佐证，也为后面研究主要国际货币与国际货币体系之间的关系做好铺垫。

第七章，主要国际货币与国际货币体系。本章主要研究主要国际货币与国际货币体系之间的关系，指出英镑霸权主导了国际金本位制的建立；英镑霸权与美元霸权的对峙形成了国际金汇兑本位制；美元霸权主导了布雷顿森林体系的建立；而美元霸权地位的相对下降导致了布雷顿森林体系的解体并过渡到当前的牙买加体系，并认为未来的国际货币体系将呈现"一超多极"的局面。

(四) 人民币国际化相关问题探讨

第八章，人民币国际化的进程与现状。首先，本章总结2009年正式启动人民币国际化进程以来，人民币在跨境结算、国际投融资和国际储备三个方面采取的具体举措。其次，本章分析人民币从2009年至今在跨境使用、大宗商品计价、全球外汇储备中的地位变化，指出人民币在国际交易媒介、国际支付手段和国际储备三方面的职能履行提升明显，而在国际计价单位方面还有待提升。最后，本章通过人民币国际化指数、人民币国际化综合指数、跨境人民币指数和离岸人民币指数四个指标的纵向对比和横向对比，客观评价当前人民币在国际货币体系中的地位。

第九章，人民币国际化的综合分析。首先，本章在人民币国际化已取得瞩目成绩的前提下，立足当前中国的现状，分析进一步纵深推进人民币国际化所具备的条件。其次，本章在货币国际化收益和成本的共性基础上，着重从人民币相比其他货币国际化的收益与成本的特殊性进行探讨。最后，本章全面研判当前人民币国际化的机遇和挑战，总结了进一步推进人民币国际化的有利因素和制约因素。

第十章，人民币国际化发展展望。本章设立了人民币国际化的短期目标、中长期目标和终极目标，明确了当前人民币国际化中应坚持的原则和应处理好的关系；并立足于人民币国际化的短期目标，对稳慎推进人民币国际化提出了相应的政策建议。

四、本书的主要观点

（1）在信用货币时代，一国国内流通的货币必须由该国政府发行，而在国际货币领域，理想状况下应当由高于国家的权威发行超主权国际本位货币来扮演国际货币的角色，但由于该货币尚不具备产生的现实条件，所以国际货币职能必须由某种国家货币来执行。由国家货币扮演国际货币的角色决定了国际货币的基本矛盾——国际货币发行国所代表利益的局部性与国际货币服务世界经济整体利益的内在要求之间的矛盾。

（2）数字货币分为央行数字货币和私人数字货币。央行数字货币是传统货币在载体上的创新，本质上仍是国家信用，是由国家主导发行的法定信用货币。私人数字货币虽然冠以"货币"的头衔，但我们不应将私人数字货币当成货币的一种。

（3）国际货币是非中性的。国际货币可以利用其在国际货币体系中的特殊地位为货币发行国牟取利益，这导致了两个结果：第一，具备条件的货币发行国将不遗余力地推进本国货币国际化的进程，提升本国货币的国际地位；第二，不同货币的国际地位是不平等的，国际货币的非中性决定了国际货币体系的非中性，国际货币体系中各个国家的话语权与利益分配是不一样的。

（4）货币国际化需要具备一定的条件。货币国际化既会给发行国带来收益，也会产生相应的成本；货币国际化是一个动态的过程，所以货币国际化的条件、成本和收益也是一个动态的过程；货币国际化的收益（成本）会增加（削弱）货币国际化的条件，而货币国际化的收益与成本也具有相对性。

（5）特定历史时期的货币霸权国主导了这一时期国际货币体系的形成，而货币霸权的更替导致了国际货币体系的变迁，如果货币霸权发生根本性的更替，那么国际货币体系也将发生根本性的变化，如从国际金本位制到布雷顿森林体系；如果旧的货币霸权地位开始衰落而新的货币霸权尚未形成，那么国际货币体系就将进入过渡体系，如国际金汇兑本位制和牙买加体系。

（6）国际经济与政治格局时刻在变，各种国际货币的地位也必然随之变化，这就决定了国际货币体系也是处于一个不断变化的过程中，国际货币体系不可能存在一个恒久稳定的制度安排。

（7）人民币经过了十多年的国际化进程，已经取得了显著的成效，且具备进一步推进的条件。但当前国际经济形势与政治格局错综复杂，人民币国际化机遇与挑战并存，中国应当立足自身利益，充分利用有利因素，积极应对不利因素，谨慎推进人民币国际化。

第二章 货币国际化相关理论综述

第一节 货币替代理论

美国经济学家卡鲁潘·切提（V. K. Chetty）在 1969 年 3 月发表于《美国经济评论》的文章 "*On Measuring the Nearness of Near Money*"[①] 中提出了货币替代的思想，他在该文章中提到的货币替代是指美国国内的准货币与货币之间的替代[②]。

货币替代就是多币种资产持有者在一定经济条件下（如财富总量一定、货币可自由兑换），由于交易动机、预防动机以及资产最大化组合等需求，在不同币种资产之间相互置换，从而在宏观上产生各种货币资产结构与总量变化的经济现象。货币替代可分为直接货币替代和间接货币替代：直接货币替代是指两种或多种货币同时作为支付手段并且存在竞争关系，经济主体同时持有两种交易余额，并且各种货币主体之间可以无成本地自由兑换[③]。间接货币替代是指经济主体持有以不同货币来计价的货币资产和非货币金融资产，并在这些资产间进行转换，从而间接影响对本国和外国货币的需求。

---

① V K CHETTY. On measuring the nearness of near money [J]. The American Economic Review, 1969, 59: 279-281.

② 早在金属货币时代，货币替代现象就已经发生，其表现形式是当社会经济中同时流通着各种成色的铸币时，成色较高的货币会被人们所储藏，而成色较低的铸币则会继续流通，从而产生了劣币驱逐良币的现象。尹亚红. 西方货币替代理论研究进展述评 [J]. 理论探讨，2011（1）：108-111.

③ 大量实证研究发现，直接货币替代现象主要发生在金融开放程度较高的发展中国家。

一、货币替代理论的相关理论模型

(一) 货币服务的生产函数理论[①]

货币服务的生产函数理论认为人们持有货币的原因是货币具有服务性功能,这一功能不仅可以由本国货币(本币)提供,也可以由外国货币(外币)提供。人们获得货币性服务的数量取决于其持有的本币与外币数量。其函数表达式为:

$$\lg \frac{M_d}{EM_f} = \frac{1}{1+\rho} \lg \frac{\alpha_1}{\alpha_2} + \frac{1}{1+\rho} \lg \frac{1+i_f}{1+i_d} + \mu \qquad (式2.1)$$

其中,M_d 为本币名义持有量;E 为名义汇率(直接标价);M_f 为外币名义持有量;ρ 为参数;α_1 和 α_2 为本币余额和外币余额所提供的货币性服务的权重,反映持有货币的边际效益;i_f 和 i_d 为本币与外币的利率;$\frac{1}{1+\rho}$ 为替代弹性,μ 为随机扰动项。

该模型的经济含义是:如果 $\lg \frac{M_d}{EM_f}$ 增加,则本币对外币产生替代;反之,如果 $\lg \frac{M_d}{EM_f}$ 减少,则外币对本币产生替代。货币替代可以反映在两种货币的替代弹性 $\frac{1}{1+\rho}$ 上,替代弹性越大,替代程度越高。同时,$\frac{\alpha_1}{\alpha_2}$ 越接近于1,替代弹性 $\frac{1}{1+\rho}$ 越大;当 $\frac{\alpha_1}{\alpha_2} = 1$ 时,两种货币完全替代。

(二) 货币需求的边际效用函数理论[②]

货币需求的边际效用函数是对货币服务的生产函数的修正,该理论认为除了持有本币与外币的机会成本外,一国的国民收入也会影响本币与外币的持有比率。其函数表达式为:

$$\lg M_d = \alpha_0 + \alpha_1 \lg y + \alpha_2 i_d + \alpha_3 i_f + \mu \qquad (式2.2)$$

$$\lg EM_f = \beta_0 + \beta_1 \lg y + \beta_2 i_d + \beta_3 i_f + \mu \qquad (式2.3)$$

[①] MARC A MILES. Currency substitution, flexible exchange rates, and monetary independence [J]. American Economic Review, 1978 (7): 428-437.

[②] BORDO, CHOUDRI. Currency substitution and the demand for money [J]. Journal of Money, Credit and Banking, 1982, 14 (1): 48-57.

其中，M_d 为本币名义持有量，E 为名义汇率（直接标价），M_f 为外币名义持有量，i_d 和 i_f 为本币与外币的利率，y 为本国国民收入，$α_0$、$α_1$、$α_2$、$α_3$、$β_0$、$β_1$、$β_2$、$β_3$ 为参数，$μ$ 为随机扰动项。

两式相减，得：

$$\lg \frac{M_d}{EM_f} = \eta_0 + \eta_1 \lg y + \eta_2 i_d + \eta_3 (i_f - i_d) + \mu \qquad (式2.4)$$

其中：$\eta_0 = α_0 - β_0$；$\eta_1 = α_1 - β_1$；$\eta_2 = α_2 - β_2 + α_3 - β_3$；$\eta_3 = α_3 - β_3$。

可见，对一国货币的需求取决于本国的国民收入和国内外的利率差。本国国民收入越高，本币利率越高，外币利率越低，对本币的需求就越大；反之，本国国民收入越低，本币利率越低，外币利率越高，则对本币的需求就越小。

（三）货币需求的资产组合理论①

货币需求的资产组合理论认为，除了持有不生息的货币余额，人们还可以持有各种生息资产。出于保值和规避风险的考虑，人们会调整货币余额与其他本外币资产之间的持有比例，从而产生货币替代。因此，对货币替代的研究还应考虑本外币计价的债券等其他形式的资产。其函数形式为：

$$\frac{M_d}{P} = \varphi f(y, i, \mu) \qquad (式2.5)$$

其中，M_d 为本币名义持有量；P 为本币价格指数；y 为本国国民收入；i 为本币利率；$μ$ 为随机扰动项。$\varphi(0 < \varphi < 1)$ 代表本币提供的货币性服务的比例，假定其他条件不变，φ 越接近于1，本币提供的货币性服务越多，人们越倾向于持有本币；反之，φ 越接近于0，外币提供的货币性服务越多，人们越倾向于持有外币。这两种现象都导致了货币替代。

（四）货币的预防需求理论②

货币的预防需求理论认为，人们持有货币的根本原因是获得货币资产需要支付的交易成本以及未来支出的不确定性。人们为了降低交易成本和

---

① CUDDINGTON JOHN. Currency substitution, capital mobility and money demand [J]. Journal of International Money and Finance, 1983 (2): 111-133.

② POLOZ S S. Currency substitution and the precautionary demand for money [J]. Journal of International Money and Finance, 1985 (1): 115-124.

未来的不确定性,将同时持有一定比例的本币与外币,并基于个人资产实际收益的最大化而改变其持有的本外币余额。其函数形式为:

$$M_d = M_d(r, s, b, c, \hat{z}, \hat{z}^*, \gamma, \beta) \quad (式2.6)$$

$$M_f = M_f(r, s, b, c, \hat{z}, \hat{z}^*, \gamma, \beta) \quad (式2.7)$$

$$B = W - M_d - M_f \quad (式2.8)$$

其中,M_d 为本币名义持有量,M_f 为外币名义持有量,B 为本币债券需求量,W 为所持有财富,r 为本币债券收益率,s 为本币相对外币的贬值率,$\hat{z}$ 和 $\hat{z}^*$ 为本币与外币需求 z 和 z^* 的均值,b 本币债券变现成本,c 为本外币兑换成本,γ 和 β 为参数。

此外,$\frac{\partial M_s}{\partial \rho} < 0$,$\frac{\partial M_d}{\partial s} < 0$,$\frac{\partial M_f}{\partial r} < 0$,$\frac{\partial M_f}{\partial s} > 0$,$\frac{\partial B}{\partial r} > 0$,$\frac{\partial B}{\partial s} < 0$。其经济含义是:当本币债券收益率上升时,本币与外币名义持有量下降,本币债券需求上升,本币债券成为本币与外币余额的替代品;当本币相对外币贬值时,本币名义持有量与本币债券需求量下降,外币名义持有量上升,外币对本币形成替代。

二、货币替代的经济效应

基于以上四种主流的货币替代形成机制理论,经济学者进一步论证了货币替代对一国宏观经济的影响,主要集中在以下几个方面。

（一）货币替代对汇率制度的影响

如果存在大规模的资本流动且各国货币政策没有协调一致,那么货币替代导致的汇率易变性将不利于固定汇率制的管理。在固定汇率制下,如果本币币值被低估,意味着本币存在升值预期,那么大量资本流入将导致本国的资产泡沫和通货膨胀;反之,如果本币币值被高估,意味着本币存在贬值预期,那么大量资本流出将导致本国存在爆发国际收支危机的风险[1]。浮动汇率制可以增加汇率形成的市场化程度与灵活性,避免资本的大规模流入和流出,保障本国金融体系的稳定[2]。

---

[1] 比如亚洲金融危机时的泰国、韩国等都是固定汇率制下资本大规模进出导致的国际收支危机。

[2] 严佳佳. 货币替代理论研究综述 [J]. 经济学动态, 2009 (8): 80-85.

（二）货币替代对铸币税①的影响

货币替代会降低被替代国政府通过发行货币收取铸币税来为本国财政融资的能力，从而影响被替代国通过发行货币改善财政收支状况的效果。一方面，货币替代程度越高，本币需求对通货膨胀率就越敏感，政府增发货币引发的通货膨胀将导致本国居民更多地持有外币。另一方面，本国居民可以同时持有两种或两种以上货币，意味着本国政府将部分铸币税收缴权力让渡给发行外币的国家，导致铸币税的流失。一般来说，货币替代程度和外币持有比例越高，铸币税的潜在损失越大。

（三）对货币政策有效性的影响

货币替代会降低被替代国货币政策的有效性。本国实施扩张性的货币政策，在增加货币供给的同时也会导致本币利率下行和本币贬值的预期，进而增加持有本币的机会成本，本国居民将更多地持有外币，这反过来又降低了本币的供给量，一定程度抵消了扩张性货币政策的效果；反之，本国实施紧缩性货币政策，本币利率上行和本币升值的预期将导致本国居民更多地持有本币，增加本币供应量，削弱紧缩性货币政策的效果。此外，由于外币发行国的货币政策也会通过利率和汇率变化改变持有本币与外币的机会成本，进而影响本币的供应量，所以本国经济还将受到外币发行国货币政策的传导性影响。

三、对货币替代理论的评述

货币替代是货币持有者基于效用最大化动机，调整其本外币资产持有比例的现象，是一种市场选择的结果。即货币替代给本国货币持有者提供了更多的选择，丰富了自有资产配置的可能，进而可以实现货币资产配置效用的提升。从这一角度看，货币替代具有一定积极的意义。然而，目前各种理论对于货币替代的研究更多的是从货币替代对被替代国产生的消极影响来进行分析，并未考虑货币替代对被替代国，特别是被替代国居民带来的积极影响。此外，货币替代理论虽然阐明了替代国的经济政策可以通过传导机制影响被替代国的经济运行，但事实上这种传导机制是双向的，

---

① 铸币税，也称为"货币税"，指发行货币的组织或国家，在发行货币并吸纳等值黄金等财富后，货币贬值，使持币方财富减少，发行方财富增加的经济现象。这个财富增加方，通常是指政府。

被替代国的经济政策反过来也将影响替代国的经济运行，而在这一方面也鲜有文献提及。

国际货币可以说就是对其他国家货币有替代作用的货币，一国货币国际化的进程本质上就是该货币在国际上逐渐增强对其他货币替代程度的过程。以上四种主流的货币替代形成机制理论，不仅解释了货币替代产生的原因，也对如何提升货币替代弹性提供了政策建议。因此，货币替代理论对于研究国际货币与货币国际化问题具有重要的指导意义。

在货币替代理论中，替代国一般是国际关键货币的发行国，其货币在国际货币体系中处于主导地位；而被替代国一般是经济实力较弱的国家，其货币对于国际关键货币有一定的依赖。货币替代理论很好地解释了国际关键货币发行国如何利用其货币的主导地位为本国牟取经济上与政治上的利益。这也为进一步推进人民币国际化进程，提升其在国际结算、国际储备中的地位，促进人民币逐步成为区域关键货币乃至国际关键货币提供了理论支撑。

第二节 国际资本流动理论

国际资本流动是资本在国际间的转移，即资本从一个国家或地区转移到另一个国家或地区。其按流动方向可分流入和流出两种：资本流入，是指外国输出资本，本国输入资本，表现为外国在本国的资产增加，本国对外国的负债增加，或外国对本国的负债减少，本国在国外的资产减少。资本流出，是指本国输出资本，外国输入资本，表现为本国在外国的资产增加，外国对本国的负债增加，或本国对外国负债减少，外国在本国的资产减少。

国际资本流动理论是国际金融理论的一个重要组成部分，旨在说明国际资本流动的成因。

一、费雪的国际资本流动理论

20世纪初，美国经济学家费雪（Fish，1907）提出了国际资本流动理论。费雪在比较优势理论①的基础上指出，在一定时期内一国的资本存量是既定的，既可以用来生产当期的消费品，也可以用来生产未来消费品。有些国家在现在生产产品有优势，有些国家在未来生产产品有优势②。由于要素禀赋的差异，不同国家在生产现时产品和未来产品的资本比例不相同，从而导致各国间利率存在差异。在开放经济条件下，利率的差异必然导致资本在不同国家间的流动。

费雪认为，利率的差异是国际资本流动的基本动因，而国际资本流动的结果是消除各国之间的利率差异。如图 2-1 所示，I 曲线表示投资曲线，S 曲线表示储蓄曲线，如果没有国际资本流动，A、B 两国的均衡实际利率为 r_A 和 r_B，A、B 两国存在着利率差为 $r_A r_B$。而在开放经济条件下，由于 A 国利率 r_A 大于 B 国利率 r_B，资本将从 B 国流向 A 国。A 国资本流入量为 $M_A N_A$；B 国资本流出量为 $M_B N_B$，最终国际市场的均衡利率是 r。

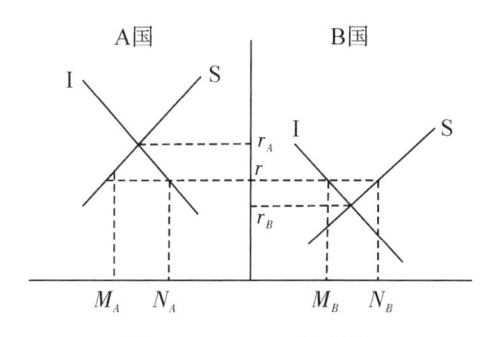

图 2-1　A、B 两国利率

二、麦克杜尔的国际资本流动理论

该国际资本流动理论模型是由麦克杜尔（MacDougall，1960）首先提出，随后肯普（Kemp，1966）和琼斯（Jones，1967）作了更为细致的论述。麦克杜尔认为，国际资本流动的原因是各国利率与预期利润率之间的差异。在完全竞争条件下，资本由资本充裕国流向资本短缺国，使各国资

---

①　大卫·李嘉图在其代表作《政治经济学及赋税原理》中提出了比较优势理论。该理论认为，国际贸易的基础是生产技术的相对差别（而非绝对差别），以及由此产生的相对成本的差别。每个国家都应根据"两利相权取其重，两弊相权取其轻"的原则，集中生产并出口其具有比较优势的产品，进口具有比较劣势的产品。比较优势理论在更普遍的基础上解释了贸易产生的基础，是对绝对优势理论的创新性发展。

②　IRVING FISHER. The rate of interest [M]. New York：The Macmillan company，1907.

本的边际产出趋于一致，从而提高世界资源的利用效率，增加全世界的财富总量，提高各国的经济效益①。

国际资本流动的原因和影响可通过图 2-2 来表示。假定资本的边际产出随着资本投入的增加而减少，A、B 两国的资本的边际产出分别用直线 MN 和 mn 表示。A 国的资本相对充裕，而 B 国的资本相对稀缺。在资本流动之前，A、B 两国的资本投入分别为 O_1Q 和 O_2Q，两国资本的边际产出分别为 TQ 和 UQ，且 TQ<UQ。显然，由于 A 国资本的边际产出低于 B 国，当资本自由流动以后，资本由 A 国流入 B 国，直到两国的资本边际产出完全相等，资本量 SQ 由 A 国流入 B 国，两国资本的边际产出都等于 PS。

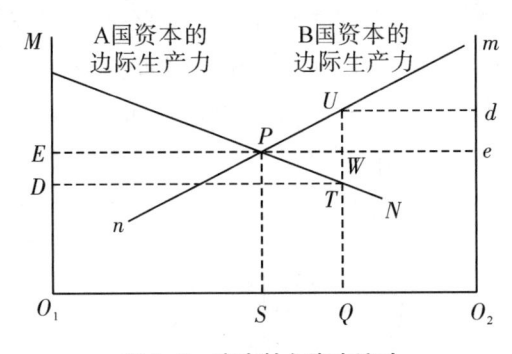

图 2-2 麦克杜尔资本流动

在国际资本流动之前，A 国的资本量为 O_1Q，产出量为 O_1MTQ，B 国的资本量为 O_2Q，产出为 O_2mUQ。资本流动的结果是：A 国的产出量由 O_1MTQ 变为 Q_1MPS，而 B 国的产出量由 O_2mUQ 变为 O_2mPS，两国共同增加的产出量为 PUT。可见，资本的自由流动提高了全世界的总产出。

三、资产组合理论

在费雪和麦克杜尔的国际资本流动理论中，利率差异或边际产出差异是引起资本在国际间流动的原因。马可维茨（Markowitz，1952）的资产组合理论对其提出了质疑——如果资本是为了追逐利润而在不同国家间流动，那么资本应当只从利率低的国家流到利率高的国家，或者只从边际产

---

① MACDOUGALL. The benefits and costs of private investment from abroad: a theoretical approach [J]. Economic Record, 1960 (36): 13-35.

出低的国家流到边际产出高的国家①。也就是说，一个国家要么只有资本流入，要么只有资本流出。然而，现实中一个国家往往同时存在资本的流入和流出，这也是费雪和麦克杜尔的国际资本流动理论的局限性。因此，马科维茨认为资产的风险与投资者的偏好也会影响资本的流向，由于投资于多种证券的组合可以提高收益的稳定性，降低投资风险，所以理性的投资者②会把资产分散在不同的国家进行投资，从而引起国际间资本的流动③。托宾（Tobin，1958）在马可维茨的研究基础上，揭示了资产组合取决于对不同资产收益和风险的估计④。国际金融市场的一体化趋势降低了投资者投资于其他国家金融资产的成本，增加了各国金融资产间的替代性。一国投资者既可以持有本国货币和证券，也可以持有外国货币和证券。由于各国金融资产的收益不完全相关，投资者可以通过调整资产组合中各国金融资产的比例来实现预期收益和风险之间的理想均衡⑤。因此，投资者会选择不同国家的资产作为投资对象，从而引起资本在国际间的流动⑥。

四、对国际资本流动理论的评述

国际资本流动理论的研究始终围绕着国际资本流动的动因开展，从以上三种主流的国际资本流动理论可以总结出，国际资本流动的动因取决于两个因素——收益和风险。资本追逐利润、规避风险的天性决定了资本从一国流向另一国，在全球范围内寻求既定风险的收益最大化，或者既定收益的风险最小化。在国际经济一体化程度不断加深的情况下，国际资本流动也必将越来越频繁。

虽然国际资本流动理论从多个角度分析了资本在国家间流动的动因，

---

① 范晓云，潘赛赛. 国际资本流动理论的最新发展及其对中国的启示 [J]. 国际金融研究，2008（9）：61-67.

② 理性的投资者总是在预期收益和风险之间寻找最理想的均衡点，并非一味追求收益的最大化。假定投资者都是风险厌恶者，在风险一定时投资者偏好收益率较高的资产组合；在收益率一定时投资者偏好风险较少的资产组合。

③ HARRY M MARKOWITZ. Portfolio selection [J]. The Journal of Finance，1952.

④ JAMES TOBIN. Liquidity preference as behavior towards risk [J]. The Review of Economic Studies，1958.

⑤ 即使不同国家之间的金融资产的预期收益率相同，只要各国金融资产的价格波动不完全一致，投资者就可以通过跨国投资在保持预期收益率不变的情况下减少风险。

⑥ 王颖. 国际资本流动理论评述 [J]. 湖北函授大学学报，2011（3）：55-57.

其中绝大多数是站在全球的角度来进行分析。然而，国际经济的运行是各国追求利益最大化的相互博弈，当本国利益与全球利益存在矛盾时，没有一个国家会将本国利益让位于全球利益。另一方面，国际资本流动并非百利而无一弊，随着世界各国产业格局的变化和国际金融市场的发展，国际资本流动与实体经济逐渐分道扬镳，国际资本流动也开始呈现出"非理性"的特点。金融衍生品市场的蓬勃发展使得虚拟资本成为国际资本流动的主力军。这种资本的"非理性"流动对一国经济有时会带来毁灭性的打击。这也是当前不少国家（包括中国）并不像国际资本流动理论中所预测的那样，开放本国资本市场，让国际资本自由流动的原因。

在当前各国货币均为法定主权货币的国际货币体系下，一国要推进其货币国际化进程，理当通过增加国际资本中以该国货币计价的资本比重来实现。如果要让更多的国家和投资者愿意持有该货币，则为该国货币提供高效便捷的交易中心、风险防控场所是一国货币国际化的内在要求。这一过程就将涉及以本国货币计价的资本的国际流动，且在一国货币逐步发展成区域货币，再发展为国际关键货币的过程中，该国货币应该保持长期的资本流出大于资本流入，这就要回到国际资本流动的动因——要么持有该货币能获取更高的收益，要么持有该货币能够更大程度地防范风险。因此，推进货币国际化的进程，应当是在遵循国际资本流动规律基础上的主动作为，这样才能更好地实现既定目标。

第三节 最优货币区理论

最优货币区（Optimal Currency Areas，简称 OCA）理论是围绕固定汇率制与浮动汇率制孰优孰劣的争论发展起来的[①]。这场争论开始于20世纪20年代[②]，20世纪中期，随着布雷顿森林体系下可调整的钉住汇率制的弊端逐渐显现，两者的争论更趋激烈。以弗里德曼为代表的浮动汇率制的拥

---

① 王有光. 蒙代尔最适度货币区理论的发展及其现实意义 [J]. 经济经纬，2000 (2)：71-74.
② 当时对于固定汇率制和浮动汇率制争论的焦点并非货币是否应该钉住某种国际关键货币，而在于是否应当恢复国际金本位制。

护者认为，一个国家如果价格和工资存在刚性，那么为了保持宏观经济的内外均衡，应当采用浮动汇率制，通过实际工资①与贸易条件②的改变，汇率的变动可以降低资源重新配置的成本；如果选择固定汇率制度，那么该国的宏观调控将处在两难境地——要么加剧失业，要么加剧通货膨胀。固定汇率制的支持者则认为，各个国家的经济状况和开放程度千差万别，采用浮动汇率制未必都有效。固定汇率制能使各国经济连成一个稳定的经济体系，有利于世界经济的协调和稳定发展，固定汇率在协调内外均衡时将比浮动汇率更有效。

1961年，蒙代尔（Mundell）提出OCA理论③，不同于固定汇率论与浮动汇率论争论中非此即彼的极端观点，蒙代尔创新性地指出关于浮动汇率制和固定汇率制的最优区域分界，两者的争论由此告一段落。

一、蒙代尔的OCA理论

蒙代尔以要素的流动性作为划分货币区的标准，假定货币区内部生产要素可以充分流动，但货币区之间生产要素不能流动，并认为需求转移是引起外部不均衡的主要原因。

假定存在A和B两个国家，两个国家要素不能自由流动，A国生产甲商品，B国生产乙商品。如果人们对乙商品的需求转到了甲商品上，那么A国会存在顺差，而B国则存在逆差。两国之间应当采用浮动汇率制，通过B国货币相对A国货币的贬值，在满足"马歇尔—勒纳"条件④的情况下，A国出口将会减少，通货膨胀率将会降低；B国出口则会增加，失业率将会降低，两国经济重新回到均衡状态。

---

① 实际工资是指工资的货币额能够实际购买到的消费品和劳务量。它是反映劳动者实际生活水平的重要标志之一。在名义工资不变的情况下，实际工资水平取决于消费品价格、职工消费构成变化、房租、捐税等因素。

② 贸易条件（Terms of Trade, TOT）是指一定时期内一国每出口一单位商品可以交换多少单位外国进口商品的比例或交换比价，它反映一国宏观上对外贸易的经济效益如何。贸易条件一般用贸易条件指数来衡量，也称"进出口比价指数"，通常是由出口物价指数和进口物价指数相比而得的一种相对指标。

③ MUNDELL ROBERT A. A theory of optimum currency [J]. American Economic Review, 1961, 51 (4): 657-665.

④ "马歇尔—勒纳"条件即一国通过货币贬值改善贸易逆差所需要满足的具体条件，为进口弹性与出口弹性之和必须大于1。

如果 A 和 B 两个国家要素可以自由流动，那么两国应当采用固定汇率制或统一货币（形成 OCA），当发生上述的需求转移时，A 国的生产要素价格会上涨，B 国的生产要素价格会降低。相对价格的变化将导致生产要素从 B 国流向 A 国，其结果是 A 国生产要素价格会回落降低，B 国生产要素价格会反弹，这一过程将持续到两国生产要素价格重新回归一致，两国经济也重新回到均衡状态。

在蒙代尔提出 OCA 理论之后，经济学者[①]分别从不同的角度研究 OCA 问题，完善该理论的分析框架，并指出建立 OCA 的微观或宏观经济标准[②]，以及国际货币合作的基础和有效性，由此还进一步发展了国际货币合作理论[③]。

二、OCA 的成本收益分析

如果一个国家与货币区的经济联系非常紧密，那么这个国家与该地区货币的汇率固定（或加入该货币区）以后，它将获得较大的货币效率收益[④]。因此，一国加入某一货币区的收益同国与该地区的经济一体化呈正相关性。如图 2-3 的 GG 曲线所示。

一国加入货币区，需要部分放弃通过货币政策调控国内产出和就业的自主权，从而也会导致本国经济运行的不稳定，这种固定汇率引起的额外的不稳定性就是所谓的经济稳定性损失。一般而言，一国与货币区的一体化程度越高，该国加入该地区的经济稳定性损失就越小，如图 2-3 的 LL 曲线所示。

[①] 英格拉姆（Ingram, 1962）、麦金农（McKinnon, 1963）、凯南（Kenen, 1969）、哈伯勒（Haberler, 1970）、弗莱明（Fleming, 1971）、托尔和威策特（Tower and Willet, 1976）、雷曼（Rehman, 1977）等学者都对 OCA 理论进行了研究和完善。

[②] 提出的标准主要包括：（1）生产要素流动性；（2）经济开放度；（3）生产结构和贸易结构多元化；（4）金融市场一体化；（5）工资与物价的灵活性；（6）通货膨胀以及政策偏好的相似性；（7）贸易结构相似性；（8）经济周期同步性；（9）政策一体化标准。

[③] 谢洪燕. 东亚区域货币合作与人民币地位研究 [D]. 成都：西南财经大学，2008：6.

[④] 加入固定汇率制的货币效率收益等于加入者所避免的汇率浮动带来的不确定性和复杂性，以及结算与贸易成本等损失。

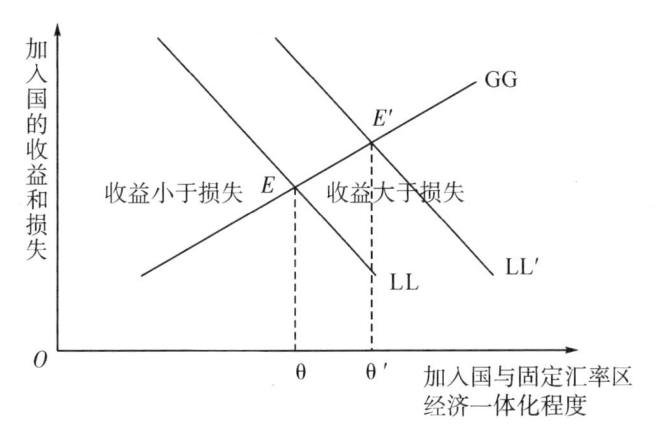

图 2-3　GG-LL 模型

在图 2-3 的 GG-LL 模型中，GG 曲线和 LL 曲线相交于 E 点，该点的经济一体化程度为 θ，在 θ 左边，一国加入货币区的收益小于损失；而在 θ 右边，加入货币区的收益大于损失。因此，GG 曲线和 LL 曲线的交点决定了一国加入货币区所需要达到的经济一体化程度的最低值[①]。当一国与货币区经济一体化程度小于 θ 时，其选择不加入货币区，采取浮动汇率制是最优选择；当一国与货币区经济一体化程度大于 θ 时，其选择加入货币区，采取固定汇率制或者使用统一货币是最优选择。

当然，θ 并不是一个固定不变的值，如果外部经济环境变动，LL 曲线右移至 LL′，与 GG 曲线相交于 E'。那么，该国加入货币区所需要达到的经济一体化程度的最低值也从 θ 上升到 θ′。

三、对 OCA 理论的评述

OCA 理论从一个全新的角度分析了固定汇率制与浮动汇率制之间的关系，将两者孰优孰劣的争论转化为两者适用范围的讨论，为区域货币合作与区域货币一体化奠定了理论基础。以 OCA 理论为基础而设计的欧元，已经在国际货币体系中扮演着越来越重要的角色，成为 OCA 理论适用性的最佳佐证。

通过对 OCA 理论的分析不难发现，OCA 其实与国界无关，而是取决于该区域是否满足 OCA 标准。因此，OCA 理论不仅意味着不同国家之间

[①] 保罗·R. 克鲁格曼，茅瑞斯·奥伯斯法尔德. 国际经济学 [M]. 8 版. 北京：中国人民大学出版社，2011：555-556.

可以共同组成一个货币区，在货币区内实行固定汇率制或统一货币，也意味着一个国家内部理论上可以分为不同的货币区，发行不同的货币并实行浮动汇率制。然而，OCA理论目前更多的是被用于分析若干个国家是否符合建立OCA的标准（比如欧元区），很少有学者去研究单个国家内部是否存在满足OCA的条件。似乎对于OCA的理论研究已经默认了这样一个假定——任何一个国家都无法细分为若干个最优货币区[①]。

对于这个问题，笔者认为主要有两方面的原因：第一，不同国家和地区之间存在着各种贸易壁垒以及其他方面的限制使得要素无法自由流动，而一国内部各种要素可以自由流动，这本身就使国家内部更易于符合OCA的条件。第二，OCA的条件在一个国家和地区内部可以得到内生性的强化，也就是说，即使一个国家和地区实行单一货币[②]的时候，并不满足OCA的条件，但是由于统一货币降低了交易成本，且一国内部本身就更有利于要素的流动，从而使得一国内部经济更加趋同，更易于符合最优货币区的条件。

即便如此，OCA理论还是具有局限性。OCA存在两种情形：第一种是货币区内实现统一货币（比如欧元）。从现实经验来说，世界经济的货币版图几乎与国家版图是完全重合的，除了欧元区与拉美少数美元化的国家，其他国家货币都遵循"一国一币"的原则，而欧元区也曾因为欧元的内在缺陷而饱受主权债务危机之苦，拉美国家的美元化也并不符合建立OCA的标准。第二种是货币区内实行固定汇率制。根据OCA理论，应当是某一区域内经济同质性较高的若干个国家或地区之间形成最优货币区，并在货币区内部实行固定汇率制。然而，在国际货币体系中采取固定汇率制的国家，一般钉住的是国际关键货币，比如美元，而非货币区内部的某种货币。也就是说，采取固定汇率制的国家选择"锚货币"的标准是该货币具有广泛的接受性、交易的便利性以及币值的稳定性，而非OCA理论所强调的经济的同质性。

因此，OCA理论在现实的解释上显得过于无力。虽然OCA理论提出了很多标准，但是最重要的标准——在同一主权范围内，却很少有学者提

---

① 在这个问题上，中国香港、澳门、台湾使用各自货币而非人民币是历史因素导致，属于特例，OCA理论在此显然并不适用。

② 需要指出的是，一个国家和地区实行单一货币并不仅仅考虑经济因素，所以即使不符合最优货币区的条件，也可能会统一货币的发行。

及。如果"在同一主权范围内"这一重要标准体现到每一个主权国家刚好就是一个最优货币区，那么 OCA 理论的解释力与预测能力难免会受到质疑。

第四节 三元悖论

在开放经济条件下，经济学家曾经试图探寻一种两全其美的汇率制度——既确保货币政策的独立性，又能实现维持汇率稳定的目标。然而，回顾发达国家和发展中国家在经济开放过程中的货币政策、汇率制度和资本项目开放的经验教训，我们可以发现"不可能三角"的规律性。它反映了在开放经济条件下经济系统的内在矛盾，表明政策在面临多目标选择下的局限性，这就是三元悖论（也称为"不可能三角"理论）。

一、三元悖论的发展历程

三元悖论的理论基础是米德冲突和"蒙代尔—弗莱明"模型，以及在此基础上发展起来的"不可能三角"。

（一）米德冲突

20 世纪 50 年代，英国经济学家詹姆斯·米德（Meade，1951）在《国际收支》一文中指出，在开放经济条件下实行固定汇率制的前提条件之一是资本管制，国际资本流动和固定汇率制之间存在着"二元冲突"[①]。在固定汇率制度下，政府无法运用汇率政策，只能依靠单一的政策来寻求影响内外均衡。而在这一过程中，会出现内部均衡目标和外部均衡目标的冲突，比如为减少经常项目逆差的相关政策往往会导致经济增长放缓、失业率的增加，为减少经常项目顺差的相关政策又往往会导致国内通货膨胀的加剧，这就是著名的"米德冲突"。

（二）"蒙代尔—弗莱明"模型

弗莱明（Flemins，1962）在《固定和浮动汇率制下国内金融政策》中，将国际收支因素引入到 IS-LM 模型中，发现货币政策在浮动汇率制下更加有效。随后，蒙代尔（Mundell，1963）以资本的自由流动为基础，通

[①] 成思危. 人民币国际化之路 [M]. 北京：中信出版社，2014：74.

过对开放经济小国的研究，提出了"蒙代尔—弗莱明"模型①，并得出结论：在开放经济中，如果一个国家实行固定汇率制，那么财政政策是有效的，而货币政策是无效的②；反之，如果实行浮动汇率制，那么财政政策是无效的，货币政策是有效的③。"蒙代尔—弗莱明"模型论述了资本自由流动、固定汇率制度和货币政策独立性三者不能同时实现的关系，为"三元悖论"的提出奠定了重要的理论基础④。

（三）"不可能三角"

虽然蒙代尔指出了开放经济条件下汇率制度与货币政策独立性之间的矛盾，但他本人并没有直接提出三元悖论的概念。亚洲金融危机后，克鲁格曼（Krugman，1998）在"The Eternal Triangle"一文中，首次提出了"不可能三角"的概念。克鲁格曼认为国际货币体制的选择主要取决于调节、信心以及流动性三方面的努力，并将这三个方面分别诠释为：资本的短期流动性、稳定汇率的能力以及宏观稳定政策的有效性（抗击经济周期的能力）⑤。

克里格曼的"不可能三角"可以用图2-4来说明。三角形的三个顶点分别表示三个政策目标：A为独立的货币政策、B为自由的资本流动、C为固定汇率制度。同时，三条边分别为其对应顶点的相反情况：a为货币政策不独立、b为资本管制、c为浮动汇率制度。而一个国家的经济政策

---

① MUNDELL R A. Capital mobility and stabilization policy under fixed and flexible exchange rates [J]. Canadian Journal of Economics and Political Science, 1963, 29 (4): 475-485.

② 在固定汇率制下，当央行实行宽松的货币政策时，利率下降会导致资本外流，这会造成一国国际收支的恶化。为此，央行不得不在外汇市场上通过出售外汇储备，买入本国货币以维持汇率的稳定。只有当本国的货币供给回到原先的水平时，这一干预才会停止，因此货币政策对于收入水平并没有持久性的影响。而当政府实行扩张性财政政策增加支出时，会导致货币需求上升，并通过乘数效应造成收入的上升。如果货币供给不变，此时利率就会上升并吸引资本流入，造成国际收支盈余。为了维持币值稳定，央行将在外汇市场上买入外汇储备，国内货币供给的上升，对经济的刺激性效果愈发明显。因此，在固定汇率制下，财政政策有效而货币政策无效。

③ 在浮动汇率制下，宽松的货币政策将导致利率的下行压力，但是由于资本可以自由流动，因此资本会外流以阻止利率下降。这样的结果是国际收支赤字加剧，进而引发货币贬值、国际收支改善，并通过乘数效应提高收入和就业水平。而当政府增加财政支出后，造成对商品的需求增加，因此对货币的需求也会增加。这样的结果是利率倾向于上升，由于资本可以自由流动，资本会流入，最终会使利率回到原来水平。但是，资本流入会产生国际收支盈余，造成货币升值、国际收支恶化，并通过乘数效应抵消财政政策的效果。因此，在浮动汇率制下，货币政策有效而财政政策无效。

④ 曹远征. 人民币国际化战略 [M]. 北京：学习出版社，海南出版社，2013：165.

⑤ 王婷. 关于经济学中不可能三角理论的文献综述 [J]. 现代经济信息，2012（16）：5-6.

只有三种可能性组合（可能性组合只能是由三角形两个顶点和它们之间所夹的一条边组成）：①A+B+c，即独立的货币政策、自由的资本流动和浮动汇率制度①，如当前的美国、英国等国家。②A+b+C，即独立的货币政策、资本管制和固定汇率制度②，如布雷顿森林体系下的国际货币体系。③a+B+C，即货币政策不独立、自由的资本流动和固定汇率制度③，如国际金本位制、货币联盟（欧元区）和货币局制度④。可见，三元悖论表明：对于任何一个国家，资本自由流动、固定汇率制和独立的货币政策，这三项目标是不可能同时实现的，只能选其中两项。

图 2-4　三元悖论图示

---

① 在此种情况下，货币当局实行浮动汇率制，允许资本自由地输入和输出，并根据宏观经济运行情况及时运用货币政策调控国内市场，改变国内总需求，从而保障国内经济目标的实现，如实现充分就业、抑制通胀和经济增长；同时也可以缓解外来游资对本国货币的冲击，保证国内经济的安全。但是此时，国家必须承担由浮动汇率制带来的不确定性和高昂成本。

② 在这种情况下，货币当局能够有效地限制各种跨境资本流动，营造一个完全封闭的资本市场，从而免除国际资本市场对国内利率水平的影响，并排除货币投机造成冲击的可能性。此时货币当局便可以自由运用各种灵活的国内经济政策对宏观经济做出及时有效的调整，保障国内经济三大目标的实现。但付出的代价是严格的资本管制。

③ 在这种情况下，国内的利率水平并不是由本国的货币市场供给和需求决定的。这是由于资本可以自由流动，国内利率发生微小的变动便可以引发国内外资金的套利行为，最终结果是国内利率和国际市场利率保持一致。这种情况的主要代价就是货币当局要放弃用灵活的货币政策调控国内总需求和保证宏观稳定，例如国内发生通货膨胀时，货币当局要采取提高利率的方法进行缓解，但同时会引起资本的内流，从而使本币承受巨大的升值压力，其为了维持固定的汇率制度则必须抛出本币收回外币，直至国内利率与国际利率相同，此时货币当局采取的货币政策趋于无效。

④ 货币局制度是指政府以立法形式明确规定，承诺本币与某一确定的外国货币之间可以以固定比率进行无限制兑换，并要求货币当局确保这一兑换义务的实现的汇率制度，比如中国香港以立法形式规定发钞银行必须按照 7.80 港元兑 1 美元的固定汇率与美元进行兑换。

二、三元悖论的扩展

无论是克鲁格曼还是蒙代尔，其讨论的都是"不可能三角"的角点解的情况。但是，"并没有令人信服的证据说明，在货币政策的独立性和汇率的稳定性两个目标的抉择中不可以各放弃一半，从而实现部分的汇率稳定和部分的货币政策独立性。"① 弗兰克（Frankel，1999）认为，"不可能三角"的中间解是存在的，而且其对于许多国家来说可能也是更合适的。易纲、汤弦（2001）② 就此问题提出了扩展假说。他们认为，"不可能三角"虽然清晰地展示了三个政策目标之间的关系，但是没有表述中间汇率制度的影响。为此，他们对"不可能三角"进行了扩展，给出了一个分析中间解的理论框架，并深入分析了中间解和角点解作为最优选择时所对应的条件。

如易纲和汤弦的模型（见图2-5），假定 x、y 和 m 分别表示汇率稳定性、货币政策独立性和流动性增加的方向，取值区间为 [0，1]，三条边分别表示资本完全自由流动、货币政策完全独立和汇率稳定，那么"不可能三角"中每个点到三条边的距离分别为（1-x，1-y，1-m），约束条件为 $x+y+m \leq 2$。这一分析框架把"不可能三角"的角点解扩展为所有可能的组合，说明了中间汇率制度、资本项目适度开放、货币政策一定程度上自主性存在的可能性。

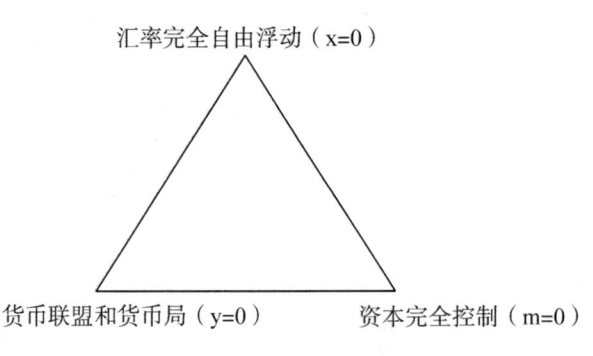

图2-5 "不可能三角"的组合扩张

---

① FRANKEL J. No single currency regime is right for all countries of at all time [J]. NBER Working Paperm, 1999 (7338).

② 易纲，汤弦. 汇率制度"角点解假设"的一个理论基础 [J]. 金融研究, 2001 (8): 5-17.

三、对三元悖论的评述

（一）没有一种机制可以普遍适用于所有国家

在"不可能三角"中，存在着三个角点解和多个中间解，在这若干个组合中，并没有一种对于所有国家都正确的组合，也没有一种对于某个国家在任何历史发展阶段都正确的组合。放弃货币政策主动权的固定汇率制对于经济发达的小国或地区更加有利，选择浮动汇率制保持货币政策的自主性则更适用于发达经济体中的大国；而对于大多数国家而言，中间解要优于角点解。这取决于一个国家所处的历史发展阶段以及该国在世界经济中的地位。以中国为例，在改革开放之初，采取固定汇率制和资本项目管制是较为可行的选择，但随着中国经济基础的夯实，在世界经济中地位和作用的稳步提升，逐步放开汇率和资本项目[①]的管制也显得更为现实。因此，"不可能三角"更应当看作是对可行集的一个描述，而不应当看作是寻求最优解的一个工具。

（二）货币政策的独立性对大多数国家而言是不可放弃的"一角"

从历史上看，完全放弃货币政策的独立性，实行固定汇率制和资本自由流动的只有在19世纪末到20世纪初的国际金本位制，以及当前的一些经济发达的小国或地区。主要原因是：第一，在大萧条之前，古典经济学盛行，主张自由竞争和市场机制，反对国家干预，凯恩斯经济学尚未形成成熟的理论体系，特别是货币政策对产出、就业和价格水平的影响也没有得到充分论证[②]。第二，在19世纪到20世纪初，选民与工会还不能对政府实施实质上的压力，所以政府还能放弃内部均衡优先实现外部均衡，不需要通过货币政策刺激经济。而从20世纪中期开始，特别是在当前，虽然经济学家对于货币政策长期的有效性仍存在着争论，但货币政策对经济增长和稳定的作用已经显而易见，作为宏观调控的工具，货币政策更是政府

---

① IMF在2012年提出了关于资本项目开放的观点：当一国的金融体系和金融制度建设达到一定的水平时，资本项目开放会带来巨大的收益，而对于未达到一定水平的国家，资本项目开放程度将放大其风险，因此资本项目开放并非对所有国家在任何时间都是最适当的目标。2008年爆发的金融危机表明，即使对于已经实现资本项目开放的发达国家，巨额且异变的资本跨境流动也会带来风险，然而对于长期实行资本流动管制的国家，却可以通过审慎的资本项目开放获益；为了趋利避害，各国需要根据本国的金融制度建设和发展水平，对资本项目开放的步骤和速度进行周密的规划，有序地整体推进，这样也有利于在资本项目开放的过程中抵御外部冲击。

② 马欣元. 不可能三角：历史角度的阐释 [J]. 金融研究，2004（2）：113-119.

当局不愿意放弃的政策工具。

在当前的国际货币体系下，已鲜有国家当局会放弃货币政策这一重要的宏观调控工具。虽然部分国家和地区采取了货币政策不独立、资本自由流动和固定汇率制的组合，但正是这些国家和地区在金融危机的时候遭受到了最严重的打击①。从近20年来的经验看，放弃货币政策独立性的国家和地区，大部分都受到了"惩罚"。因此，不管是历史的经验还是现实的情况，货币政策的独立性都不应当是"不可能三角"中被放弃的"一角"。

（三）独立货币政策下浮动汇率与资本项目开放的"折中"是当前大部分国家较为可行的选择

如果货币政策独立性必须坚守的话，那么对于一个国家而言，固定汇率制与资本项目开放又当如何取舍？如果放弃固定汇率制，在资本项目开放下实行浮动汇率制，那将不得不面临汇率波动给贸易和投资等带来的负面影响，以及国际投机行为导致的错误汇率②。一国如果放弃资本项目开放，在资本管制下实行固定汇率制，那将无法在全球范围内优化配置本国资源，既不利于利用外部的资源，也不利于本国资源寻求更高收益。因此，虽然对于某些国家和地区而言角点解是最优的，但对于大部分国家和地区而言，在坚持货币政策独立性的前提下，实行浮动汇率制与资本项目开放的"折中"——介于固定汇率制和浮动汇率制之间的汇率制度以及既非完全管制也非完全开放的资本开放程度，是一种较为可行的选择。

（四）三元悖论对货币国际化的意义

从三元悖论的基础模型中可以看出，在当前的国际货币体系下，一国货币要启动其国际化，都将面临汇率的稳定以及资本项目开放的两难问

---

① 例如，1994年的墨西哥货币和金融危机；1997年的中国台湾地区、韩国和印尼危机；1998年的俄罗斯危机，1999年的巴西危机；等等。特别是2001年阿根廷危机的爆发，沉重地打击了固定汇率制的角点解理论。而欧元区国家也由于财政政策与货币政策的不对称性而一度深陷债务危机。

② 所谓的错误汇率，是指市场参与者的过度抛售或购买会导致形成的汇率超过了经济基本面决定的应有的汇率水平。"羊群效应论"认为外汇市场上有太多的离开经济基本面的由投机活动本身所引发的自我形成的投机活动。当市场传闻某国的货币供应量将有未预期的增加时，一窝蜂的投机活动将使外汇市场上的汇率变动超过应有的变动幅度，从而形成"错误"的汇率。多恩布什则强调即使是理性的投机者也会形成错误的汇率，并把原因归结为汇率的不确定。首先，一个不确定的世界中，投机者无法选择正确的汇率模型，有时候他们会使用有严重缺陷的汇率模型。其次，即使投机者使用的汇率模型是正确的，但如果他们对未来的预期是错误的，那也会形成错误汇率。最后，错误汇率的形成还有可能是由于"理性泡沫"，即投机者们认识到某种货币汇率已经高估，但预期升值还会持续一段时间而愿意持有时，理性泡沫就已经形成了。

题，但三元悖论及其扩展也给货币国际化提供了启示：一国货币国际化的道路应当是结合自身经济发展特点的、渐进式的。一国货币想在国际货币体系拥有一席之地，最终必然要求开放资本项目、实行浮动汇率制度，但在初期国内经济无法很好地抵御这两者带来的冲击时，该国货币的汇率制度变化应当是逐步从固定汇率制到有管理的浮动汇率制，再到浮动汇率制；资本项目也应当从逐步开放到完全开放。在"不可能三角"的可行集中，完全可以找到一条适合该国国情的道路并稳步推进。此外，一国可以将货币离岸市场作为货币国际化进程中的一个过渡措施，这样可以确保该国在国内金融体制改革、汇率制度改革和资本项目开放逐步进行的同时，其可以通过货币的离岸市场加快货币国际化的进程。

第三章 货币国际化相关文献综述

第一节 国际货币产生的机制

一、国际媒介货币的产生机制

斯沃博达（Swoboda，1969）强调了不同国家之间贸易中货币交易成本的重要性，交易成本低的货币更易于作为国际交易媒介使用[1]。麦金农（McKinnon，1969）也认为，国际交易活动中的私人主体会以最适当的主要货币来从事交易，从而节约持有货币的成本，同时力求使汇率波动产生的信息不确定性最小化[2]。布鲁纳和梅尔策（Brunner and Meltzer，1971）分析了货币的交换效率，认为获得任何资产特性信息的边际成本随着该资产使用频率的增加而递减，所以在跨国交易中，国际货币的信息效率高于非国际货币[3]。

克鲁格曼（Krugman，1980）研究发现交易量与平均交易成本之间的负相关关系，货币交易量越大，交易成本越低，交易量最大、交易成本最低的货币将会成为国际媒介货币[4]。雷伊（Rey，2001）则将交易成本引入

---

[1] SWOBODA A, MUNDELL. Monetary problems of the international economy [M]. Chicago: University of Chicago Press, 1969.

[2] MCKINNON R I. Portfolio balance and international payments adjustment [D]. Chicago: Chicago University, 1969.

[3] BRUNNER KARL, MELTZER, ALLAN H. The uses of money: money in the theory of an exchange economy [J]. American Economic Review, American Economic Association, 1971, 61 (5): 784-805.

[4] KRUGMAN, PAUL VEHICLE. Currencies and the structure of intentional exchange [J]. Journal of Money, Credit and Banking, 1980: 513-526.

一般均衡模型来分析克鲁格曼的观点,雷伊发现媒介货币的出现并不是由其相对规模决定的,而是由人们对各国商品的偏好所决定的,一国商品的出口需求越大,则对该国货币的需求就越大,其在外汇市场也就越具有流动性,交易成本也就越低,最终成为国际媒介货币的是开放程度最大的国家的货币以及与其他国家货币相互交换时交易成本最低的国家的货币[1]。

克里斯托（Chrystal，1984）从搜寻成本的角度解释媒介货币的出现,国际媒介货币的引入将降低交易商的搜寻成本,以一种货币作为媒介将是一个局部的稳定均衡（搜寻成本最小化）,需求量最大的货币将成为国际媒介货币[2]。松山、清泷和松井（Matsuyama, Kiyotaki & Matsui, 1993）运用货币搜寻模型来分析媒介货币的产生机制。假定在一个只有两个国家两种货币存在（外国货币和本国货币）的世界中,可能会出现地方性货币、单一媒介货币和双重媒介货币[3]三种均衡结果。通过将演化博弈论的分析运用于均衡的选择,该研究进一步指出:一国的经济规模越大,该国货币成为国际媒介货币的可能性就越大;两国经济一体化程度越高,双重媒介货币共存的可能性就越大。经济开放程度在其中起着关键作用[4]。

哈特曼（Hartmann，1998）把静态的货币交换模型和带有市场进入退出决策的交易商外汇买卖价差模型纳入一个统一框架,通过分析发现:货币交换结构不仅取决于世界贸易和资本流动的基本结构,而且还取决于外汇市场的微观结构;汇率波动越小、交易量越高的货币越能够成为国际媒介货币,而且主要国际媒介货币具有"历史惯性"[5]。

---

[1] REY H. International trade and currency exchange [J]. Review of Economic Studies, 2001: 443-464.

[2] CHRYSTAL, ALEC K. Demand for international media of exchange [J]. The American Economic Review, 1984, 67 (5): 840-850.

[3] 在地方性货币的情况下,没有国际贸易发生,本国货币在本国使用,外国货币在外国使用;单一的媒介货币是指一种货币成为地区性货币,另一种货币则不仅在发行国而且在外国使用;双重媒介货币是指两种货币在本国和外国都能使用。

[4] MATSUYAMA K, N KIYOTAKI, A MATSUI. Toward a theory of international currency [J]. Review of Economic Studies, 1993 (2): 283-307.

[5] HARTMANN P. The international role of euro [J]. Journal of Policy Modeling, 2002 (24): 1-23.

二、国际计价货币的产生机制

格拉斯曼（GRASSMAN，1973）[①]和塔瓦拉斯（Tavlas，1993）[②]研究发现，国际贸易中的计价货币存在以下准则：①国际贸易中通常使用通货膨胀率较低和汇率波动较小的国家的货币进行计价。②初级产品和资本资产在国际市场中通常使用美元进行计价。③发达国家之间的贸易倾向于选择出口国的货币（格拉斯曼法则）。④发展中国家和发达国家的贸易一般使用发达国家的货币作为计价货币，而且通常是美元[③]。

麦金农（McKinnon，1979）的研究则略有不同，他将产业特征和产品结构引入分析中来，认为虽然国际交易者一般都偏好使用本国货币计价，但交易双方只有一方能如愿，最终产品差异性大的生产商能够以本国货币计价[④]。高德伯格和泰尔（Goldberg & Tille，2005）也从理论和实证角度分析了国际贸易中计价货币的选择问题，认为需求价格弹性较高的产品（瓦尔拉斯型产品）的生产者更容易受到影响，有使用单一货币计价的"羊群效应"存在[⑤]。

还有一些学者从供给角度对国际货币进行分析。德弗罗和恩格尔（Devereux & Engel，2000）构建了一个两国货币供给具有不同的不确定性的一般均衡模型，得出两国的贸易商将会选择供给变化较小的货币作为计价货币的结论，强调了稳定货币供给的重要性[⑥]。戈万尼尼（Giovannini，1998）分析了在汇率不确定下垄断性出口商选择计价货币的理性行为，认为计价货币的选择取决于利润函数的性质[⑦]。弗里伯格（Friberg，1998）认为计价货币的选择不仅取决于出口商利润函数的性质，也取决于汇率的波动幅度，当汇率波动过于剧烈时，甚至有采用第三国货币作为计价货币

[①] GRASSMAN, SVEN. A fundamental symmetry in international payments pattern [J]. Journal of International Economics, 1973.

[②] TAVLAS, GEORGE S. The "new" theory of optimum currency areas [J]. The World Economy, 1993 (16).

[③] 姚红心，高印朝. 货币国际化收益与成本理论的国外最新研究进展 [J]. 上海金融, 2008 (3): 68-72.

[④] MCKINNON, RONALD. Money in international exchange [M]. Oxford: Oxford University Press, 1979.

[⑤] 姜波克，张青龙. 货币国际化：条件与影响研究综述 [J]. 新金融, 2006 (8): 6-9.

[⑥] DEVEREUX, MICHAEL B, ENGEL, et al. Monetary policy in the open economy revisited: price setting and exchange rate flexibility [J]. Review of Economic Study, 2003 (70).

[⑦] GIOVANNINI, ALBERTO. Exchange rate and trade goods prices [J]. Journal of International Economics, 1998 (24).

的可能性①。大谷（Otani，2003）研究得出结论，对于垄断型出口企业而言（有选择计价货币的权力），当本国出口厂商的利润函数是汇率的凸函数时，其会选择本国货币来计价；当利润函数是汇率的凹函数时，其会选择进口国的货币来计价②。

第二节 国际货币体系

对于国际货币体系的研究最具代表性的西方学者是艾肯格林（Eichengreen）和蒙代尔（Mundell）。

艾肯格林对国际金本位制、国际金汇兑本位制、布雷顿森林体系、当前的国际货币体系的运行机制、国际收支调节机制等问题进行了系统性的研究。艾肯格林（1992）认为，国际金本位制成功的关键在于"信用和合作"，而黄金的可自由兑换是大萧条之所以蔓延到全世界的主要原因③。艾肯格林（1996）进一步对布雷顿森林体系失败的原因进行了总结，布雷顿森林体系所实行的固定汇率制度需要满足三个条件，但实际执行中却只满足了两个④。艾肯格林和豪斯曼（Eichengreen and Hausmann，1999）提出了著名的"原罪论"和"中间制度消失论"⑤。

---

① FRIBERG, RICHARD. In which currency should exporters set their price? [J]. Journal of International Economics, 1998（45）.

② 李继民. 货币国际化研究成果综述 [J]. 首都经济贸易大学学报, 2011（2）: 96-104.

③ EICHENGREEN. Golden fetters [M]. Oxford: Oxford University Press, 1998.

④ 即追求几乎一致的国内经济目标和透明的规章制度，但缺乏中性货币当局能够强制前面两个目标的执行。详见：EICHENGREEN. Globalizing capital: a history of the international monetary system [M]. Princeton: Princeton University Press, 1996.

⑤ "原罪论"是指如果新兴市场国家的金融市场有较大的脆弱性，会出现两种情况：一种是该国的货币不能用于国际信贷。另一种是在国内，本国的金融部门不愿意放长期贷款，所以企业在融资的时候会存在两难，如果从外国借款，存在货币不匹配的问题；如果从国内借贷，存在"借短用长"的期限不匹配问题，这就是原罪，其后果是无论是汇率浮动还是利率变动都会使企业的成本上升，企业经营将出现困难，并进而影响到金融部门和整个经济。"中间制度消失论"是指唯一可持久的汇率制度是完全自由浮动或是具有非常强硬的承诺机制的固定汇率制。在这两种制度之间的中间制度都正在消失或应当消失。详见：EICHENGREEN. The dollar and the new bretton woods system [J]. The Henry Thornton Lecture Delivered at the Cass School of Business, 2004（15）. EICHENGREEN. Global imbalance and lessons of bretton woods [J]. NBER Working Paper, 2004（5）: 10497. EICHENGREEN. Sterling's past, dollar's future: historical perspectives on reserve currency competition [J]. NBER Working Paper, 2005（5）: 11336.

蒙代尔也对国际货币体系进行了系统性的研究。蒙代尔（Mundell，1961a，1961b，1967a，1967b，1969，1995）认为，超级大国对于国际货币体系的改革起着决定性的作用。在国际金本位时期，黄金作为联系各国货币的纽带，确保了各国货币的稳定。在国际金本位之后，这种依靠黄金自动调节的稳定机制不复存在，国际货币体系既不能管理各国货币政策的相互关系，也无法稳定国际价格系统。第二次世界大战后，美国凭借其经济实力和政治实力建立了布雷顿森林体系，蒙代尔指出布雷顿森林体系存在着内在的不稳定因素——美国通过调节美元的供应量来维持黄金储备，而欧洲则通过调节黄金储备来影响美国的货币政策。布雷顿森林体系瓦解之后，蒙代尔认为当前的国际货币体系是"没有体系的体系"，国际货币体系更加不稳定[①]。

对于国际货币体系的改革与前景，蒙代尔（Mundell，2003a，2003b，2003c）认为：黄金有可能成为各国央行重要的储备资产；虽然美元仍将是国际货币体系中最重要的货币，但无限制地对外提供美元和长期巨额的经常项目逆差将不可持续，欧元的地位将会持续上升；到2030年左右，日元和人民币也将成为重要的国际货币[②]。

国内对国际货币体系进行综合研究的文献相对较少。陈彪如（1990）的《国际货币体系》对国际货币体系的历史演进、各种因素对国际货币体系发展与影响以及国际货币体系的前景等重要问题都进行了系统的研究[③]。

[①] MUNDELL. The international disequilibrium system [J]. Kyklos, 1961（14）：153-171. MUNDELL. Flexible exchange rates and employment policy [J]. Canadian Journal of Economics and Political Science, 1961（27）：509-517. MUNDELL. Theoretical problems of the international monetary system [J]. Pakistan Development Review, 1967（7）：1-28. MUNDELL, SWOBODA. Monetary problems of the international economy [M]. Chicago：Chicago University Press, 1969. MUNDELL. Toward a better international monetary system [J]. Journal of Money, Credit and Banking, Blackwell Publishing, 1969, 1（3）：625-648. MUNDELL. The international monetary system：the missing factor [J]. Journal of Policy Modeling, 1995, 17（5）：479-492.

[②] 蒙代尔. 蒙代尔经济学文集（第四卷）：宏观经济学与国际货币史 [M]. 向松祚，译. 北京：中国金融出版社，2003. 蒙代尔. 蒙代尔经济学文集（第五卷）：汇率与最优货币区 [M]. 向松祚，译. 北京：中国金融出版社，2003. 蒙代尔. 蒙代尔经济学文集（第六卷）：国际货币：过去、现在和未来 [M]. 向松祚，译. 北京：中国金融出版社，2003.

[③] 陈彪如. 国际货币体系 [M]. 上海：华东师范大学出版社，1990. 陈彪如. 国际货币体系的回顾与前瞻 [J]. 世界经济，1984（9）：52-53.

第三节 人民币国际化

一、人民币国际化的可行性与必要性

20世纪90年代，随着中国经济实力的增强，不少学者认为中国应当加快人民币国际化的进程。姜波克（1994）从输出人民币换取实际经济资源的角度，估算了人民币国际化的巨大收益[1]。胡定核（1995）从货币国际化与经济开放度的相关性论证了人民币区域化的可行性[2]。

凌星光（2002）认为人民币目前已经成为亚洲的关键货币，具备成为国际储备货币的条件[3]。赵海宽（2003）指出，随着中国更加广泛地参与到经济全球化进程中，中国应积极推动人民币成为国际货币之一[4]。李婧、管涛和何帆（2004）分析了人民币国际化可以获得的潜在收益：有利于国际收支平衡，灵活性、流动性优势，降低汇率风险，收入优势，提升在国际货币体系中的话语权[5]。

刘爱文（2005）指出了人民币国际化的五点必要性：铸币税收入，提升国际话语权，深化金融体制改革，避免货币错配和期限错配，货币政策的自主性[6]。刘群（2006）认为人民币国际化是大势所趋，而且可以对世界资源进行有利于中国的配置[7]。张群发（2008）认为由于美元霸权的存在，人民币国际化是化解中国经济安全问题（尤其是"高储蓄两难困境"）的较为有效的途径[8]。

然而，有少数学者还是对人民币国际化持比较谨慎的态度。李华民

---

[1] 姜波克. 人民币国际化问题探讨 [J]. 证券市场导报, 1994（5）: 30-32.
[2] 胡定核. 试论人民币自由兑换的意义及应创造的条件 [J]. 武汉市经济管理干部学院学报, 1995（1）: 20-23.
[3] 凌星光. 试论人民币升值和中国国际货币战略 [J]. 管理世界, 2002（1）: 58-64.
[4] 赵海宽. 人民币可能发展成为世界货币之一 [J]. 经济研究, 2003（3）: 54-60.
[5] 李婧, 管涛, 何帆. 人民币跨境流通的现状及对中国经济的影响 [J]. 管理世界, 2004（9）: 45-52.
[6] 刘爱文. 人民币国际化之路 [J]. 商业研究, 2005（18）: 150-153.
[7] 刘群. 区域货币与世界货币：人民币前景判断与决策分析 [J]. 学术论坛, 2006（9）: 76-82.
[8] 张群发. 美元霸权和人民币国际化 [J]. 经济经纬, 2008（2）: 42-45.

（2003）认为短期内人民币不具备与主要国际货币相抗衡的实力，对人民币国际化应采取谨慎态度，过快推动人民币国际化会面临巨大的风险[①]。李晓、李俊久、丁一兵（2004）指出从现阶段整个亚洲地区的情况来看，人民币已经初步具备了实现区域化的条件，但人民币目前尚不具备成为完全的国际货币的条件[②]。魏尚进（2009）认为人民币尚不具备成为国际关键货币的条件，虽然中国经济实力日益强盛，但要实现人民币国际化仍然还有很多条件有待实现，如金融市场与资本市场的广度与深度、投资者的信心和资本项目可兑换管制的放松等[③]。张敬之（2015）认为货币的国际化不仅要求经济实力的强大、金融市场的开放、本币币值的坚挺，还要求国家外向型的经济发展结构[④]。

二、人民币国际化的实现途径

国内学者一般从货币职能和流通域两个角度探讨人民币国际化的实现路径。

姜凌（1997）提出了通过四个阶段实现人民币国际化的设想：第一阶段，实现人民币在经常项目下有条件的可兑换；第二阶段，人民币走向经常项目的全面可兑换；第三阶段，实现人民币完全可自由兑换；第四阶段，实现人民币的国际化[⑤]。从货币职能看，曾远征和周舢（2009）认为人民国际化的逻辑顺序为：人民币先是作为结算货币，再作为投资货币，然后作为国际融资货币，最后成为各国央行干预金融市场上的主要融资货币。人民币计价结算是人民币国际化的基础，当前重点是促进人民币用于国际贸易结算试点，推进人民币在国际贸易中作为结算货币的便利程度和使用范围[⑥]。

[①] 李华民. 基于人民币性质的中国货币国际化战略 [J]. 信阳师范学院学报（哲学社会科学版），2003（1）：48-51.

[②] 李晓，李俊久，丁一兵. 论人民币的亚洲化 [J]. 世界经济，2004（2）：21-34.

[③] 哥伦比亚大学金融学与经济学教授魏尚进2009年在"陆家嘴论坛"上的讲话。

[④] 张敬之. 人民币国际化与对外直接投资互动关系视角下的对外直接投资政策研究 [D]. 南昌：江西财经大学，2015.

[⑤] 姜凌. 人民币国际化理论与实践的若干问题 [J]. 世界经济，1997（4）：19-23.

[⑥] 曹远征，周舢. 人民币国际化相关问题讨论 [M] //博学基金会. 人民币国际化缘起与发展. 北京：社会科学文献出版社，2011：302.

从流通区域看，曾远征和周舸（2009）认为人民国际化的战略应当是"人民币准周边化—人民币正式周边化—人民币准区域化—人民币正式区域化—人民币准国际化—人民币正式国际化"，具体分为三个阶段：第一阶段，实现人民币在部分周边国家和地区的国际化；第二阶段，实现人民币在亚洲地区的国际化；第三阶段，实现人民币在全球范围内的国际化[①]。不少研究认为人民币国际化应当从次区域起步。陶士贵（2003）认为人民币国际化应首先建立中国与周边国家和地区的人民币自由兑换圈[②]。陈岩岩、唐爱朋和孙健（2005）分析了在一个主权范围内实现货币一体化的可能性，认为人民币国际化进程中应该首先对人民币、港元和澳元进行整合，在次区域范围内实现货币一体化，与台湾地区的货币合作由于政治上的障碍在短期内是不可行的[③]。

姜波克（1999）对人民币国际化也提出了一系列具体的推进措施：加强与周边国家和地区的贸易和直接投资；向周边国家提供中短期人民币出口信贷；建立一个发达的金融市场等[④]。张宇燕、张静春（2008）则认为应当通过亚洲货币合作机制，逐步推进人民币国际化[⑤]。温信祥（2015）吸取国际经验对人民币国际化的启示，认为人民币国际化目标是成为区域货币。短期内人民币不可能成为全球储备货币，区域化是人民币实现更大范围国际使用的基础。制定人民币国际化政策应该主动寻求合适的政策，为人民币国际化创造条件。人民币现阶段国际化需要一系列金融改革来支持，如资本项目改革、汇率市场化，进一步推动国内金融市场的发展和开放，增强人民币的可得性和使用便利性[⑥]。

[①] 曹远征，周舸. 人民币国际化相关问题讨论［M］//博学基金会. 人民币国际化缘起与发展. 北京：社会科学文献出版社，2011：302-303.

[②] 陶士贵. 建立中国周边国家和地区人民币自由汇兑圈的可行性分析［J］. 广东商学院学报，2003（1）：47-52.

[③] 陈岩岩，唐爱朋，孙健. 人民币国际化过程中货币整合的可行性分析［J］. 西南金融，2005（7）：7-9.

[④] 姜波克. 人民币可自由兑换和资本管制［M］. 上海：复旦大学出版社，1999.

[⑤] 张宇燕，张静春. 货币的性质与人民币的未来选择：兼论亚洲货币合作［J］. 当代亚太，2008（2）：9-43.

[⑥] 温信祥. 人民币国际化的全新历史时期"一带一路"与未来国际金融体系［J］. 学术前沿，2015（8）：61-71.

三、"一带一路"与人民币国际化

区域化作为人民币实现国际化推广的关键，自2013年9月中国提出"一带一路"倡议后，得到沿线国家的积极参与[①]，也给人民币国际化创造了有利的外部条件。

林乐芬（2015）认为"对外投资与贸易→经济互动效应→资本项目有序开放→人民币国际化"是"一带一路"建设对人民币国际化实现影响的新途径[②]。王喆和张明（2019）认为，中国通过与"一带一路"沿线国家进行人民币跨境贸易结算、货币互换合作等方式发展人民币的结算职能与计价职能，能够有效促进人民币国际化[③]。董鹏刚（2020）提出人民币国际化和"一带一路"具有内在一致性，其出发点均是强化区域经济合作，实现区域经济的稳健发展，同时也指出人民币国际化难以在短时间完成，"一带一路"倡议构筑的经济发展空间可以以空间换时间，为人民币国际化提供助力[④]。

吴林和韩江波（2020）通过实证分析得出"一带一路"主要通过提升中国与沿线国家的贸易流量、直接投资以及促进中国经济规模增长这三个途径助力人民币国际化。从货币发行国的角度分析，历史经验表明，国际货币的发行国都先后经历过从工业强国、出口大国再到投资强国的发展阶段；从空间维度分析，人民币需要沿着周边化、区域化、国际化的顺序发展；从货币职能的国际延伸角度分析，人民币必须发展完善其作为国际计价货币、国际结算货币、国际投融资货币、国际交易货币以及国际储备货币的五项职能[⑤]。

[①] 截至2020年1月底，包括中国在内已经有139个国家和地区加入"一带一路"朋友圈。
[②] 林乐芬. 一带一路建设与人民币国际化 [J]. 世界经济与政治, 2015（11）：72-90.
[③] 王喆，张明. "一带一路"沿线跨境并购的特征、影响因素及展望：基于美、英、日、中的国际比较 [J]. 亚太经济, 2019（3）：15-19.
[④] 董鹏刚. "一带一路"倡议战略下的人民币国际化进程分析 [J]. 中国流通经济, 2020（1）：32-42.
[⑤] 吴林，韩江波. "一带一路"倡议下人民币国际化的影响因素和实现路径研究 [J]. 经济视角, 2020（1）：13-24.

在"一带一路"倡议的指引下,丝路基金①的筹建和亚洲基础设施投资银行②的设立,为人民币国际化的稳步推进进一步创造了有利的内外部条件。曹东亚、陈坤(2015)认为,AIIB为"一带一路"有关沿线国家的基础设施建设提供资金支持,为中国与周边国家打造友好合作关系,促进人民币国际化创造了坚实的基础。由于亚洲地区新兴市场和发展中国家的能源、通信、交通等基础设施跟不上经济快速发展的步伐,AIIB为这些国家和地区基础设施建设提供了一个新的资金来源,同时也为人民币在跨境交易结算、区域对外投资上提供了一个良好的平台,有助于促进人民币的币值稳定、可自由兑换和可自由流通,实现人民币国际货币职能的执行和国际流通域的拓展③。

四、后疫情时代的人民币国际化

新型冠状病毒感染疫情所形成的全球危机,是一个重大的外部冲击,其影响可能要延续多年,最终导致全球经济格局、各国财政负担及央行资产负债表(包括美联储的资产负债表)出现巨大变化。郭海龙(2022)认为,中国在疫情防控和复工复产方面政策应对得当,为经济的平稳发展创造了有利的条件。中国稳定的经济增长与主要经济体增速的显著下滑,美国通胀高企,人民币相对于美元有较大的升值预期。同时,面对"俄乌冲突"导致的大量资本回流,不少国家在对外出口结算特别是能源出口结算中改用人民币结算,对于人民币国际化都是重大利好。中国要强化中国制

---

① 丝路基金是由中国外汇储备、中国投资有限责任公司(中投)、中国进出口银行、国家开发银行(国开行)共同出资,依照《中华人民共和国公司法》,按照市场化、国际化、专业化原则设立的中长期开发投资基金,重点是在"一带一路"发展进程中寻找投资机会并提供相应的投融资服务。2014年12月29日,丝路基金在北京正式注册成立。首期资本金100亿美元中,中国外汇储备通过其投资平台出资65亿美元,中投、中国进出口银行、国开行亦分别出资15亿美元、15亿美元和5亿美元。2017年5月14日,中国国家主席习近平在"一带一路"国际合作高峰论坛开幕式上宣布,中国将加大对"一带一路"建设资金支持,向丝路基金新增资金1 000亿元人民币。

② 亚洲基础设施投资银行(Asian Infrastructure Investment Bank,简称"亚投行",AIIB)是一个政府性质的亚洲区域多边开发机构。重点支持基础设施建设,成立宗旨是促进亚洲区域的建设互联互通化和经济一体化的进程,并且加强中国及其他亚洲国家和地区的合作,是首个由中国倡议设立的多边金融机构。AIIB于2015年12月25日正式成立,总部设在北京,法定资本1 000亿美元。截至2021年10月末,AIIB共有104个成员国。

③ 曹东亚,陈坤."一带一路"战略之亚投行:人民币国际化新引擎:基于国际比较视野[J].时代金融,2015,598(24):29-30,32.

造与人民币绑定的力度,通过贸易绑定本币能直接赢取更充分的国际资源,并弥补金融短板,把制造业优势转化为金融优势①。

2020年以来,党中央做出"构建双循环新发展格局"的重大决策,双循环新发展格局也是我国经济未来的发展方向。李自磊(2021)认为,在新型冠状病毒感染疫情下,美国、欧元区及日本仍在推行量化宽松政策,无节制发行货币,其政策利率也维持在极低水平,而国内经济环境较国外稳定,人民币具备一定的升值预期,因此人民币国际化为通畅国际大循环提供坚实的保障:一是促进人民币大宗商品期货市场的发展,积极推出新的人民币期货品种,努力吸引更多境外贸易商参与交易,不断扩大交易规模,并以此带动在大宗商品贸易领域更多地采用人民币进行计价和结算。二是大力发展中国香港、新加坡等人民币离岸市场,促进在岸、离岸人民币市场的协同发展,扩大上海作为国际金融中心的影响力,为人民币国际化创造条件。三是推动债券市场的改革开放,进一步完善债券市场的制度安排,吸引更多的境外投资者,畅通人民币回流通道②。

第四节 对相关文献的评述

纵观国内外关于货币国际化研究的文献,不少文献都将国际货币和货币国际化概念相混淆,国际货币是一个相对静态的概念,而货币国际化则是一个动态的概念,国家货币拓展其流通域成为国际货币的过程就是货币国际化。而在研究国际货币的角度上,大部分研究是从国际货币的需求与供给的角度对国际货币进行分析,很少考虑国家的政治因素或者仅将政治因素放在一个相对次要的位置。然而,既然货币的本质是信用,更确切地说是国家权力担保下的信用货币③,那么我们对于货币国际化的研究就不应该仅仅从经济的角度进行分析,更应该考虑政治的因素,而且应该给予政治因素一个比较高的权重。否则,我们将很难解释为何美元在国际货币

---

① 郭海龙. 全球新冠疫情背景下中国宏观经济的若干新特征评析[J]. 东北亚经济研究,2022(3):37-51.

② 李自磊. 构建双循环新发展格局的国际经验及其启示[J]. 天津师范大学学报,2022(3):98-104.

③ 关于货币的性质将在第四章进行详细论述。

体系中的地位要远远高于美国经济在世界经济中的地位？为何以最优货币区理论为指导建立起来的欧元，却频频遭遇主权债务危机？为何在世界经济中位于三甲之列的中国和日本，人民币和日元的国际化道路却进展缓慢？

国际货币虽然是国家货币的延伸，但是国际货币的性质具有特殊性，很多学者将其他文献分析国家货币后得出的一些结论直接套用到国际货币上，却没有意识到这些关于货币的性质的讨论都是假定货币只在一国范围内流通。各国间利益的博弈，国际货币发行部门的区域性与国际货币使用范围的全球性之间的矛盾，都赋予了国际货币不同于一般主权货币的性质，所以国际货币的性质需要专门进行讨论。

学术界在国际货币体系方面的研究相对比较成熟。对于国际金本位制和布雷顿森林体系的利弊以及最终解体的原因，国内外学者都做了比较系统的论述。然而，对于当前的国际货币体系以及国际货币体系的前景，学术界的看法不一。退回国际金本位制或者布雷顿森林体系肯定是行不通的，而当前的国际货币体系在金融危机以后也暴露出了其自身的弊端，但学术界除了质疑当前国际货币体系的可持续性，却很难提出改革未来国际货币体系的可行性方案。

此外，关于国际货币体系的分析基本是从国际金本位制、国际金汇兑本位制、布雷顿森林体系与当前国际货币体系这些制度的运行机制与优缺点进行分析的，并以此得出每一个制度安排之所以稳定运行或最终被新的制度所取代的原因。很少有文献从主要国际货币对国际货币体系制度安排的决定作用以及货币霸权的转移与国际货币体系变迁的因果关系这一角度进行分析，而这正是本书所要重点探讨的问题。

在人民币国际化方面，主要研究都来自国内的学者，这些研究大部分是从人民币国际化的条件与收益来分析人民币国际化的可行性与必要性，对于人民币国际化的前景总体较为乐观。然而，人民币国际化不仅仅具有收益，还需要付出相应的成本，并不是只要人民币具备国际化的条件就可以推进人民币国际化的进程，更何况人民币是否具备成为国际关键货币的条件还存在争论。很多学者从美元在国际货币体系中的收益和成本作为人民币国际化收益和成本的参照系，笔者认为这是不妥的。即使人民币国际化能够取得较为理想的结果，但要拥有当前美元在国际货币体系中的地位几乎是不可能的。一方面，一个国际关键货币要取代另一个国际关键货币，即使具备相应的条件，也需要很长的时间，往往需要几十年。历史上真正意义上实现这种替代的也只有美元对英镑的替代。另一方面，国际货币的角逐过程实际上是货币发行国之间经济实力、政治实力相互博弈的过程，在中国积极推进人民币国际化进程的同时，主要国家和经济体也会千方百计地采取相应的制衡措施。因此，人民币在可预见的时间内并无法代替美元的地位，甚至难以进行真正意义的抗衡，人民币国际化的收益与成本与美元也不可相提并论，这从欧元和日元在国际货币体系中的收益和成本就可见一斑。从这个角度看，相关文献应当更加着眼于人民币国际化如何确立与国家长期发展相一致的长期目标，还要着眼于在瞬息万变的国际形势中如何保持可以因时而变、因势而变的灵活性，同时还要为如何在多方博弈中占据主动性献计献策，最终确保人民币国际化顺利实现既定目标，为中国赢得最大收益。

第四章 货币的性质与国际货币

第一节 货币的形态、职能与性质

货币诞生至今,已有了几千年的历史。无论各个国家的货币起于何种形态,最后几乎都沿着同样一条路径演化——从某种贵金属到以国家信用为基础发行的纸币。而在国际金本位制开始,就有某些国家的货币将其流通范围延伸到本国范围之外,在国际市场中充当国际货币的角色[①]。可见,国际货币是一国货币使用范围向国际的延伸,我们要深入研究国际货币和货币国际化的问题,就应该从货币最根本的性质出发,探讨推动货币从最初不同形态向同一方向演化的内在动力是什么?推动某些货币从国家货币演变成国际货币的内在原因是什么?

一、货币的形态

在人类社会几千年的历史中,出现过各种形式的货币,但究其本质而言,货币可以分为两类——实物货币和信用货币。

(一) 实物货币

实物货币是人类历史上最早的货币形态,人们为了满足交换的需要,通常选择被社会普遍接受的一般等价商品作为货币,比如牲畜、盐、贝壳、烟草、干鱼丁、砂糖、兽皮、铁等商品都曾充当过交易的媒介[②]。然而,上述的各种实物货币都有或多或少的缺陷——或不利于储藏、或不利

[①] 例如,国际金本位下的英镑、布雷顿森林体系下的美元,以及当前国际货币体系下的美元、欧元和日元等货币。

[②] 亚当·斯密. 国民财富的性质和原因的研究(上册)[M]. 北京:商务印书馆,1988:21.

于携带、或不利于分割。随着商品交换的不断升级以及技术的不断发展更新，世界各国历史上几乎都出现过同样一种货币形态——金属货币。

金属货币具有价值稳定、易于分割、易于保存、便于携带的优点，所以马克思说，"金银天然不是货币，但货币天然是金银"。货币进入了经济生活后，自然而然地附身于金银这类最适合于充当货币的贵金属①。但金属货币也有其缺点，比如大量交易需要大量货币，金属货币重量太大不便于大量携带和远距离运输；金属货币使用过程中的磨损会导致货币含金量下降。当世界经济进入工业革命的高速增长阶段之后，金属货币也暴露出其最大的缺点——金属货币供给增加的速度跟不上经济增长的速度，从而容易导致通货紧缩。

(二) 信用货币

信用货币的发展经历了以下几个阶段：

1. 不足值的金属货币

当贵金属成为货币后，最初在市场上流通的是足值的金币，但随着铸币的不断发展，市场上逐渐出现不足值的金币，而足值的金币则慢慢退出市场，这种劣币驱逐良币的现象也称为"格雷欣法则"②。其中，金属货币的实际价值与名义价值差异的部分，就是货币的信用成分。不足值货币的出现主要有两方面的原因：第一，贵金属的供应无法满足市场对铸币的需求，所以不得不在新铸造的货币之中加入其他成分或者减少新铸造货币的实际含金量。第二，铸币当局发现减少货币实际价值并不影响货币职能的执行，所以铸币当局为了自身收益而铸造不足值货币。

2. 可兑换纸币

可兑换纸币是指国家或银行以一定量的金属货币储备，发行本身没有价值的纸币，并宣布在任何时候任何地点，无条件地保证按纸币上记载的

---

① 周汉勇. 从货币形态演进看货币本质问题 [J]. 世界经济情况，2009 (3)：56-60.
② 劣币驱逐良币 (Bad money drives out good)，也称格雷欣法则 (Gresham's Law)，为16世纪英国伊丽莎白铸币局长托马斯·格雷欣提出，他发现一个现象：两种实际价值不同而名义价值相同的货币同时流通时，实际价值较高的货币，即良币，必然退出流通——它们被收藏、熔化或输送到国外；实际价值较低的货币，即劣币，则充斥市场。除了这里所论述的情形外，格雷欣法则还有另外一种情形，即在金银复本位制下，金银有一定的兑换比率，当金银的市场比价与法定比价不一致时，市场比价较法定比价高的金属货币（良币）将逐渐减少，而市场比价较法定比价低的金属货币（劣币）将逐渐增加，形成良币退仓、劣币充斥的现象。

货币数额兑换相应的金属货币[①]。

3. 不兑换纸币

不兑换纸币是指由政府发行的不能兑换成金属货币的纸币，这种不兑换纸币已完全失去了内在的使用价值和价值，而仅仅是一个观念上的符号，但仍保留着它所具有的数量特性，其购买力源于国家的权威和信誉，只要这种权威和信誉不遭到质疑，国家就可以根据自己的意志来决定货币的发行量。

（三）对货币形态的评述

货币的形态从各式各样的实物货币，到相对统一的金属货币，从不足值的金属货币再到最终的信用货币，经历了几千年的变迁。这一变迁的背后是经济规律和历史规律的结果，是不以人的意识为转移的。从这一过程中，我们可以得出以下三个结论。

1. 信用货币取代实物货币的必然性

实物货币（主要是金属货币）的流通有着两个难以克服的矛盾：一个矛盾是实物（黄金、白银等）的产量受到自然条件的约束，供给缺乏弹性[②]。在工业革命之前，世界各国的经济增长速度一直维持在一个较低的水平，自然经济占主导也使商品交换的发展较为缓慢，货币供给与经济增长的矛盾并不显著。而从工业革命至今，世界经济一直保持一个较高的发展水平（除了两次世界大战期间），以金属货币作为货币形态的结果就是货币供给增长速度与经济增长速度的矛盾越来越严重。

实物货币还存在另一个矛盾，实物货币兼具商品与货币两种属性，实物货币的商品属性与货币属性之间的矛盾会干扰货币价值的稳定性。以黄金为例，黄金不仅可以充当货币，也可以充当一般商品（如饰品和原材料等）。黄金作为货币的价格是由金属货币的供给与整个经济体对货币的需求决定的；而黄金作为商品的价格是由黄金这个局部市场的供求所决定的。然而，黄金的价格必然是统一的，不可能因为其不同的用途而导致不同的价格，因此，商品黄金的供求变化也会导致货币黄金价格的变化。显

[①] 张明. 货币·货币五种形态演替变化·货币数量论 [J]. 浙江大学学报，1996（3）：37-43.

[②] 如果经济增长速度高于货币增长速度，则意味着用于交换的商品的增量大于货币的增量，这将导致通货紧缩，也就是货币的相对价值会上升。如果形成通货紧缩的预期，那么人们将保留手中的货币而不愿意购买商品，这一方面导致了市场上流通货币的进一步减少，通货紧缩加剧；另一方面导致了市场需求不足，对经济的增长产生不利影响。

然，在这种情况下，黄金就不能很好地执行计价单位和交易媒介的职能。而对于信用货币（纸币）而言，它只是作为货币而不作为一般商品存在，虽然不能说其所代表的价值就恒定不变①，但影响信用货币的价格波动的因素要少于影响黄金价格的波动，从而可以更好地执行货币的职能。

需要指出的是，即使是兼具实物属性和信用属性双重身份的不足值金属货币，也无法从根本上解决实物货币的内在矛盾，这主要是因为：只要货币中有实物属性的存在，就必然要面对货币增长速度受到供给制约而无法与经济增长速度相协调的问题。即使铸币当局可以通过降低金币中的实物比例增加信用比例达到增加货币供给的目的，但紧接着将出现的问题就是，不同时期所铸造的货币的含金量不同，却要在市场交换中代表相同的价值，在"格雷欣法则"下，原先含金量较高的铸币将会退出市场，被私人所收藏。因此，如果要降低不足值金属货币中的含金量，政府必须强制回收之前所有货币进行重铸，从而耗费大量的成本②。如果货币是完全信用属性的纸币，那么政府只需要增加纸币的发行，就可以增加市场中的货币供给，不存在前后发行的纸币内在价值不一样的问题（内在价值都是零），所以无须回收之前发行的纸币。

2. 信用货币取代实物货币是一个量变到质变的过程

信用货币取代实物货币，是在实物货币中逐渐注入信用货币的成分，并逐渐增加信用因素的比重，降低实物因素的比重，最终信用货币完全取代实物货币。在不足值的金属货币阶段，不管该货币是由商人铸造还是国家铸造，都包含着信用的成分③，不足值金属货币的购买力来自两个方面：一是金属货币本身具有的价值，二是货币发行者的信用④。到了可兑换纸币阶段，货币的信用成分得到了进一步地深化，在不足值金属货币之上又

---

① 通货膨胀的存在反倒证明了纸币所代表的价值是一直下降的。

② 英国历史上就有多次的货币重铸，分别发生在 1257 年、1279 年、1299 年、1344 年、1412 年、1464 年、1526 年、1542—1551 年和 1696 年。

③ 这种信用关系体现在两个层次：第一层次是对货币发行者的信任，即对发行商信用或国家信用的信任；第二层次是在第一层次基础上引申出对该铸币购买力的信任。详见：王玉峰，刘利红. 论货币的本质是信用——从货币演变史中抽象货币的本质和演变规律 [J]. 贵州财经学院学报，2003（6）：49-52.

④ 比如，一枚实际含金量只有 5 克的金币，却能够在市场上购买到价值相当于 10 克黄金的商品，是因为这枚金币除了本身具有的 5 克黄金外，还有金币发行者所承诺的、并被市场所接受的相当于 5 克黄金价值的信用。

增加了一层信用关系，即国家承诺可以以该纸币随时随地兑换相对应的金币①。而到了不兑换纸币阶段，货币的购买力则完全由国家信用作担保②。因此，信用货币取代实物货币并不是一蹴而就的跳跃过程，而是一个随着信用因素在量上的不断增加，货币形态逐步从实物货币到了信用货币的质变过程。

3. 从广义上讲，所有的货币都是信用货币

从本质上说，货币就是信用，实物货币与信用货币的区别仅仅在于这种信用是内在的还是外在的。实物货币之所以被接受，根本原因是因为人们相信它提供了一种购买力的信用，只是这种信用的担保主体是最直接的实物货币本身，因为实物本身就具有价值。随着货币形态的发展，信用的担保主体越来越多地来自外在的权威，货币本身价值所提供的信用逐渐减少，最终完全由外在信用确保货币的购买力（如表4-1所示）。因此，从广义上讲，所有的货币都是信用货币。

表4-1 货币发展形态各个阶段的特点

发展阶段	货币形态	特征	信用担保来源 内在	信用担保来源 外在	信用担保主体
第一阶段	原始货币或贵金属	足值的货币	是	否	货币自身的价值
第二阶段	铸币	不足值的货币	是	是	货币自身的价值和发行机构的信用
第三阶段	纸币	无内在价值的货币	否	是	发行机构的信用

二、货币的职能

在任何经济社会中，无论货币是贝壳、铜币、黄金等实物货币形态，还是纸币的信用货币形态，只要是作为货币，都在经济社会中执行交易媒介、计价单位、支付手段和价值储藏四项主要职能。货币的职能是货币区别于其他商品的特征，虽然其他商品可能具备以上四项职能中的一项、两

---

① 比如，一张可兑换纸币之所以可以在市场上购买到相当于10克黄金的商品，是因为这张纸币随时可以兑换成一枚价值10克黄金的金币。

② 比如，一张不兑换纸币之所以可以在市场上购买到相当于10克黄金的商品，完全是因为国家信用强制性保证这张纸币可以在市场上兑换到相应的商品。

项甚至三项，但只有货币是同时具备这四项职能。

（一）交易媒介①

如果没有货币，市场上的交易都是通过物物交换进行，这种交换模式存在着各种弊端。比如：①甲拥有物品 A 需要 B，而拥有 B 的乙不需要 A 而是需要 C，而拥有 C 的丙却不需要 B……②小李拥有汽车，需要食盐，却无法将汽车的万分之一拿出来交换自己需要的食盐。③小王是一位教师，他可以同时给 30 个学生上课，那么他需要同时找到 30 位拥有他所需要的商品且需要他的授课服务的人。④小张拥有某种易变质（比如蔬菜、肉等）的物品可以用于交换，但他暂时没有需要的物品，如果等到他需要某种物品再进行交换时，其拥有的商品已经变质失去使用价值。

从以上这些例子可以看出，易货经济②受到了时间上、空间上以及需求不对称等因素的约束，使得很多潜在的交易都没有办法有效进行。为此，市场在长期的交易中创造出了一种共同需求的商品 G（也就是货币），它具有标准化、普遍接受化、便于携带、便于分割、便于储藏的特点。而货币的引入，在物物交换的过程中增加了货币这个环节，从以物易物的"W—W"转化为以货物交换货币，再以货币购买货物的"W—G—W"的形式。

当商品交换过程引入货币之后，①甲可以将 A 售出换回货币，并用这部分货币跟乙购买 B，乙再用自己售出 B 所得到的货币跟丙购买 C……②小李可以将汽车出售给需要汽车的人，再用所获得的货币去购买所需要的食盐。③小王可以向每位来听课的学生收费，再去市场上购买需要的商品。④小张可以先将商品出售，并将所得货币储藏起来，等到自己需要的时候再去购买。

不同于"W—W"中，需求必须是对称的，且买和卖在时间上必须是一致的，充当交易媒介的货币的嵌入，创造了 G 这种普遍的需求品，也使卖的过程（W—G）和买的过程（G—W）相分离，使很多原本无法实现的交易成为可能。"商品之所以能够打破产品交换的时间、空间和个人的限制，正是因为它把这里存在的换出自己的劳动产品和换进别人的劳动产

---

① 马克思在《资本论》中将货币的交易媒介定义为流通手段。
② 传统的易货贸易，一般是买卖双方各以等值的货物进行交换，不涉及货币的支付，也没有第三者介入。

品这二者之间的直接的统一性，分裂成卖和买这二者之间的对立。"①

总之，以货币作为交易媒介有以下好处：第一，货币使商品经济摆脱了易货经济在时间上与空间上的约束，节省了交易时间、降低了交易成本。第二，货币促进了多边贸易的产生，取代了双边贸易，这将更容易达到一定专业化程度所需要的交易量，从而鼓励劳动分工和专业化生产，促进了经济效率。第三，货币的引入增加了相似交易的数量②，这种交易合同的相似性促进了竞争。

(二) 计价单位③

货币的第二个职能是计价单位，简单地说，就是指把货币作为衡量价值的一种尺度，就像以"米"作为衡量距离的单位，以"秒"作为衡量时间的单位一样，货币作为衡量价值的单位，用来考虑和表达商品和劳务的价值④。

货币作为计价单位，根本目的是降低交易成本。假定不存在货币这种一般性的价值单位，如果市场上有 N 种商品，那么每一种商品都需要分别用其他 N-1 种商品的价格进行标识，总共需要 $\frac{N(N-1)}{2}$ 种价格，如果市场上的商品数量众多的话，那这个数字是十分巨大的⑤。因此，我们需要寻找出一种一般性商品作为计价单位，其他所有商品都以这种商品来表示其价格，而在事实上这也是可行的。"因为一切商品作为价值都是对象化的人类劳动，从而本身可以通约，所以它们能共同用一个独特的商品来衡量自己的价值，这样，这个独特的商品就转化为它们共同的价值尺度或货币。"⑥ 有了这样一种计价单位，市场上所有商品的价格只需要用它来表示，从而大大减少了交易成本，随着经济交往日益复杂，货币作为计价单位的重要性也日益显著。

需要指出的是，价值应该有其自己的计量单位，货币并非价值最直接

---

① 马克思. 资本论（第一卷）[M]. 北京：人民出版社，2004：135.
② 比如，在易货交易中，甲生产 A 商品交换 B 商品，乙生产 A 商品交换 C 商品，加入货币作为交换媒介后，甲和乙都是生产 A 商品进行出售，他们之间就有了竞争。
③ 马克思在《资本论》中将货币的计价单位职能定义为价值尺度。
④ 托马斯·迈耶. 货币银行经济学 [M]. 上海：上海译文出版社，1989：11.
⑤ 比如，在一个有 1 000 种商品的市场中，需要的价格是 499 500 种，更何况现实经济中的商品远远大于这个数目。
⑥ 马克思. 资本论（第一卷）[M]. 北京：人民出版社，2004：114.

的衡量单位，而是一种代行价值单位。如果价值被认定为效用，价值单位就应该是"效用单位"；如果价值被认为是一般社会必要劳动时间，价值单位就应该是"单位劳动时间"[1]。然而，以货币作为代行价值单位，也有其客观的合理性：首先，人们对价值的认识和理解还存在不足，而价值的量化在现阶段仍然是不现实的。其次，以货币替代"价值单位"是一种简单易行的方法，至少在现阶段完全可以解决现实经济中出现的问题。最后，对于商品交换而言，重要的是确定交换比例，只要衡量价值的单位是明确的、可确定的，那么就是可行的。

（三）支付手段

货币是价值的载体，货币的转移就意味着价值的转移，这种转移就是支付，支付包括商品性的支付与非商品性的支付。非商品性支付决定了货币在社会成员之间及社会成员与政府之间发挥支付手段职能要早于货币在主要市场交易中发挥交易媒介的职能，这是因为从一个经济单位到另一个经济单位的价值转移，并不一定需要以交换的方式，比如部落间的赠与、聘金、税收、损害赔偿和罚金等，这都必须以一种标准媒介物进行支付[2]。支付手段职能与货币创造之间有着密切的联系，以税收为例，如果没有充当支付手段的货币，那么征税的范围就很难扩大到货物的生产、运输和交易以外，因为只有货物（或劳动时间）可以被征税。而一旦存在充当支付手段的货币，则人头税、所得税和支出税，甚至针对提供服务的税种，都比较容易征税[3]。

不少学者将支付手段定义为"商品赊购赊销中用于清偿债务或支付税赋、租金、工资的职能"，认为支付手段是一种延迟支付，笔者认为这是值得商榷的。无论"交货"与"付款"是否同时进行，货币都同时执行交易媒介和支付手段两种职能，支付手段是交易媒介的必要条件，如果没有货币作为价值的独立形态单方面的转移，也就没有商品反方向的单方面转移[4]。

（四）价值储藏

货币的价值储藏职能是指货币可以跨时期储藏，也就是说，货币所代

---

[1] 禹钟华. 对货币职能及本质的再探讨 [J]. 经济评论，2003（6）：86-88.
[2] 马克斯·维贝尔. 世界经济通史 [M]. 上海：上海译文出版社，1981：200-201.
[3] 古德哈特. 货币的两种定义：对最优货币区分析的影响 [M] //古德哈特. 古德哈特货币经济学文集. 北京：中国金融出版社，2010：185.
[4] 禹钟华. 对货币职能及本质的再探讨 [J]. 经济评论，2003（6）：86-88.

表的价值在时间上具有稳定性。

"随着商品流通本身的最初发展……出售商品不是为了购买商品，而是为了用货币形式来代替商品形式。这一形式变换从物质交换的单纯中介变成了目的本身……于是货币硬化为贮藏货币，商品出售者成为货币贮藏者……货币在质的方面，或按其形式来说，是无限的，也就是说，是物质财富的一般代表，因为它能直接转化为任何商品。但是在量的方面，每一个现实的货币额又是有限的，因而只是作用有限的购买手段。货币的这种量的有限性和质的无限性之间的矛盾，迫使货币贮藏者不断地从事息息法西斯式的积累劳动"①。

具有价值储藏功能的资产有很多，比如股票、房产和艺术品都可以用来储藏财富，但货币所具有的价值储藏职能具有两个特点：第一，货币具有很强的流动性②，因为货币本身就是交易媒介，它无须转化其自身的形态就可以在市场上购买商品。其他资产如果要作为价值储藏的手段，必须先用货币进行购买，而若要将它转换为其他投资品或者用来换取商品，都需要先转化为货币的形式，这都需要支付一定的交易费用③。第二，不同资产的价值具有不同程度的稳定性，而货币的价值应当最具稳定性，货币的价值虽然在储藏过程中往往会由于通货膨胀而逐渐下降，但是货币贬值速度比较缓慢，相比其流动性的优势而言，人们还是愿意承担这部分成本。而其他资产在储藏期间则要承担较大的风险，其价值在未来的波动幅度也会比货币要大得多④。

（五）世界货币不是货币的基本职能⑤

由于马克思在《资本论》中有关于世界货币的讨论，因此国内不少教

---

① 马克思. 资本论（第一卷）[M]. 北京：人民出版社，2004：153-156.
② 流动性（Liquidity），是指资产能够以一个合理的价格顺利变现的能力，它是一种所投资的时间尺度（卖出它所需要的时间）和价格尺度（与公平市场价格相比的折扣）之间的关系。
③ 这里所说的交易费用不仅仅指购买或出售的时候所支付给经纪人的佣金或者支付的税收等，很多商品虽然表面看很有价值增长空间，但是真正要变现却存在很大的难度，比如很多文物收藏变现的时候，往往因为市场的不完全而无法以公允的市场价格变现，或者需要经历较长的一段时间才能变现，这也属于交易费用的范畴。
④ 有一个前提是不存在恶性通货膨胀，否则货币将成为最不具有价值储藏功能的商品。从历史经验看，一旦发生了恶性通货膨胀，货币也就丧失了作为货币的最基本的功能，也就是说，货币仅仅是官方名义上的货币，而在市场上真正充当货币角色的，往往是另外一种商品。
⑤ 需要特别强调的是，本书并不认为世界货币不是货币的职能，而是认为世界货币不是货币的一个基本职能。此外，马克思的世界货币与本书的国际货币为同一概念的不同表达。

材和文献都将世界货币作为货币的基本职能之一。笔者并不认为世界货币是货币的基本职能，其主要原因是：首先，如果把货币职能划分为交易媒介、支付手段、计价单位、价值储藏和世界货币，而世界货币的职能又包含交易媒介、支付手段、计价单位和价值储藏，从逻辑学上说，对母项每次划分所得的一个子项之间必须是全异关系，划分后母项的任何一个分子，只属于某一个子项①，所以把世界货币职能与其他几个职能并列是不符合逻辑的②。交易媒介、支付手段、计价单位和价值储藏是从货币的作用形式进行划分，而世界货币是从货币的作用范围进行划分，与其相对应的应该是地区货币，不同划分依据划分的子项不能并列③。其次，从现实经验看，很多货币并不执行世界货币的职能，真正执行世界货币职能的只有少数的几种货币，而我们探讨的货币职能应该是货币的最基本最一般化的职能，如果世界货币是货币的基本职能的话，那么很多的主权国家货币就不是严格意义上的货币，这显然是与现实相违背的。

在马克思撰写《资本论》的时代，货币的形态主要是贵金属或可兑换成贵金属的纸币兑换券④，贵金属自然具有世界货币的属性⑤。但当货币从金属货币发展到信用货币时，世界市场上的货币呈现出多样化的特点，并非所有的货币都可以执行世界货币的职能。用发展的眼光看货币变迁的历史，否定货币具备世界货币职能，并非是对马克思相关理论的否定，而是坚持马克思主义方法论的具体表现。正因为当今主权货币纷繁众多，而其中只有少数货币能够成为世界货币，才引出了本书所要探讨的关键问

---

① 马壮昌. 世界货币不是货币的一个职能 [J]. 财经理论与实践，1990（3）：17-18.

② 这就像把男人、女人和老人并列一样。

③ 马壮昌. 世界货币不是货币的一个职能 [J]. 财经理论与实践，1990（3）：17-18.

④ 马克思在其著中对信用货币也进行了详细的论述，目前各国普遍的信用货币属于马克思定义的纸币流通券，是指仅在流通中所使用的，不能兑换黄金的纸币。与之相对应的是纸币兑换券，是指在金本位条件下，银行发行的纸币代用券，可以兑换等量的黄金。

⑤ 在德文版《资本论》中，马克思曾在一段话里把世界货币职能与价值尺度等职能相并列，"货币的各种特殊形式，即单纯的商品等价物，或流通手段，或支付手段、贮藏货币和世界货币，而按其中这种或那种职能的不同作用范围和相对占优势的情况，表示社会生产过程的极不相同的阶段"。同样的一段话，在后来的法文版《资本论》中，马克思进行了改写，"货币的各种职能，即单纯的等价物、或流通手段、或支付手段，储藏货币和储备金等等，按其中这种或那种职能相对占优势的情况，表示社会生产的极不相同的阶段"，在这段话里，马克思把"货币的各种特殊形式"改为"货币的各种职能"，把"世界货币"几个字删去了，把"不同作用范围"几个字也删去了。这些删改表明，马克思在这里只从商品的流通的发展深度上考察货币，世界货币是属于"不同作用范围"的问题，并没有把它与价值尺度等职能相并列。

题——什么样的货币有条件成为世界货币？应当如何才能成为世界货币？世界货币与其他货币相比具有何种特殊性？

三、货币的性质

（一）货币的本质

关于货币的本质，一直以来都存在着两个不同学派之间的争论，一方是货币金属论，一方是货币名目论。

1. 货币金属论

货币金属论（也叫货币商品论）从货币的交易媒介职能出发，认为货币是商品，是具有内在价值的一般等价物，而贵金属则是最适合充当货币的商品。可见，货币金属论认为货币的价值主要或完全取决于其背后支撑金属的内在价值，对货币在经济中的作用采取的是一种自下而上、从市场到国家，同时又将经济中的实物面与货币面相分离的分析方法[1]。重商主义者，特别是早期的重商主义者都认为货币的本质是商品[2]。此外，亚当·斯密[3]、大卫·李嘉图、门格尔[4]、马克思[5]都主张货币金属论。

货币金属论对货币的认知有其正确的一面，在货币发展史中，金属货币确实扮演过重要的角色。然而，货币金属论却有其局限性，其理论无法回答以下问题：为什么铸币不像其他金属加工行业一样由私人部门来进行，而是由政府部门或公共部门来操纵？为什么所有的经济部门会突然愿意从使用代表对贵金属具有最终索取权的纸币转向使用没有任何特定资产

---

[1] 张宇燕，张静春. 货币的性质与人民币的未来选择：兼论亚洲货币合作［J］. 当代亚太，2008（2）：9-43.

[2] 比如，威廉·配第在《货币略论》中指出：货币也不过是一种商品，金银一样也可以作为原料制作各种商品。

[3] 亚当·斯密在《国民财富的性质和原因的研究》中，明确提出货币是一种特殊商品，并把货币归结于贵金属。

[4] 在其1892年发表在《经济学期刊》（*Economic Journal*）上的论文中，门格尔归纳了几乎所有存在于货币金属论核心思想中的直觉性分析因素。持有相似观点的后继学者们对同一过程开发了更具技术性和数学上更严谨的模型，而对其核心思想却未做较大的改动。

[5] 马克思在《资本论》中写道："等价形式同这种特殊商品的自然形式社会地结合在一起，这种特殊商品成了货币商品，或者执行货币的职能。在商品世界起一般等价物的作用就成了它特有的社会职能，从而成了它的社会独占权……有一种商品在历史过程中夺得了这个特权地位，这就是金。"

支撑的纸币？为什么没有特定资产支撑的纸币却可以执行货币的所有职能[1]？如果货币的本质是商品的话，为何当今的货币与国家主权呈现的是一一对应的关系，而没有出现同一种商品作为货币在不同国家间流通？为何货币供给量的变化可以影响经济的运行，各国政府都把货币政策作为重要的宏观调控工具？

显然，从货币金属论出发无法得到上述问题的答案，货币金属论不能很好地对现实中的货币进行准确分析，本书在分析货币形态的演变时，也指出实物货币具有内在的缺陷，不可能成为货币的最终形态，货币的演变史已经否定了金属货币而转向信用货币。

2. 货币名目论

货币名目论（也叫货币法定论）认为货币不是商品，不是具有内在价值的一般等价物，只是计量商品价值的一个符号[2]。货币之所以可以在市场上被广泛接受却不需要具有与其面值相匹配的内在价值，是因为货币的使用主要是基于发行当局的权力。也就是说，交易媒介之所以最终演变成货币，根本上是由于货币是和国家权力紧密结合在一起的，而不是由于它们恰巧是贵金属（或者纸币）所制成的[3]。货币不再是商品，它已经成为以国家的权威规定的所有商品的交易媒介和计价单位。或者说，货币的交易媒介和计价单位职能，由于国家的介入而更为强化，而且更具有导向性[4]。与货币金属论不同，货币名目论强调了货币作为计价单位的信用属性，认为货币天然具有权力的属性，对经济分析采取的是自上而下，从国家到市场的方法，强调经济的货币面是不能与实物面割裂的，货币必须作为一个真实变量进入经济分析[5]。

---

[1] 徐鸣. 论货币的"象、数、理"：基于马克思货币观的哲学阐释 [J]. 当代财经，2009 (11)：12-20.

[2] 徐鸣. 论货币的"象、数、理"：基于马克思货币观的哲学阐释 [J]. 当代财经，2009 (11)：12-20.

[3] 古德哈特. 货币的两种定义：对最优货币区分析的影响 [M] //古德哈特. 古德哈特货币经济学文集. 北京：中国金融出版社，2010：177.

[4] 刘永佶. 论货币及其演变 [J]. 广播电视大学学报（哲学社会科学版），2004 (4)：52-54.

[5] 张宇燕，张静春. 货币的性质与人民币的未来选择：兼论亚洲货币合作 [J]. 当代亚太，2008 (2)：9-43.

货币名目论的阵营里也聚集了许多著名的经济学家，比如早期的巴本①，以及后来的席梅尔②、克拉蒲③、彭迪生④、维克塞尔、凯恩斯⑤、弗里德曼⑥、萨缪尔森⑦和古德哈特⑧等。

3. 对货币金属论与货币名目论的评述

从前面的分析可以看出，货币金属论与货币名目论的根本区别是：货币金属论从纯粹的市场角度出发，讨论货币作为交易媒介在经济生活中的作用，认为货币并没有真正进入真实的经济过程。而货币名目论对经济分析采取的是自上而下，从国家到市场的方法，强调了国家信用是货币的价值基础，由于国家具有发行货币的权力，其可以将货币供给作为调控手段对宏观经济进行调控，经济的货币面是不能与实物面割裂的，货币必须作为一个真实变量进入经济分析。货币名目论是在货币金属论的基础上进行批判性地继承而逐渐发展起来的，货币金属论和货币名目论是人们对货币本质认识的不断深化而先后出现的对货币的两种认知，随着货币的形态从实物货币转向信用货币，人们对货币本质的认知也逐步从货币金属论走向货币名目论。

面对货币金属论所无法回答的问题，货币名目论显然可以更好地给出

---

① 巴本（1696）在《铸币论》中指出：货币是由国家创造的，其价值是由国家的权威所规定的，铸币上的印鉴，并非是铸币的重量和成色的证明，而只是"铸币价值的指令"。

② 席梅尔（1900）在《货币哲学》一书中形象地说："货币表达商品相对价值这一意义，独立于货币的任何内在价值……所以货币为我们决定事物价值而提供的尺度与它的本质性质无关。"

③ 克拉蒲（1905）在《货币国定理论》一书中，倡导"货币是法制的创造物，是票券的支付手段"，主张"货币价值单位的名目性"。他认为，货币金属论只能说明金属是足值的货币，却不能说明其他货币，尤其是纸币的性质。

④ 彭迪生（1908）在《货币的本质》中指出：在一种为大家劳动，而靠大家的消费，但又必须由每个人自己求得生产与消费均衡的共同体内，必须具备两个条件：一是能以公认的价值单位计算价值，二是使用一种凭证来表示这个价值单位，作为提供劳动的价值的证明，这个凭证就是货币。

⑤ 凯恩斯（1935）认为，法币制度必须在货币名目论的基础上进行解释，但是关于他对早期货币起源的观点却无从找寻。

⑥ 弗里德曼（1979）在《自由选择》一书中指出："合法货币的含义是，政府将接受它作为偿债和纳税之用，法院将承认它们可以清偿按美元计算的债务……这些绿色纸片之所以有价值，是因为大家都认为它们有价值，是因为经验告诉大家它们有价值。"

⑦ 萨缪尔森（1976）认为："货币是一种人们认可的社会成规"，"人们接受货币是因为它为人们所接受!"

⑧ 古德哈特强调货币作为支付手段和计价单位的职能，他指出，无论从经验还是历史的角度来看，货币名目论都比货币金属论具有更坚实的基础。

答案：由于货币是以国家信用为基础，所以一个主权国家自然就会流通且只流通一种货币。只要人们相信并接受国家信用作为货币价值的担保，货币就可以执行各种职能。在现实的经济运行中，货币供给量的变化会改变持有货币的机会成本，从而影响经济的运行，所以各国政府都将货币政策作为重要的宏观调控工具。

既然货币的本质是信用，那么在一国范围内货币的供给主体，必须是能够代表整个国家利益的机构，所以货币只能由中央银行而不能由私人部门进行供给。如果由私人部门来供给货币的话，那么由于货币发行的收益和成本都具有外部性①，私人部门发行货币的边际收益与整个社会的边际收益，边际成本与整个社会的边际成本都将不一致，从而无法使货币的供给量维持在一个最合适的水平。更重要的是，私人部门存在破产的可能性，由于私人部门破产导致整个国家的货币供给体系崩溃显然是无法接受的，虽然历史上曾经出现过一些国家的中央银行由于过度发行货币引发恶性通货膨胀并最终导致整个货币体系崩溃，但这是国家代理人没有很好地行使其职责所致，并不能由此说明货币由国家发行是不可行的。

（二）货币供给的内生性与外生性

货币供给是内生抑或外生，这是关于货币性质另一个争论的热点问题。货币供给的内生性是指货币存量是由实际产出、利率、物价水平等经济变量决定的；而货币供给的外生性是指货币存量是由货币发行部门（比如中央银行）决定的。可见，区分货币供给内生性与外生性的指标应该是货币供给的形成依据与内在机制——如果货币供给是由一个经济体系的内部因素决定并调节，中央银行无法直接控制货币供给量，那么货币供给具有内生性；如果货币供给量与经济体系内部其他因素无关，中央银行可以直接决定货币供给量，那么货币供给具有外生性。

1. 货币供给外生论

货币外生性是现代主流货币理论的基石，凯恩斯及建立在新古典基础上的新古典综合派、货币主义和新凯恩斯主义，均主张货币是外生的②。

---

① 外部性（Externality）是指个体经济单位的行为对社会或者其他个人部门造成了影响（如环境污染）却没有承担相应的义务或获得回报，亦称外部成本、外部效应或溢出效应。这种外部效应有时产生有利影响（教育和安全提高社会生产力），有时会产生不利影响（污染和犯罪降低社会生产力）。我们可以按照外部效应产生的影响不同，把外部效应分为外部经济和外部不经济。

② 樊苗江，柳欣. 货币理论的发展与重建 [M]. 北京：人民出版社，2006：11.

凯恩斯[1]认为货币供给是外生变量,他指出,要改变货币数量,只有公开市场政策或类似的办法可办到,因此货币发行已在大多数政府控制之中。中央银行改变货币供给量的主要工具是公开市场业务,"公开市场交易不仅可以改变货币数量,而且可以改变人们对金融当局之未来政策预期,故可以双管齐下,影响利率。"[2] 凯恩斯的货币供给理论为国家干预经济提供了理论基础,具有重要的意义[3]。

弗里德曼也主张货币供给的外生性,他在1963年与斯瓦茨出版的《美国货币史:1867—1960》一书中,将货币供给的方程式表示为:

$$M = H \times \frac{\frac{D}{R}(1 + \frac{D}{C})}{\frac{D}{R} + \frac{D}{C}} \qquad (式4.1)$$

其中,M 为货币供给量,H 为高能货币[4],C 为非银行部门公众持有的通货,D 为商业银行的存款,R 为商业银行所有存款准备金。该方程的经济含义为:货币供给取决于三个因素——中央银行控制的高能货币 H、商业银行的存款准备金比率 D/R 和公众的"存款——通货"比率 D/C。因此,中央银行可以通过改变高能货币的数量而影响货币供给。

此外,卡甘、乔顿[5]和以卢卡斯为代表的理性预期学派[6],也都主张货

---

[1] 胡宗伟.外生与内生货币供给理论研究述评[J].上海行政学院学报,2005(11):98-104.

[2] 凯恩斯.就业、利息和货币通论[M].北京:商务印书馆,1983:169,228.

[3] 凯恩斯并不是从一开始就主张货币供给的外生性,在他另一本论著《货币论》中,凯恩斯认为货币供给是内生的,他指出:"中央银行本身所造成的存款可能由法律或风俗习惯规定不得由其自由控制……这时便可以把这种体系称为'自动'体系。最后,会员银行本身也可能有一些权力,可以随意增加其中央银行存款量,或增加从中央银行钞票发行部门所取得的钞票量。"从这些论述中可以看出凯恩斯的内生货币供给思想,只是到了《就业、利息和货币通论》,凯恩斯对货币供给的看法才由内生性转变为外生性。Foster指出,《就业、利息和货币通论》中采用了外生货币供给假设而没有继承《货币论》中的内生货币供给思想,可能是出于简化理论分析的考虑,但它妨碍了对货币与经济的正确理解。

[4] 高能货币,亦称基础货币,是经过商业银行的存贷款业务而能扩张或紧缩货币供应量的货币,包括商业银行存入中央银行的存款准备金(包括法定准备金和超额准备金)与社会公众所持有的现金之和,包括商业银行的存款准备金(R)和公众持有的通货(C)。

[5] 卡甘和乔顿都建立了各自的货币供给方程,但从核心思想而言与弗里德曼是一致的,都是认为货币供给由高能货币与货币乘数的乘积决定,而高能货币则由中央银行所决定。

[6] 理性预期学派的货币政策主张与货币学派基本相同,但是在制定什么样的货币增长率上存在分歧,理性预期学派认为最优的货币增长率不是与经济增长率相适应,而是与公众预期的增长率相符合。

币供给的外生性。

2. 货币供给内生论

在货币供给内生论的阵营里面也聚集了大量的经济学家，比如魏克塞尔、托宾、卡尔多、马克思[①]、格利和肖[②]等。

魏克塞尔认为，货币供给是由货币需求决定的内生变量，由于货币流动性的不断加强，货币供给将越来越倾向于适应需求的变化。"于是已不再可能将货币供给和货币需求划分开，看作是一个独立变量。不论所要求的货币数额是多少，那就是银行所能够贷出的数额……这样需求本身提供了'货币的供给'。"[③]

托宾通过对货币的一般均衡分析，证明了货币供给是受公众的偏好所制约的，而公众的偏好取决于经济体系内的许多变量，这些变量并不能由中央银行控制。此外，托宾还指出货币乘数[④]也具有内生性，所以货币供给是内生的。

卡尔多从中央银行最后贷款人[⑤]的职能出发，论证了货币供给的内生性，"中央银行不能拒绝为提交给它的'合法票据'贴现，如果这样做了……中央银行就无法充当最后贷款人的角色，而中央银行的最后贷款人职能对于确保清算银行不至于缺乏流动性而丧失清偿能力是极为重要的。"[⑥] 因此，货币需求可以创造货币供给，货币供给是内生的。

3. 关于货币供给外生性与内生性的评述

长期以来，经济学家对于货币供给的外生性与内生性就一直存在着争论，而这些争论也推动着货币理论的不断发展[⑦]。如果货币的形态是实物

[①] 马克思认为，货币并不是中央银行创造的，货币的数量取决于生产和流通过程中对货币的需求。

[②] 美国经济学家格利和肖从金融中介机构的角度出发，认为货币系统和非货币中介机构的竞争取决于它们所创造的金融资产间的替代程度，而货币与非货币间接金融资产具有很强的替代性，这就使得货币供给不再仅仅取决于银行体系的货币创造，所以货币供给具有内生性。

[③] 魏克塞尔. 利息与价格 [M]. 北京：商务印书馆，1959：89-90.

[④] 货币乘数是指币供给量对基础货币的倍数关系，简单地说，货币乘数是一单位基础货币所产生的货币量。

[⑤] 最后贷款人制度（Lender of Last Resort，LOLR），是中央银行的一项职责，是指在银行体系由于遭遇不利的冲击引起流动性需求大大增加，而银行体系本身又无法满足这种需求时，由中央银行向银行体系提供流动性以确保银行体系稳健经营的一种制度安排。

[⑥] 斯蒂芬·罗西斯. 后凯恩斯主义货币经济学 [M]. 北京：中国社会科学出版社，1991：88.

[⑦] 崔建军. 货币供给的性质：内生抑或外生 [J]. 经济学家，2005（3）：113-120.

货币，货币的供给自然是内生的；当货币的形态从实物货币走向信用货币，国家权力垄断了货币的发行权，也给货币供给注入了外生性的因素，但国家发行的纸币仅是货币存量的一部分，货币更多的是以存款的方式存在，商业银行体系也有派生存款的功能，从这个角度看货币供给又具有内生性。因此，货币供给应该是既有外生性，又有内生性，两者并存。

在 1929—1933 年大萧条背景下诞生的凯恩斯主义，强调国家干预，必然主张货币供给外生论。到了 20 世纪 60 年代和 70 年代，资本主义国家经济发展面临滞胀的问题，货币供给的外生性无法解释当时的货币政策为何无法达到预期的刺激经济的效果，托宾和卡尔多主张的货币内生性理论逐渐受到重视。其实，无论是外生论还是内生论，都是从货币某个历史结点上的表现进行论述，而没有从整个货币历史的角度进行系统的、全面的分析，从而走向了极端——认为货币供给要么是内生的，要么是外生的，这些理论放到其他的历史节点上都无法自圆其说。

货币供给的内生性并不意味着中央银行无法影响货币供给量，对经济进行干预，而是指中央银行对货币供给量的控制是间接的。从实际情况看，中央银行可以通过利率这个中介目标对货币供给量产生影响：中央银行设定短期的目标利率，然后满足在此利率下的货币需求，从而调整货币供给，达到宏观调控的目标。在 IS-LM 模型中，LM 曲线应该是一条水平的直线，中央银行的货币政策将通过使 LM 曲线的上下移动从而达到宏观调控的目标。如图 4-1 所示，初始状态下，IS 曲线与利率水平为 r_1 的 LM_1 曲线决定了均衡的产出为 Y_1，政府为了刺激经济，采取扩张性的货币政策，将利率下调到 r_2，并满足在这一利率水平下的货币需求，LM_1 向下移动到 LM_2，新的产出为 Y_2，扩张性货币政策的目标得以实现。

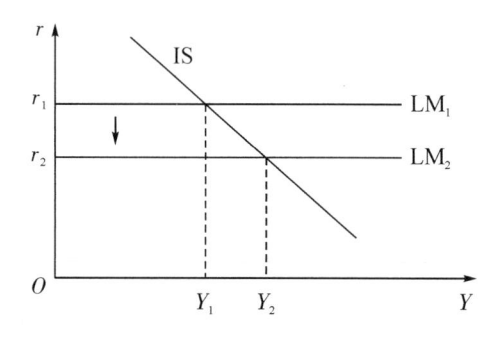

图 4-1 水平 LM 曲线下的货币政策

（三）货币的中性与非中性

在货币与经济活动的关系上，除了货币供给的内生性与外生性之争外，长期以来还存在着另一个争论——货币是中性还是非中性的。货币中性是指流通中的货币数量的变化仅仅影响价格水平的变化，并不会对真实产出和相对价格产生影响。相反，如果货币供给的变化对产出和相对价格水平产生影响，则货币是非中性的。

1. 学者关于货币中性与非中性的争论

货币中性论是古典经济学的一个基本主张，威廉·配第的货币脂肪观[①]、约翰·洛克的货币齿轮观[②]、亚当·斯密的货币功能观[③]、萨伊的货币中性论[④]以及约翰·斯图亚特·穆勒的货币机械观[⑤]，都认为货币是中性的。古典学派从货币数量论[⑥]、萨伊定律和瓦尔拉斯一般均衡[⑦]三方面论证了货币中性论。根据费雪方程 $MV=PQ$，其中 M 为货币存量，V 为货币流通速度，P 为价格水平，Q 为实际产出。V 由传统、制度和习惯决定，一般情况下比较稳定；Q 在一定技术约束下也是一个常量。因此，M 和 P 成

[①] 威廉·配第在《献给英明人士》一书中指出："货币不过是国家的脂肪，如其过多，就会使国家不那么灵活行事；如其过少，也会使国家发生毛病。"

[②] 约翰·洛克在《论降低利息和提高货币价值的后果》一书中指出："贸易之所以需要一定比例的货币，是因为货币在其流通过程中推动着许多贸易的齿轮，货币起计算作用是由于它的印记和面值，它起保证作用是由于它的内在价值，也就是它的数量。"

[③] 亚当·斯密在《国民财富的性质和原因的研究》一书中，多次讨论了货币的功能。"货币是商业上的大工具，有了它，社会上的生活必需品、便利品、娱乐品才得以适当的比例，经常地分配给社会上各个人……流通中的金币银币，可以比作通衢大道。通衢大道本身不生产稻麦，但能使稻麦运转到国内市场……（货币）成为一切文明国商业上的通用媒介，通过这媒介，一切货物都能进行买卖，都能相互交换。"

[④] 萨伊认为货币只是一种交换媒介，产品最后是要用产品来购买的。"在以产品换钱、钱换产品的两道交换过程中，货币只是一瞬间起作用。当交易最后结束时，我们将发现交易总是以一种货物交易另一种货物。"萨伊提出了"生产给产品创造需求，一种产物一经产出，从那一刻起就给价值与它相等的其他产品开辟了销路"的萨伊定律。

[⑤] 斯图亚特在《政治经济学原理及其社会哲学上的若干应用》一书中提出了著名的货币机械观，他指出："在社会经济中，货币从本质上来说是最无意义的，它的意义在于它具有节省时间和劳动的特性，它是一种使人办事迅速和方便的机械，没有它，要办的事仍可办到，只是较为缓慢，较为不便。它像其他许多机械一样，只是在发生故障时，才发现它自己的显著而独特的影响。"

[⑥] 货币数量论是一种用流通中的货币数量的变动来说明商品价格变动的货币理论，其认为货币数量变动与物价及货币价值变动之间存在着一种因果关系。其核心思想是：假定其他因素不变，商品价格水平涨落与货币数量成正比，货币价值的高低与货币数量成反比。

[⑦] 瓦尔拉斯一般均衡理论以完全弹性的价格、工资机制保证了整个经济的充分就业，经济始终处于自动均衡状态。

正比，货币供给的增加最终只能导致价格水平的上升。

魏克塞尔第一次明确地提出了货币非中性的思想，批判了货币数量论的货币面纱观和货币机械观，认为"货币的使用（或滥用）事实上将影响实物交易和资本交易，因为货币（比如政府货币的发行）可能破坏巨额的实物资本，将可能使整个经济活动陷入混乱，而且这一情形在历史上已经多次发生。另一方面，货币如果加以合理利用，也可以促进实物资本的形成和全部生产的增加。"①

凯恩斯在其著名的有效需求②理论中论述了货币非中性的思想，认为货币数量论的货币中性是建立在很强的假定之上的，这在现实中很难成立。凯恩斯肯定了货币对经济的刺激作用，在达到充分就业之前，增加货币数量不仅会影响物价，也会影响产量；只有在达到充分就业之后，增加货币数量才会只影响物价。可见，凯恩斯认为货币只有在特殊情形下（达到充分就业之后）才是中性的，而在一般情形下是非中性的。

20世纪50年代以后，货币主义逐渐兴起，其代表人物弗里德曼通过实证检验证明货币在短期是非中性的，在长期则是中性的。因此，弗里德曼主张"单一规则"的货币政策，即货币增长率同预期的经济增长率保持一致。

理性预期学派则对货币政策的作用持消极否定的态度。卢卡斯通过构造一个具有不完全信息的均衡模型，证明了货币政策是中性的。货币供给中的可预期部分对产出和相对价格均无影响，而不可预期的部分或货币供应的不规则变动，虽然能够对实际变量产生一定影响，但其结果只会加剧经济的波动③。

新凯恩斯主义学派批判性地综合了凯恩斯主义学派、货币学派和理性预期学派的理论，从市场的不完全性（工资和价格黏性、不完全竞争和信息不对称）角度出发，认为货币政策确实能够影响实际产出等真实变量，

---

① 崔建军. 货币中性非中性：理论述评 [J]. 河南金融管理干部学院学报，2006（3）：60-65.

② 有效需求是指预期可给雇主（企业）带来最大利润量的社会总需求，也就是与长期社会总供给相等时的社会总需求，有效需求的概念在19世纪20年代已经出现，1936年，凯恩斯在《就业、利息和货币通论》中重提有效需求不足，并建立了比较完整的理论体系。

③ 赵春玲. 货币政策中性命题的重新认识 [J]. 经济学家，2004（3）：99-102.

为"货币政策的短期非中性和长期中性"进行了微观解释[①]。

2. 对货币中性与非中性的评述

在货币的中性与非中性的问题上，本书认同货币短期非中性、长期中性的观点，主要原因有：

就短期而言，金融资产和实物资产具有不同的流动性，它们对货币的替代程度是不一样的。不同的资产对货币政策的反应速度和程度是不一样的，很难想象当中央银行增加货币供给时，证券市场和商品零售市场会有相同的反应。一般来说，货币供给量上升，具有较强流动性的金融资产会最先受到冲击，而金融资产价格上升、投资收益率下降又进一步导致投资者购买其他流动性较差的资产。货币供给变化的冲击会从流动性最强的金融资产逐渐传导到流动性较差的实物资产，最终传导到商品市场，而且这种传导的影响力会逐渐减弱[②]。在这个传导期间，各种资产的相对价格都发生了变化，所以货币供应量的变化在短期内会对经济的实际变量产生影响，货币在短期内是非中性的。

就长期而言，麦坎德利斯和韦伯（1995）在前人研究的基础上，收集了110个国家跨越30年间的数据，通过实证检验，得出了两条目前已经被学术界公认的结论：第一，通货膨胀率与货币增长率的相关系数几乎接近于1（根据货币定义的不同，相关系数介于0.92和0.96之间）。第二，通货膨胀率与实际产出增长率、货币增长率与实际产出增长率两组变量之间的相关系数接近于零，从而证明了货币的长期中性[③]。

从以上的论述可以看出，货币确实存在着短期非中性和长期中性的特点，这也是目前大多数经济学家的共识[④]。如果货币无论短期还是长期都是中性的，那就无法解释各国政府和中央银行为何频繁使用货币政策进行宏观调控；如果货币无论短期还是长期都是非中性的，那么货币将成为决定经济长期增长的一个重要变量，货币政策就是万能的，这显然也是与现实相悖的。然而，我们不应当因为货币的长期中性而忽略了货币政策的作

[①] 马东生，李海明，杨汝亭. 货币中性与非中性假说：争议与验证 [J]. 财会通讯，2010，10（下）：57-59.

[②] 就像往平静的湖面中投入石块一样，波纹会由投入点逐渐向四周扩散，而且逐渐减弱。

[③] 张俊喜. 当代货币经济学的新发展 [J]. 世界经济，2001（5）：67-78.

[④] 值得注意的是，经济学家只同意货币与产出之间在短期存在相关关系，对两者因果关系的讨论则依然有着较大的争论。

用，事实上，由于个人与政府的有限理性，无论是个人还是政府的效用函数都赋予了短期收益比较大的权重，货币短期内的非中性显然更具现实意义。此外，如果货币政策可以使经济在长期增长过程中较为平滑，避免大幅度波动，那么货币政策的作用也应该得到肯定。如图4-2所示，虽然两种增长路径都可以使经济由A点走向B点，但如果货币政策可以使经济增长沿着较低波动的增长路径Ⅱ前进，而不是剧烈波动的增长路径Ⅰ，那么货币政策就有其存在的必要性。

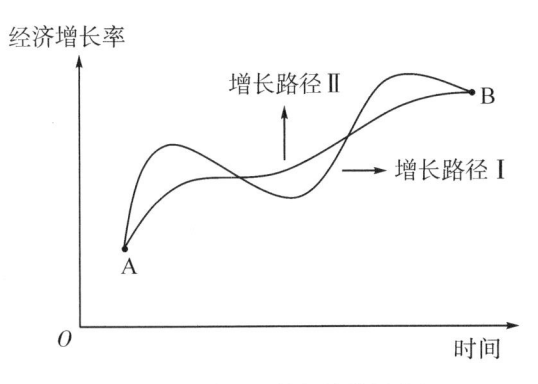

图4-2 两种不同的经济增长路径

前面关于货币中性与非中性的讨论一直基于一个假定——货币的流通域是在一国范围内。政府发行货币并可以在本国范围内流通，不管价格水平如何变化，政府都将获得实实在在的购买力，并可以在市场中使用这部分购买力换取相应的商品。只是当货币只在一国内部流通，这种购买力也将只在一国范围内转移，才能得出货币长期中性的结论。当货币的流通域从一国范围内延伸到国际范围时，前面论述得出的关于货币中性与非中性的结论是否还能适用，本书认为有必要重新进行探讨。

（四）关于货币性质的总结

通过以上论述，本书对货币的性质持以下观点：

第一，货币的本质是信用。实物货币由于其内在的无法解决的矛盾导致其无法很好地执行货币的职能，从而逐渐被信用货币所取代。信用货币取代实物货币不是一个跳跃性的过程，而是一个由量变到质变的过程。

第二，货币虽然具有交易媒介的属性，但是更具有计价单位的特征，计价单位的特征更为本源。在国家内部货币表现为各种私人货币之间的相互竞争并最终被代表国家的法定货币所取代①。货币天然具有权力的属性，是建立在国家信用基础上国家对公众的债务，国家拥有货币的发行权。

第三，世界货币并非货币的基本职能。将世界货币作为货币的基本职能，与交易媒介、计价单位、支付手段和价值储藏四个职能并列，是不符合逻辑的。此外，从现实经验看，并非所有货币都能执行世界货币的职能，世界货币职能不是货币的共有属性，所以世界货币不是货币的基本职能。

第四，货币供给既有外生性也有内生性，外生性是因为国家拥有货币的发行权，可以调整高能货币的规模；内生性是因为货币需求的变化会反过来制约国家的货币供给，将会对货币乘数产生影响。然而，无论货币供给是内生的还是外生的，其都无法否定中央银行影响实际货币存量的能力，区别只是在于改变货币存量的途径是直接的还是间接的。

第五，货币具有短期非中性和长期中性的特征，货币的短期非中性是一国中央银行实行货币政策干预经济的理论基础，但货币的长期中性也并非否认货币政策的必要性。

第六，货币供给的内生性与外生性，货币中性与非中性共同决定着货币政策的有效性。货币政策的本质是通过改变货币存量来影响经济的运行，中央银行通过货币政策影响经济运行需要满足两个条件：一是中央银行可以控制货币存量；二是控制货币存量可以对经济运行产生影响。如果货币供给是外生的，那就意味着中央银行可以直接控制货币存量；如果货币供给是内生的，那中央银行将无法或者只能间接控制货币存量。然而，中央银行能够控制货币存量仅仅是货币政策有效性的必要条件而不是充分条件，如果改变货币存量的结果只是导致物价水平的变化而不是真实产出或相对价格的变化，货币政策依旧是无效的，这就涉及货币的中性与非中性的问题了。

---

① 张宇燕，张静春. 货币的性质与人民币的未来选择：兼论亚洲货币合作 [J]. 当代亚太，2008（2）：9-43.

第二节 关于"数字货币"[①] 的探讨

数字时代的到来，促使无现金的电子化、数字化支付逐渐成为支付交易的主要方式，加之区块链技术、密码技术的不断发展成熟，数字货币的概念应运而生，成为数字经济高速发展的必然结果。比特币[②]、以太币[③]、泰达币[④]等各种数字货币不断涌现[⑤]，挑战了央行货币的地位，各国中央银行也在陆续开展法定数字货币的研发工作[⑥]。数字货币的兴起，引发了学术界关于数字货币的广泛讨论，但这些探讨大多止步于表象，未能触及货币的本质，以至于不少研究轻易接受将比特币、以太币、泰达币等纳入货币的范畴，导致了货币概念的混淆[⑦]。虽然数字货币并非本书探讨的重心，

[①] 之所以给"数字货币"加上双引号，是因为本节探讨的部分数字货币事实上不应当称其为货币，但因为数字货币的概念和范畴的使用太过广泛，所以只能对其进行沿用，从而确保本节所探讨的数字货币与学术界探讨的数字货币的一致性。

[②] 比特币（Bitcoin）的概念最初由中本聪在 2008 年 11 月 1 日提出，并于 2009 年 1 月 3 日正式诞生。根据中本聪的思路设计发布的开源软件以及建构于其上的 P2P 网络，比特币是一种 P2P 形式的数字货币。比特币的交易记录公开透明。点对点的传输意味着一个去中心化的支付系统。与大多数币不同，比特币不依靠特定货币机构发行，它依据特定算法，通过大量的计算产生。比特币使用整个 P2P 网络中众多节点构成的分布式数据库来确认并记录所有的交易行为，并使用密码学的设计来确保货币流通各个环节的安全性。P2P 的去中心化特性与算法本身可以确保人们无法通过大量制造比特币来人为操控币值。基于密码学的设计可以使比特币只能被真实的拥有者转移或支付。这同样确保了货币所有权与流通交易的匿名性。比特币其总数量有限，将永久限制在 2 100 万枚以内。

[③] 以太币（ETH）是以太坊（Ethereum）的一种数字代币，被视为"比特币 2.0 版"，采用与比特币不同的区块链技术"以太坊"（Ethereum）——一个开源的有智能合约成果的民众区块链平台，由全球成千上万的计算机构成的共鸣网络。开发者们需要支付以太币（ETH）来支撑应用的运行。和其他数字货币一样，以太币可以在交易平台上进行买卖。

[④] 泰达币（USDT）是 Tether 公司推出的基于稳定价值货币美元（USD）的代币 Tether USDT（1 USDT＝1 美元），用户可以随时使用 USDT 与 USD 进行 1∶1 兑换。Tether 公司严格遵守 1∶1 的准备金保证，即每发行 1 个 USDT 代币，其银行账户都会有 1 美元的资金保障。用户可以在 Tether 平台进行资金查询，以保障透明度。

[⑤] 包括比特币在内，当今世界存在将近 2 万种各类"数字货币"，且数量与日俱增。

[⑥] 根据国际清算银行 2021 年的一次调研，在全球 25 个发达经济体以及 56 个新兴市场和发展经济体中，积极开展央行数字货币相关工作的央行比例已经达到 90%，其中 62% 的央行已进入技术测试阶段，26% 的央行正在部署试点项目。

[⑦] 目前不少学者虽然提出了狭义的数字货币和广义的数字货币的观点，但对于比特币等基于区块链和加密运算的私人数字货币，仍归类为私人数字货币。本书认为这一观点值得商榷。

但是本书通过对数字货币的定义和分析，有助于我们更加深入理解货币的性质。

一、数字货币的分类

当前，关于数字货币并未形成统一的概念，根据发行主体的不同，目前被冠以"数字货币"的资产主要有两种：①由各国中央银行发行的，以国家信用为保证的，借鉴区块链技术，采用密码学、分布式账本等技术，以数字化形态发行和交易的，区别于实物现金、央行储备资金及清算账户资金的央行数字货币（Central Bank Digital Currency，CBDC），也称法定数字货币或主权数字货币。②不依赖于国家主权发行，主要由大型科技公司基于区块链和加密运算等技术，依托互联网发行的加密货币，可称为私人数字货币[①]。私人数字货币根据其是否锚定特定货币或者其他资产价格，可以细分为加密数字货币（如比特币）和稳定币（如泰达币)[②]。

关于央行数字货币，虽然各国中央银行给予了充分的关注，并启动了央行数字货币的研发，但从货币性质的角度看，央行数字货币的发行主体、功能属性与纸币完全相同，都是由各国中央银行发行的，以国家信用背书的，具备交易媒介、计价单位、支付手段、价值储藏等货币职能，是具有广泛的可接受性的法定信用货币。CBDC 的创新主要是在货币的载体上，其只是将流通中的部分货币，从看得见的纸张创新为看不见的数字，是法定信用货币的数字化[③]。因此，央行数字货币应当看作当前信用货币在不同载体上的表现，是现金的补充形式，本质上仍未超出国家信用货币的范畴，仍然没有脱离本章第一节对于货币形态、职能和性质的分析。

二、私人数字货币并非真正意义的货币

虽然私人数字货币被冠以"货币"的头衔，但其并非真正意义上的货币，更类似于可以在某些领域和场合代行货币职能的数字资产。对于私人

---

① 本书沿用目前学术界普遍使用的"私人数字货币"的概念，并非承认其货币的地位，而是为了与目前学术界对诸如比特币、泰达币等数字资产的称呼保持一致。

② 屈博雅，高雅妮，俞利强. 关于法定数字货币的文献综述 [J]. 西部金融，2022 (5)：58-69.

③ 陈若愚，李舞岩，张珩. 央行数字货币的发行：模式、评估与比较研究 [J]. 西南金融，2022 (3)：46-57.

数字货币，虽然不少国家明确了其合法地位，采取监管手段引导其有序发展，但其中大多数国家只是承认了私人数字货币的财产价值，这并不代表这些国家认可私人数字货币（主要是比特币）的货币属性①。还有不少国家直接否定了私人数字货币的合法性。中国是世界上虚拟货币交易量较多、买卖较为活跃的国家，同时也是对虚拟货币采取较为严厉监管措施的国家之一，先后通过一系列规范性文件否认了虚拟货币的货币属性和法偿性②，明确了虚拟货币不应且不能在市场上流通使用③。

（一）从货币的定义看，私人数字货币并不符合货币的定义

当前不少学者在探讨私人数字货币是否为货币时，往往局限于私人数字货币能否执行货币的职能，但根据本书第一章对于货币的定义，"货币是指在市场上被普遍接受的，被用来执行交易媒介、计价单位、支付手段和价值储藏四种职能的一般等价物。"除了执行货币的四项职能外，一种商品要成为货币，还需要有"普遍接受"和"一般等价物"两个条件。也就是说，货币职能是否执行，只是一种商品成为货币的必要条件，而非充分条件。一方面，以比特币为代表的私人数字货币，目前并未达到"普遍接受"这一条件，只是在个别人群里、个别场合中执行着货币的职能，且目前私人数字货币更多地执行的是价值储藏的职能，交易媒介、计价单位和支付手段的职能并不显著。大量的消费者对于私人数字货币并不了解，"普遍接受"应当是在一个国家或地区的内部，任何人、任何时间、任何

---

① 2018年3月，G20峰会在阿根廷布宜诺斯艾利斯举行，G20各国达成共识，由于私人数字货币缺乏主权货币的属性，从而确认私人数字货币不是货币而是一种资产。

② 2013年12月5日，中国人民银行等五部门发布《关于防范比特币风险的通知》，指出"由于其（比特币）不是由货币当局发行，不具有法偿性与强制性等货币属性，并不是真正意义的货币……比特币应当是一种特定的虚拟商品，不具有与货币等同的法律地位，不能且不应当作为货币在市场上流通使用"。2017年9月4日，中国人民银行等七部门发布《关于防范代币发行融资风险的公告》，指出"代币发行融资中使用的代币或'虚拟货币'不由货币当局发行，不具有法偿性与强制性等货币属性，不具有与货币等同的法律地位，不能也不应当作为货币在市场上流通使用"。2021年5月18日，中国互联网金融协会等三部门发布《关于防范虚拟货币交易炒作风险的公告》，指出"虚拟货币是一种特定的虚拟商品，不由货币当局发行，不具有法偿性……不是真正的货币……有关机构不得开展与虚拟货币相关的业务"。2021年9月15日，中国人民银行等十部门发布《关于进一步防范和处置虚拟货币交易炒作风险的通知》，进一步明确了虚拟货币不具有与法定货币等同的法律地位，虚拟货币相关业务活动属于非法金融活动，参与虚拟货币投资交易活动存在法律风险。

③ 沈伟，靳思远. 信用货币制度、数字人民币和人民币国际化：从"数字钱包"到"多边央行数字货币桥"[J]. 上海经济研究，2022（6）：78-93.

场合的交易都能够使用,显然目前私人数字货币的接受程度与"普遍接受"还有较大的差距。另一方面,货币是一般等价物,一般等价物是从商品世界中分离出来作为其他一切商品价值的统一表现的特殊商品。"统一"则意味着在某一国家或地区内,货币应该是独一的,排他的,如果私人数字货币属于货币,那么其对当前的信用货币(纸币)应当是取而代之,而不是并存的关系。私人数字货币对自身的定位只是货币的替代品,寻求与法定货币并生共存的地位,这显然脱离了一般等价物的范畴。

(二)从货币的性质看,私人数字货币无法满足成为货币的条件

第一,根据货币名目论,货币的本质是国家信用,在一国范围内货币的供给主体,必须是代表整个国家利益的中央银行而不能由私人部门进行供给。私人数字货币,其供给也是私人部门,背后没有国家信用作背书,显然不满足相应的条件。第二,货币兼具内生性与外生性,货币的外生性客观上要求货币的供给是可控的。货币从金属货币到信用货币的更替,其中主要原因就是黄金产量的增速难以与经济增速相一致,容易导致通货紧缩,不利于经济的发展。私人数字货币也不得不面对这一矛盾。以比特币为例,为确保比特币的稀缺性,比特币的特定算法决定了其数量最终的上限为2 100万枚,2040年将全部被挖完,越往后挖,比特币将越稀缺,没有供给的动态调整[①],必然无法满足经济增长的长期需要[②]。第三,货币具有短期非中性的特点,意味着货币增发将有铸币税收入,且增发后对于货币发行方和货币持有者,尤其是对于不同的资产持有者而言,都是一种财富的再分配。如果货币供应商为私人部门,其就会根据自身利益最大化的考量而非国家利益最大化的考量来决定货币供应量。私人数字货币增发的边际成本基本为零,那么私人部门将无限增加货币供给以谋求自身的最大收益,从而导致国家利益受损。第四,货币的外生性和短期非中性决定了货币发行方具有通过货币政策影响短期经济增长,平抑经济周期的能力。私人数字货币的供给如果存在上限,则无法确保货币政策的施行;如果私人数字货币供给不存在上限,则货币发行方将存在滥发货币的主观意愿,

---

① 刘谆谆,贲圣林. 数字货币理论与实践研究[J]. 西南金融,2022(3):33-45.
② 如果以比特币作为货币,那么其增速最终将无限趋近于0,货币供应商无法根据市场需要调整其供应量,最终会导致市场比特币供应不足。通货膨胀意味着比特币的交换价值提升,比特币的升值预期又会进一步导致持有者囤货居奇,供应量进一步减少,矛盾进一步加剧。

进而导致恶性通货膨胀，货币政策效果适得其反的风险。

（三）从资源配置效率角度看，私人数字货币没有充当货币角色的必要

货币的诞生，降低交易成本，提高资源配置效率是其内在动因。这一内在要求决定了在一个国家和地区内，必须有且只有一种货币。当只存在一种货币时，货币的交易媒介、计价单位、支付手段的职能才能更好地执行。因此，虽然私人数字货币客观上执行了货币的职能，但因当前各个国家法定货币的存在，私人数字货币缺乏成为货币的基础。假如一个国家拥有一种法定信用货币和一种私人数字货币，每一种商品既要以法定信用货币计价和交换，又要以私人数字货币计价和交换，法定信用货币与私人信用货币之间还要确定相应的交换比例，那么三者之间的交换比例就很难保持稳定，导致存在套利空间①。当商品种类繁多后，市场上就会存在巨量的套利空间，这不仅会增加交易成本，而且对资源的优化配置也是无效的。此外，区块链下的私人数字货币无法实现高并发，即不能在同一时间处理巨量的交易笔数，无法满足当前经济社会高频交易的需求。以比特币为例，比特币每秒只能处理6笔交易，即使技术进步让其数据处理能力实现十倍、百倍的提升，也无法满足一个国家范围内的交易需求，只能在局部领域零星交易②。

三、关于数字货币的评述

第一，目前学术界主流观点认为数字货币分为央行数字货币和私人数字货币，但本书认为，央行数字货币是传统货币在载体上的创新，本质上仍是国家信用，由国家主导发行的法定信用货币。私人数字货币虽然冠以"货币"的头衔，但不应将私人数字货币当成货币的一种。第二，虽然私人数字货币不是货币，但是私人数字货币对货币的创新推动作用仍不可否认。不少国家正是看到私人数字货币的快速发展，才积极启动了本国CBDC的研发项目。此外，私人数字货币促进了区块链、密码学、分布式账本等技术的快速发展，这些技术在CBDC中也得到了充分的使用。第三，虽然私人数字货币不是货币，但并不否定对其加强监管的重要性。一方

---

① 可以参考不同国家货币汇率变动时国际市场上的无风险套利。
② 吕睿智. 数字货币的交易功能及法律属性 [J]. 法律科学（西北政法大学学报），2022（5）：64-76.

面,私人数字货币具有较强的投机属性,其价格波动剧烈①,一定程度上会影响金融市场的安全性。另一方面,私人数字货币因其匿名性、去中心化、安全性、便于跨境流通等特点,成为洗钱犯罪、恐怖活动融资、贩毒、贿赂等违法犯罪行为的重要渠道,增加了打击此类违法犯罪的难度。因此,虽然私人数字货币并非货币,但对其加强监管极具必要性和紧迫性。而且,私人数字货币因其跨境转移的便利性,对其监管还要更加强调全球合作,才能提高监管效率。至于如何加强对私人数字货币监管的问题,已经超出了本书的探讨范围,就不在此作具体论述。

第三节 国际货币的形态、职能与性质

虽然各个主权国家政府或中央银行都会在本国范围内发行自己的货币,并利用国家的权力垄断货币的发行权,但世界市场从来就不是以国家为边界而分割成若干个完全互不相关的市场,国家与国家之间也要进行贸易与投资,这就要求国际市场上也有某种可以执行交易媒介、计价单位、支付手段和价值储藏职能的货币。在贵金属货币时代,贵金属(主要是黄金)自然而然地成为这种货币的不二选择,但到了信用货币时代,贵金属不再扮演货币的角色,这就需要有另外一种货币来充当这一角色。最终,为了降低交易成本而产生的对国际交易媒介、计价单位、支付手段和储藏手段的需求就导致了一部分主权国家的信用货币,逐渐将流通范围从国内延伸至境外,成为国际货币。

一、国际货币的形态

国际货币是货币的一个子集,既然货币的形态有实物货币和信用货币,那么国际货币的形态也就分为实物货币和国际信用货币,但在实物货

---

① 比特币刚诞生的时候,1美元平均能买到1 309个比特币,但随着区块链技术的不断发展,比特币的价格也在不断飙升,历史最高价为2021年11月10日的1比特币68 928.9美元。然后比特币的价格并非一路暴涨,也经历了几次暴跌,比如2020年3月12日单日跌幅高达50.84%;2021年4月19日当日暴跌30%;2021年5月19日当日暴跌36%。除了比特币,以太币等私人数字货币价格也存在暴涨暴跌的情况,投机属性十分明显。

币中，只有贵金属具有全球范围普遍的接受性，所以国际货币的形态确切地说，先后经历了金属货币和国际信用货币两种形态。

（一）金属货币

在国际贸易的初始阶段，贵金属是主要的交易媒介和支付手段，其根本原因是在这个时期，大多数国家的货币形态已经发展到金属货币（足值的或不足值的）阶段，而且金银本身就具有价值。在这一时期，各国之间的贸易次数较少、交易量也较低，通过使用本国流通的金属货币进行支付，并不会产生太大的交易成本。只是对于不足值的金属货币而言，其在国际贸易中的价值就只能以其内在价值的部分参与交易，国家信用赋予的部分很难得到承认。然而，随着国际贸易日益频繁以及交易数量的不断扩大，金属货币也越来越暴露出其难以克服的缺陷，比如产量的限制、较高的运输费用和运输过程中的高风险，因此人们开始寻求如何进一步降低国际贸易与投资中的交易成本。当货币形态从实物货币转向信用货币时，国际信用货币开始取代金属货币，扮演国际货币的角色。

（二）国际信用货币

根据货币信用担保方式的不同，国际信用货币可以分为两种：由某一国家提供信用担保的国际信用货币和由某一区域多个国家共同提供信用担保的国际信用货币。

1. 由某一国家提供信用担保的国际信用货币

某一种国家主权信用货币，由于发行国经济实力与政治实力强大、金融体系发达，货币信用程度较高，得到其他国家的认可并在国际贸易与投资中广泛使用，从而扩展了该国家货币的流通域，成为国际信用货币。这种国际信用货币的优点是引入成本较低，只需要在原先存在的某一种国家信用货币的基础上扩展其流通域。其缺点就是国际货币的供给由某一个国家政府垄断，容易导致国际贸易中国际货币发行国与其他国家地位的不平等。在各种国际信用货币中，这种由某一国家提供信用担保是最为常见的形式，英镑、美元和日元都是这种形式的国际信用货币。

2. 由某一区域多个国家共同提供信用担保的国际信用货币

这种形式的国际信用货币是由不同的国家信用货币通过货币一体化的途径合并流通域而产生的，由于从产生伊始就在多个国家间流通，所以这种货币从一开始就是区域性的国际信用货币。一般来说，由于这种货币在一个较大范围的经济体内强制性流通,具有较强的规模经济,所以很容易受到其他国家和地区的认可,从而在国际经济往来中被广泛使用。这类国际信用货币的优点是避免了由一国单独决定货币供给而带来的风险。其缺点主要有两个:一是引入成本较高,需要创造一种不同于国家货币的全新的货币。二是其信用担保是由多个国家信用共同组成,并非由高于国家的权威提供,所以该货币存在内在的不稳定性,比如不能有效地执行货币纪律,共同的货币政策与独立的财政政策相冲突将使货币政策失效等。

虽然关于区域性货币的可行性与必要性的理论探讨很多,但目前真正存在的区域性国际信用货币只有欧元一种。

3. 由超国家权威、代表世界权威发行的国际货币

这种形式的国际货币也就是超主权国际本位货币,在本书第一章中已有论述,这里不再赘述。

二、国际货币的职能

国际货币作为一种特殊的货币,在国际市场上也同样执行货币的职能——交易媒介、支付手段、计价单位和价值储藏。

(一)国际交易媒介和国际支付手段

正如在国内市场货币作为交易媒介的出现大大降低了经济运行的成本一样,国际货币作为国际市场上的交易媒介和支付手段,也大大降低了国际贸易与投资中的交易成本。麦金农(McKinnon,1998)举了一个很好的例子:假设货币市场上有 N 种主权国家货币,这 N 个国家的双边贸易将会产生 N(N-1)/2 个双边交易市场,如果其中一种主权国家货币被当作整个市场的交易媒介,那么双边交易市场则只有 N-1 个。假定参与国际经济贸易的国家有 150 个,相比没有媒介货币的情况下,媒介货币的出现将使双边贸易市场的数量从 11 175 个下降到 149 个,很大程度地降低了交易成本[1]。

此外,国际货币还执行国际支付手段职能[2],比如国际债务、国际援助以及战争赔款等都需要用国际货币进行支付。

---

[1] MCKINNON, RONALD I. The euro threat is exaggerated [J]. The International Economy, 1998 (12): 32-33.

[2] 正如本章第一节对货币的阐述,国际货币在执行国际交易媒介职能的时候也同时执行国际支付手段职能。

(二) 国际计价单位

国际货币可以作为国际市场上商品或资产的计价单位。货币作为衡量价值的单位，如果种类繁多就容易造成混淆，增加交易成本。因此，两国之间的商品贸易或资产交易就需要选择一种两国都认可的国际货币作为计价单位并用之进行支付，这样交易才能顺利进行。除此之外，国际货币还作为其他主权国家货币的计价货币，只要其他主权国家货币都确定了与某种国际货币之间的汇率，那么世界上任何两种主权国家货币之间的汇率都可以非常简便地得出，很难想象没有国际货币作为主权国家货币之间的计价单位的话，各国贸易之间的汇率换算将会是一个如何庞大的工程。

(三) 国际价值储藏职能

国际货币的国际价值储藏职能一般表现为各国的外汇储备，各主权国家出于平衡国际收支、稳定本国货币汇率以及为国际债务提供担保的目的，往往需要拥有一定的外汇储备，一般而言外汇储备都是以某国际关键货币的形式持有[①]。为了外汇储备的保值增值，拥有外汇储备的国家往往会将外汇储备用于持有国际货币发行国国内发行的国债、股票等金融资产。

三、国际货币的性质

(一) 国际货币的基本矛盾

从全球角度来看，各种国家货币拓展流通域执行国际货币的职能，就像在一国内部由私人部门发行货币一样，无论何种国家货币成为国际货币，都会存在该国际货币发行国发行货币的目的是本国利益最大化而不是全球利益最大化的问题。比如，一方面，国际货币的过多发行会引发全球性的通货膨胀，但是国际货币发行国只需考虑通货膨胀对本国经济的影响而不需要考虑其对全球经济的影响（或者说无须考虑货币发行在国际市场中的外部不经济），这样显然低估了增加国际货币供给的成本，从而容易造成国际货币过度发行。另一方面，如果国际货币发行国出现经济危机或者政治动荡，其货币的信用程度就会被严重削弱，那么该国际货币就无法继续执行其职能，这将对其他国家之间的贸易与投资，以及外汇储备的安全性等各个方面都造成负面的影响。

[①] 一些彼此间贸易十分频繁的国家会以对方的货币作为外汇储备，比如中国周边的一些国家和地区就将人民币作为储备货币之一。

国际市场上往往存在若干种国际货币，这些国际货币之间的竞争以及汇率的变动，都会增加国际经济往来的交易成本，国际贸易与投资需要在不同的国际货币之间进行抉择。也就是说，国际货币的发行存在一个两难的问题：一方面，货币发行本来是一个自然垄断①的行业，应该单独供给并由更高层次的权威部门进行监管，但国际货币的发行却没有一个国际权威机构可以对其进行监管，所以国际货币由某一个国家发行会存在该国家由于缺乏监管而牟取垄断收益的问题。另一方面，国际货币如果由多个国家分别供给又无法实现交易成本的最小化。

可见，国际货币无论由一个国家进行供给还是由多个国家进行供给，都会使整个国际货币体系存在不稳定性或无效率的问题。理想的国际货币应该是由世界中央银行发行的超主权国际本位货币。然而，真正意义上的超国家政权并不存在，自然也就无法提供比国家信用更高层级的信用担保，所以由一个代表整个世界利益的机构来发行国际货币是不现实的。哈耶克曾经提出了建立世界中央银行的想法，但他也承认这只是理论上的可能，并不存在现实的可操作性。退一步说，即使是国际性的组织，比如国际货币基金组织，其控制权主要还是掌握在少数发达国家手上②，没有办法真正代表整个世界经济的全局利益。因此，从现实条件上说，国际货币无法实现由超主权机构来供给，只能由个别国家供给。

一方面，国际货币由少数国家供给会造成国际货币体系内在的不稳定性；另一方面，国际货币又不得不由少数国家供给。这就造成了国际货币存在一个基本矛盾——国际货币发行国所代表利益的局部性与国际货币服务世界经济整体利益的内在要求之间的矛盾。

（二）国际货币供给的内生性与外生性

国际货币的供给与国家货币供给一样，兼具内生性与外生性。

国际货币供给的内生性是指国际货币的供给会受到诸多变量的影响，不能由国际货币发行国直接控制货币供给量，主要有以下几个方面的原因：首先，货币的本质是信用，国际货币其实是由货币发行国所担保的一

---

① 自然垄断是指由于市场的自然条件而产生的垄断，这些部门如果进行竞争，则可能导致社会资源的浪费或者市场秩序的混乱。

② 在国际货币基金的投票权上，美国始终在17%以上，而西方七国比重高达45%，这就意味着，在IMF内不需要85%以上投票权方能实施的各种重大问题上，美国拥有一票否决权，而西方七国携手即可实现愿望。

种信用货币，国际上对该发行国所提供信用的信任程度，决定了该国际货币被接受的程度，所以国际货币发行国的经济与政治的现状与未来预期，都将决定其货币在世界市场上的流通量。其次，世界经济的增长状况将对国际货币的需求量产生影响，从而影响国际货币的供给。如果整个世界经济处于高速增长的阶段，国际贸易与投资快速增长，对国际货币的需求就会增加，国际货币的供给也会随之增加；反之，如果世界经济进入衰退阶段，对国际货币的需求也就会减少，国际货币的供给也将随之减少。最后，国际货币发行国的利率与其他国家的利率之间存在差异将导致国际货币的流入或流出；各国际货币之间、国际货币与其他国家货币之间的汇率波动都会导致国际货币供给的变化。

国际货币供给的外生性是指国际货币的供给可以由发行国直接控制。国际货币发行国增加国际货币的供给，促进本国经济的同时，也会增加本国的进口，从而向国外输出该国际货币。此外，发行机构调整货币供给量也会影响国内外利差从而导致国际货币的流出或流入。美国的两次量化宽松①政策直接导致了整个国际范围美元供给的增加，就是国际货币供给外生性的最好例证。

因此，国际货币的供给兼具内生性与外生性，国际货币发行国可以一定程度上控制国际货币的供给量，但却不能完全控制。然而，国际货币不像在一国范围内的主权货币，发行部门具有绝对的垄断权，而是几种国际货币在世界市场上相互竞争与制衡，形成寡头垄断市场。如果某一国际货币过多地发行，那么其币值就会下降，持有成本就会上升，那么持有该国际货币的国家就会转而持有其他国际货币，该国际货币的地位就会受到影响。因此，国际货币的外生性相对要比在国内流通的主权货币要弱得多，其内生性的特点更加突出。

（三）国际货币的非中性

在本章第一节的论述中，认为货币是短期非中性而长期中性的，但也指出，当货币的流通域扩展到境外成为国际货币时，货币的中性或非中性需要重新讨论。分析国际货币的中性与非中性同国家货币的中性与非中性

---

① 量化宽松（Quantitative Easing，简称 QE），量化指的是扩大一定数量的货币发行，宽松指的是减少银行的资金压力，量化宽松主要是指中央银行在实行零利率或近似零利率政策后，通过购买国债等中长期债券，增加基础货币供给，向市场注入大量流动性资金的干预方式，以鼓励开支和借贷。

的评价标准应该是不一样的。在国家货币范畴，如果货币供给最终只是影响了物价水平，对实际产出没有任何影响，那么货币就是中性的。在国际货币范畴，如果国际货币的供给影响了整个世界的物价水平，对整个世界的实际产出没有影响，但却导致了资源在不同国家间的转移，那么，国际货币也是非中性的。

在此基础上，本书认为，国际货币无论是在长期还是短期，都是非中性的，主要有以下几方面的原因：

（1）货币的发行可以获得铸币税①，但国际货币的铸币税与国家货币的铸币税有着不同的含义。

对于在本国范围内流通的国家货币而言，中央银行发行的货币虽然可以获得铸币税，政府通过这种方式把社会的一部分购买力集中到手中，但这部分购买力最终都会通过政府购买或政府投资等方式又流回到本国经济运行当中，发行货币的结果只是导致购买力在不同部门之间的转移，但从整个国家角度看，并没有购买力的增加与减少。国际货币的发行也会获得铸币税收入，但这部分额外获得的购买力是由国际货币发行国所拥有。然而，国际货币的发行也会导致该货币币值的下降，世界上所有该货币的持有者都被征收了铸币税，自然也就包括了其他国家的官方持有和民间持有。因此，国际铸币税的征收对象是全世界所有该国际货币的持有者，但税收的使用范围却只是国际货币发行国国内，这样就造成了货币发行国获得了额外的收入，而其他国家却要为持有国际货币付出成本。

可见，国际货币发行会导致实际资源从其他国家流向国际货币发行国。随着世界经济的不断增长和国际贸易与投资的日益深化，各国对国际货币的需求会日益增加，国际货币发行国也有增加国际货币供给的主观意愿，所以只要一个国家可以长期维持其货币的国际地位，其他各国对该国际货币的需求就会不断增加，发行国就可以通过增加货币供给长期向全世界征收铸币税。由此可见，国际货币在长期也是非中性的。

（2）在一国范围内，货币发行机构可以通过调整货币供给量在短期内影响整个国家经济运行状况；作为国际货币发行国，其同样也可以调整国际货币的供给而影响整个世界经济的运行状况。

虽然国际货币供给具有内生性，但是国际货币发行国可以通过调整本

---

① 关于国际铸币税将在第五章具体讨论。

国利率水平而影响国际货币的流动方向，从而间接影响国际货币的供给。也就是说，国际货币发行国可以在某种程度上向整个世界经济实施货币政策，这种货币政策必然是指向货币发行国利益最大化的。以美元为例，很多国家都将本国货币钉住美元，实行与美元之间的固定汇率制或者有管理的浮动汇率制，美联储就可以通过改变美元的供给影响美元的利率，从而最终影响这些国家货币的利率水平，间接地使这些国家实施美国所希望其实施的货币政策，从而使美国拥有单方面影响其他国家经济运行的优势。

总之，国际货币非中性的根本原因是国际货币的基本矛盾，由于国际货币发行国所代表的利益与世界经济整体利益不一致，因此国际货币虽然在世界范围内使用，但却只顾及其发行国的利益，世界经济总会向着有利于国际货币发行国的方向发展。而由于国际货币发行国都是经济最发达的国家和地区，国际货币的特殊地位将使这些发达国家更加具有发展优势。国际货币的基本矛盾在短期内并没有办法得到更好的解决，这也就决定了国际货币终究是非中性的。

第四节　国际货币与货币国际化

贵金属已经不再扮演货币的角色，当前的国际货币都是信用货币，而超主权国际本位货币尚不具备诞生的现实条件，因此，虽然国际货币在理论上存在多种形式，但实际上真正执行国际货币职能的国际货币只有两种：一种是由某一国家提供信用担保的国际信用货币；另一种是由区域性多个国家共同提供信用担保的国际信用货币。其中，后一种形式的国际货币只有欧元一种，更多的国际货币是以第一种形式存在。

在所有由某一国家信用担保的国际货币中，任何一种货币都不是从一开始就兼具国家货币和国际货币双重身份，而是国家货币在一定的历史条件下由于货币本身的优势和国际市场的需求，才逐步拓展其流通域成为国际货币，这一过程也就是货币国际化的过程。货币国际化是一个由量变到质变的过程，一般而言，可以分为四个阶段：第一阶段，经常项目下的可自由兑换；第二阶段，资本项目的可自由兑换；第三阶段，政府推动本币成为其他国家可接受的交易、投资、结算和储备货币；第四阶段，政府对并不发生跨国交易的、境内居民的本外币自由兑换也不进行限制，即充分的可自由兑换。国家货币在经历了货币国际化的四个阶段后,也完成了从本币到一般国际货币,再从一般国际货币到国际关键货币的升级。

在世界上众多的国家货币中,并不是每种国家货币都有条件通过货币国际化成为国际货币。能够走完货币国际化的四个阶段,成为国际关键货币的更是只有少数几种。可见,货币国际化并非依靠国家主观意愿就能完成,货币国际化必然需要满足一定的条件,也将带来一定的收益和成本。关于货币国际化的条件、收益与成本,将在下一章进行讨论。

第五章 货币国际化的一般理论分析

本书在第四章第四节关于国际货币性质的论述中认为，国际货币是非中性的，可以影响世界范围内资源的配置。然而，并非任何国家主权货币都可以演变为国际货币，最终能成为国际关键货币的国家货币更是寥寥可数。货币国际化需要具备什么样的条件？货币国际化除了铸币税之外，还有其他什么收益？货币国际化在获得收益的同时，还需要承担哪些成本？本章主要对货币国际化的条件、收益和成本进行探讨。

第一节 货币国际化的条件

正如一国范围内降低交易成本的客观要求促进了货币的出现一样，随着国际经贸往来的日益频繁，降低国际经贸往来的交易成本的客观要求也是国际货币产生的根本原因。由于没有超国家的绝对权威能够强制在全球范围内只流通一种货币，所以需要有一种或几种国家货币逐步拓展其流通域，充当国际货币作为国际间贸易的交易媒介、计价单位、支付手段和价值储藏手段。因此，国际贸易的产生和发展是货币国际化的基本条件。一国货币成为一般国际货币，到最终成为国际关键货币还需要具备多方面的条件，并经历一个曲折的过程。经济因素、政治因素和历史因素都是一国货币国际化的重要条件。

一、经济因素：货币国际化的决定性因素

经济因素是一国货币能否成为国际货币的决定性因素，总的来说，一国货币要实现国际化，在经济方面至少需要具备三方面的条件——强大的

经济实力、完善的金融体系和稳定的币值。

(一) 强大的经济实力

国际货币并不具有价值，其购买力是由发行国进行担保的，而经济实力就是一国货币购买力最直接也是最有力的保证。一国货币要成为国际货币，除了要实现可自由兑换外，还需要得到其他国家的认可，愿意持有它和使用它作为国际经贸交往中的交易媒介和计价单位，作为对外支付手段和储备手段。也就是说，一国货币国际化需要其他国家对该国货币具有信心，而这种信心很大程度上就是来自对该国经济实力的认同。货币国际化需要该国强大的经济实力作为基础条件，而一国货币成为国际货币反过来也是该国经济实力强大的一个象征。强大的经济实力可以为本国货币提供较大的贸易投资空间，并使本国货币不易受到外部冲击的影响[①]。

总的来说，经济实力是一个涵义广泛的概念，主要可以从两个指标进行考量：一个是经济总量；一个是贸易规模。

1. 经济总量

衡量一国经济总量的指标是国内生产总值（Gross Domestic Product，简称 GDP），一国 GDP 在世界 GDP 中所占的比重很大程度上决定了其货币在国际货币体系中的地位。

如果一国货币成为国际货币，那么其货币作为国际货币后，该国一方面要维持本币币值的稳定，另一方面要开放资本市场让其他国家货币与本国货币自由兑换。如果该国经济总量太小，那么就意味着货币供给也比较少，即使本币可以自由兑换，外国对本币需求的轻微变动就可能导致本币币值的大幅度波动，这不但无法维持本币的国际地位，更会对本国经济造成较为沉重的打击。20 世纪 90 年代亚洲金融危机时的泰国和 2008 年金融危机时的美国就是一个鲜明的对比，泰国的经济总量太小[②]，当国际资本对泰国经济前景不看好，对泰铢形成贬值预期并纷纷抛售，导致泰铢大幅度贬值，泰国经济遭受了毁灭性的重创；而美国金融危机虽然持续了几年之久，但由于美国经济总量庞大，美元虽然有所贬值，但也不至于超出持有者的承受范围，美元国际地位虽然有所减弱，但也仍没有丧失它在国际

[①] 聂利君. 货币国际化问题研究：兼论人民币国际化 [M]. 北京：光明日报出版社，2009：63.

[②] 在亚洲金融危机爆发前，泰国的 GDP 大约为 2 000 亿美元，在世界 GDP 中所占的比例微乎其微；而在 2008 年爆发金融危机时，美国的 GDP 占世界 GDP 的 25%。

货币体系中的霸权地位。

从国际货币的历史与现状看，主要的国际货币都是在世界经济中经济总量最大的一个或几个经济体的货币。1820年，英国经济规模为362亿国际元①（以1990年为基期，下同），1870年达到1 002亿国际元②。美国从19世纪末就已经成为世界第一的经济强国，1950年其经济规模达到14 559亿国际元，而排在美国后面的英国和德国的经济规模分别为3 478亿国际元和2 653亿国际元。即使在布雷顿森林体系解体之后，1973年美国的经济规模仍远远高于其他国家（美国为35 366亿国际元，日本为12 429亿国际元，德国为9 447亿国际元）③。20世纪90年代欧元诞生之前，世界上最大的三个经济体是美国、日本和德国，而美元、日元和西德马克也正是当时最主要的三种国际货币④。可见，经济总量与本国货币的国际地位是紧密相关的⑤，很少有国家经济总量在世界前十之外而其货币却成为国际货币的⑥。

当然，经济总量只是货币国际化的必要条件而不是充分条件。比如，日本的GDP长期位居世界第二，但日元的国际地位却与之不相符，在日本的出口中，以日元计价的比例要低于其他发达国家的水平。而如今取代日本成为世界第二经济体的中国，人民币国际化进程也才刚刚起步。

人均GDP也是衡量一国经济实力的一个很重要的指标。历史上的国际货币发行国不仅仅是经济总量在世界经济中位居前列，人均GDP也都处于靠前的位置⑦。因为仅仅从GDP的绝对数量考量，一些经济发展水平较差

---

① "国际元"的学名为Geary-Khamis Dollar，是多边购买力平价比较中将不同国家货币转换为统一货币的方法。其最初由爱尔兰经济学家R. G. Geary创立，随后由Khamis发展，这一术语在国际宏观经济的比较研究中被广泛应用。

② 虽然这个时期中国和印度的经济总量非常大，超过了英国和法国，但由于这两个经济体都是封闭型、内需主导型的经济，所以其货币无法成为国际货币。

③ 韩文秀. 国际货币的支撑要素：国家货币演变为国际货币的历史考察[J]. 宏观经济研究, 2009 (3): 19-25.

④ 黄梅波. 货币国际化及其决定因素：欧元与美元的比较[J]. 厦门大学学报·哲学社会科学版, 2001 (2): 44-50.

⑤ 研究数据表明，主要国际货币发行国在世界总产值中的比例每上升1%（通过购买力指数换算），会使其货币在各国央行的货币储备的比例上升1.33%。

⑥ 在这一点上瑞士法郎可能是唯一的例外，作为国际货币发行国，瑞士的经济在世界经济中所占的比例并不大。

⑦ 1950年，全球人均GDP排名靠前的国家是：美国9 561元（国际元，下同）、瑞士9 064元、丹麦6 946元、英国6 907元、瑞典6 738元；到1973年的排名为：瑞士18 204元、美国16 689元、丹麦13 945元、瑞典13 493元、法国13 123元、德国11 966元、日本11 439元。

但疆域较广人口较多的国家的 GDP 也会排在前面，比如巴西和印度等国家，显然这些国家的经济实力不足以支撑本国货币成为国际货币，即使是排在世界第二位的中国，也不能说具有完备的货币国际化的条件。笔者认为，应该把本国 GDP 和人均 GDP 进行综合考量，这样才能更好地反映一国经济实力对该国货币国际地位的决定作用，这也能解释为何人民币的国际化进程才刚刚起步而瑞士法郎却已经拥有较高的国际地位。

2. 对外贸易规模

一国对外贸易的规模不仅是衡量一国经济实力的重要指标，也是一国货币国际化的重要条件。国际贸易是货币国际化的基础，货币国际化是国际贸易的客观要求和发展结果[①]。一方面，如果不存在国际贸易，那么各国货币在各自国家内部执行货币的职能，根本不需要某种货币在国际市场上充当国际货币。国际贸易的规模越大，对国际货币的需求量也就越大。另一方面，一国货币要实现国际化，首先就要对外输出货币，那么最直接的途径就是进出口商品以本国货币计价并进行支付，将本国货币输出到其他国家，通过这种方式逐渐增加本币在国际市场上流通量的过程，也就是本国货币逐渐国际化的过程。因此，一国进出口规模与该国货币是否能够成为国际货币关系密切。一国的进出口贸易规模越大、进出口范围越广，就意味着同该国进行贸易的国家越多。当大多数国家可以频繁地通过正常贸易渠道获取和使用该国的货币时，该国货币被大多数贸易伙伴接受并成为国际货币的可能性就越大。

如表 5-1 所示，在英镑占主导地位的国际金本位时期，英国被称为"国际贸易垄断者"，英国的出口总额远远高于其他资本主义国家。而这一时期美国的出口增长速度也远高于其他资本主义国家，从 1820 年只有英国的 22% 发展到 1913 年将近英国的一半。特别是在两次世界大战期间，美国通过不断向欧洲出口商品，使其出口额不断上升。这也不难理解为何后来美元超越英镑成为最主要的国际货币。

---

① 刘仁伍，刘华. 人民币国际化风险评估与控制 [M]. 北京：社会科学文献出版社，2009：24.

表 5-1　金本位时期主要资本主义国家的出口总额

单位：亿美元（1900 年美元）

	英国	法国	意大利	美国
1820 年	11.25	4.87	3.39	2.51
1870 年	122.37	35.12	17.88	24.95
1913 年	393.48	112.92	46.32	191.96

数据来源：安格斯·麦迪森. 世界经济千年史［M］. 北京：北京大学出版社，2003.

（二）完善的金融体系

金融体系是国际货币发挥作用的重要支撑。完善的金融体系包括多方面的内容，比如发达的金融市场、高效的金融监管等。一种货币想要成为国际货币，该货币发行国还必须拥有一个没有资本控制的（如不受资本管制和贸易限制）、有广度（具有数量众多、种类丰富的金融工具）和深度（有发达的二级市场）的资本市场。

首先，一国如果拥有完善的金融体系和高效透明的金融市场，那么就会给持有和使用该国货币的贸易伙伴带来极大的便利，使他们能快捷地结算货款、适时地划拨头寸、便利地融通资金，这种金融环境当然使国际贸易伙伴更有意愿持有和使用该国的货币。其次，一国要将本国货币输出到世界市场，除了进行国际贸易外，还可以进行国际借贷和国际投资，这就需要一个完善的金融体系。一个高效的金融市场可以减少市场摩擦，降低交易成本，有利于促进本国货币在更大范围内流通使用。再次，作为国际货币，意味着其他国家将持有该货币作为外汇储备，那么一个完善的金融体系可以为该货币的存放和调换提供便利。最后，完善的金融市场意味着较高的市场透明度，这有利于市场参与者形成正确预期，促进资本的有序流动和金融稳定。

总之，一国货币要成为国际货币，很大程度上取决于该货币能否在世界范围内成为金融活动的媒介和国际金融资产。一方面，完善高效的金融体系能让资本在世界范围内流动和优化配置，通过金融体系的规模经济效应提供低成本的服务。另一方面，完善的金融体系提供足够数量与流动性很强的以本币计价的金融资产，进而满足海外拥有储备资产的需求，最终促进本国货币在世界范围内的使用[1]。

---

[1] 郝宇彪，田春生. 人民币国际化的关键：基于制约因素的分析［J］. 经济学家，2011（11）：64-72.

从历史经验来看，世界金融中心总是与国际货币体系中主导货币的发行国紧密联系在一起。国际金本位时期，英镑与伦敦的金融市场完美地结合在一起。作为最重要的国际货币，大量英镑涌向了伦敦，而伦敦金融市场为投资者提供了各种投资途径，英镑具有其他货币所不具备的灵活性，增强了各国持有英镑的意愿，强化了英镑的国际地位。到了20世纪中叶，随着英镑霸权让位于美元霸权，伦敦世界金融中心的地位也被纽约取而代之，美国高效的金融市场至今仍是维系美元霸权地位的重要因素[①]。20世纪80年代，随着日元地位的提高，东京的金融市场也迅速发展，而东京金融市场的发展又进一步推动了日元国际化的进程。

（三）稳定的币值

国际货币作为一种国际通用的信用货币，其他国家对它的信心对该国际货币的地位有着举足轻重的影响。稳定的币值可以提升其他国家对该货币的信心，也有利于对该货币的未来趋势形成正确的预期，减少获取和传递信息的成本以及持有该货币的风险。稳定的币值有着两方面的含义：对外稳定（稳定的汇率）和对内稳定（较低的通货膨胀率）。

1. 稳定的汇率

一种货币要成为国际货币，肯定要在国际上被广泛接受和使用，那么稳定的汇率就是不可或缺的条件，正如我们不希望持有的股票等资本亏损一样，国家不希望持有的外汇储备贬值造成亏损，贸易伙伴不希望汇率频繁大幅度波动而带来汇兑风险，所以国际货币应当具有长期稳定的币值。在国际金本位时期，英镑与黄金保持长期稳定的比价；在布雷顿森林体系时期，美元与黄金保持固定的比价。英镑和美元的国际地位与它们长期保持稳定币值有着密不可分的关系。

2. 较低的通货膨胀率

国际货币发行国的通货膨胀率必须保持在一个较低的水平，通货膨胀率相对较高或频繁波动都会增加持有和使用该货币的成本。通货膨胀降低了货币的购买力，削弱了其充当国际储备货币的能力，也不利于其执行国际交易媒介和国际支付手段职能。因为在国际贸易中，从交易产生到完成之间存在一定的时滞，如果在这一时期所使用的国际货币发生通货膨胀，那么以交易产生时约定的价格进行支付就会导致出口国蒙受损失，从而增

---

① 不可否认的是，这种高效开放的金融市场缺乏管制的时候也更容易爆发金融危机。

加了使用该国际货币的机会成本①。作为国际货币，虽然不可避免地总会存在通货膨胀导致单位货币购买力的下降，但历史上主要的国际货币的实际购买力总要比其他货币下降得慢。比如，在英镑占绝对主导地位的国际金本位时期，1914—1924 年平均值与 1815—1913 年平均值相比，英镑实际购买力下降了 41%，而同期法郎、马克和瑞士法郎分别下降了 60%、67%和 50%。在第二次世界大战结束至今美元占主导地位的时期，1995—2004 年平均值与 1950—1964 年平均值相比，美元的购买力是原来的 1/7，而英镑和法郎只有原来的 1/15 和 1/10②。

二、历史因素：在位国际货币的粘滞作用

虽然经济实力是货币国际化的决定因素，但这并不意味着各国经济实力的相对变化将会马上导致各国货币地位的变化。从经济实力的超越到货币地位的超越，会存在一定的时滞。也就是说，国际货币地位和国际经济地位之间存在时间错位。比如，英国的经济实力在 18 世纪末 19 世纪初就已经位居世界第一，但是英镑直到 1870 年前后才成为真正意义上的国际货币。美国的经济实力在 19 世纪末 20 世纪初就已经赶超英国，但是美元的地位一直不如英镑，最后还是依靠对两次世界大战历史契机的准确把握，才成功地取代英镑的地位。随后，虽然经历了布雷顿森林体系的解体、20 世纪七八十年代的经济衰退以及 21 世纪的美国金融危机，美国经济地位有所下降，但是美元霸权时至今日依旧无法撼动。

在位货币存在粘滞作用主要有两方面的原因：一方面，成为国际货币需要以经济实力作为基础，但当一种货币成为国际货币后，其经济条件可以自我强化③。国际货币被其他国家频繁地使用，那么这些国家跟国际货币发行国的贸易联系必然更加紧密，这有利于促进发行国的经济增长和贸易规模的扩大；世界上大量的外汇储备需要存放和调换，也必须跟国际货币发行国的金融市场发生联系，这有利于发行国的金融市场实现规模经济。因此，虽然一国经济实力和货币地位成正比，但经济实力最强的国

---

① 鞠国华，张强. 价格单一化问题探索：基于国际货币制度演变的研究 [M]. 北京：经济科学出版社，2010：39.

② 韩文秀. 国际货币的支撑要素：国家货币演变为国际货币的历史考察 [J]. 宏观经济研究，2009（3）：19-25.

③ 也就是说，经济实力、货币稳定性、完善的金融体系是货币国际化的条件，但是货币国际化反过来又有利于提升该国的经济实力、维持该货币的稳定性、完善该国的金融体系。

家，其货币在国际结算与国际储备中的比重肯定要远远高于其 GDP 在全球 GDP 中所占的比重。在这种情况下，要扭转某一货币的国际地位是一个长期而艰巨的过程。另一方面，对于其他国家来说，改变在国际经济往来中所习惯使用的货币也需要成本。也就是说，国际货币存在着转换成本，在其他条件不变的情况下，维持原来习惯的交易方式在短期内肯定是最节约成本的，所以每个国家都有按照原来习惯的方式进行交易的主观意愿，这当然也包括了习惯使用的国际货币。因此，一国货币要成为国际货币需要经历一个漫长的过程，从历史经验看这个过程长达 30~50 年，但从另一个角度来看，当一国货币成功地"逆袭"成为国际货币后，其国际货币地位要被其他货币所取代，也需要经历一个漫长的过程。

三、政治因素

一国货币若要成为国际货币，至少需要两方面的政治条件：一方面，该国必须是世界政治中的政治强国。较强的政治地位可以保障本国货币和以本国货币持有的金融资产的安全；保证本国利益不受其他国家的侵害。一国在国际政治事务中的广泛参与也有利于促进该国经济与世界经济更好地融合，从而间接推动该国货币国际化。蒙代尔曾指出："最强的货币是由最强的政治实力提供的，这是一个具有历史传统的事实。"[①] 另一方面，本国政治必须保持长期稳定，只有政治稳定才能保证其他国家对该国货币的信心，从而保证其货币的国际地位。因此，19 世纪末到 20 世纪初，最主要的国际货币是英镑；而从 20 世纪中期至今，美元成为最主要的国际货币。这并非偶然，而是强有力的政治力量创造了强有力的货币。

在第二次世界大战后重新建立国际货币体系的问题上，美国和英国都认为应该建立一个稳定的国际货币体系，但在具体的实施方案上，美国的"怀特计划"和英国的"凯恩斯计划"还是体现了各自国家的利益诉求，英国"凯恩斯计划"相对而言反倒比较顾及各国之间的利益。然而，美国凭借着第二次世界大战后强大的经济地位，特别是政治地位，逼迫英国不断退缩和让步，最后形成的布雷顿森林体系可以说基本是按照美国的"怀特计划"构建的。第二次世界大战后的日本虽然经济发展速度很快，长期位列世界第二，但其政治地位一直以来远不如其经济地位，这也是日元的

---

① ROBERT A MUNDELL. EMU and international monetary system [J]. Paper Presented at the EPR Conference on the Monetary Future of Europe, La Coruna, Spain, 1992: 11-12.

国际地位与其经济地位不是很一致的原因之一。

　　货币国际化的进程还取决于一国政府对本国货币国际化的态度。正如本章后面要分析的，货币国际化对一个国家来说，既有收益又有成本，推动货币国际化并不一定就能获得满意的结果；货币国际化的进程也并非越快越好。因此，一国政府对本国货币国际化持积极态度或消极态度，主要取决于本国国情及对货币国际化收益与成本的预期。政府的态度对一国货币国际化的进程甚为重要，特别是在重要的历史机遇下，这种重要性尤为明显。比如，在第二次世界大战后美国政府对美元国际化的积极态度是美元一直保持强势的坚强后盾。当然，也有一些国家政府对本国货币的国际化持比较消极的态度，20世纪六七十年代，日本政府就担心日元国际化后日元升值对本国出口贸易的制约而对日元国际化采取较为消极的态度；20世纪七八十年代的德国也因为担心马克国际化会影响其实施货币政策的能力而不主动推进马克的国际化[1]。

第二节　货币国际化的收益

　　英国、美国、德国（如今的欧元区）和日本都曾经或正在极力拓展与维护本国货币的国际地位。进入21世纪，国内很多学者也开始讨论人民币国际化的现实条件与路径。从理性人[2]角度看，如果一国货币的国际化没有收益，或者收益小于成本，那么各国政府不可能如此积极主动地推动本国货币的国际化进程。那么，货币国际化可以给本国带来什么收益呢？一般而言，货币国际化主要的收益有以下几个方面：国际铸币税收入、贸易条件的改善、非对称的政策优势、金融体系的完善以及政治方面的收益等。

---

　　[1]　黄梅波. 货币国际化及其决定因素：欧元与美元的比较 [J]. 厦门大学学报（哲学社会科学版），2001（2）：44-50.

　　[2]　经济学的基本假定之一，就是能够合理利用自己的有限资源为自己取得最大的效用、利润或社会效益的个人、企业、社会团体和政府机构。理性人是对在经济社会中从事经济活动的所有人的基本特征的一个一般性的抽象。这个被抽象出来的基本特征就是：每一个从事经济活动的人都是利己的。也可以说，每一个从事经济活动的人所采取的经济行为都是力图以自己的最小经济代价去获得自己的最大经济利益。

一、国际铸币税收入

（一）铸币税的定义与计算方法

所谓铸币税（seigniorage，简称 SE），是指中央银行发行货币的成本与货币流通中的币值之间的差额。从本质上说，铸币税不是真正意义上的税收，而是因为拥有货币发行垄断权而取得的一种收益，这种收益是通过降低单位货币的购买力而从货币持有者手中间接收取的[①]。在贵金属货币时代，铸币税的来源主要有两个：一是通过降低货币中的贵金属含量和成色；二是通过收取铸币费用。在信用货币时代，由于国家发行纸币的边际成本几乎为零，所以铸币税就是货币的发行额[②]，铸币税是一国政府除了征税和借款之外获取收入的另一个重要渠道[③]。

假定货币的发行成本为零，那么铸币税可以作为既定时期内新增货币的购买力来度量，铸币税的计算公式为[④]：

$$SE = \frac{(M-M_{-1})}{P} = \left[\frac{M-M_{-1}}{M}\right]\left(\frac{M}{P}\right) \qquad （式5.1）$$

其中，M 为当前货币发行量，M_{-1} 为上一期的货币发行量，$M-M_{-1}$ 就是当期货币净增加的发行量，P 为当期的物价水平；右边等式中，$\frac{M-M_{-1}}{M}$ 表示新增货币在货币总量中的比例，$\frac{M}{P}$ 表示当前的实际货币余额。也就是说，铸币税等于当前的实际货币余额与新增货币在货币总量中的比重的乘积。

在讨论铸币税的时候，不得不区分一个与铸币税密切相关的概念——

[①] 谢冰，王烜. 关于铸币税的理论研究进展 [J]. 经济学动态，2002（9）：13-19.

[②] 怀特提供的信息表明，美国较小面值的纸币的印制成本大约是 3 美分；其他国家生产的较高质量的银行券以及美国新的 20 美元和 100 美元钞票由于应用了较先进的防伪技术，其成本大约是每张 6 美分（1996 年价）。参见：怀特·劳伦斯. 货币制度理论 [M]. 北京：中国人民大学出版社，2004：161.

[③] 根据有关研究测算，美国的铸币税收入相当于其 GDP 的 0.43%，日本的铸币税收入相当于其 GDP 的 0.46%，有些高通胀国家的铸币税甚至达到政府收入的 10% 左右。

[④] 国际货币基金组织在 2000 年提供了衡量铸币税的方法，与本书的公式有所不同。其实本书的公式指的是一次增加货币时铸币税的计算方法；而国际货币基金组织的计算方法，是指每一期的铸币税贴现到当前时期的现值，所以两者内在的逻辑性其实是一样的。

通货膨胀税（inflation tax，简称IT）[①]。通货膨胀税是指货币持有者由于通货膨胀，所持有的货币购买力下降而遭受的损失，通货膨胀税的计算公式为：

$$IT = [\frac{P-P-1}{P}](\frac{M}{P}) \qquad (式5.2)$$

其中，$\frac{P-P-1}{P}$代表通货膨胀率，$\frac{M}{P}$代表当前的实际货币余额，通货膨胀税等于通货膨胀率乘以实际货币余额。

铸币税和通货膨胀税是两个很容易混淆的概念，其实两者相互联系，性质却不同：铸币税指的是货币发行单位的收益，而通货膨胀税指的是货币持有者的损失。而在数值上，两者只有在特殊的情况下才是相等的。要理解铸币税和通货膨胀税的区别，不妨设想一个极端的例子：在一个封闭经济体中，国内总产出增加了5%，而央行的货币发行量也刚好增加了5%，那么由于货币需求的增加刚好等于货币供给的增加，通货膨胀率为零，显然通货膨胀税也为零；然而，由于中央银行增发了5%的货币，这部分货币的购买力就是铸币税（显然不为零），所以通货膨胀税不等于铸币税。只有在特定的条件下，通货膨胀税和铸币税才是相等的。假定$\frac{M}{P} = \frac{M-1}{P-1}$，由于这样$\frac{M-1}{M}$就等于$\frac{P-1}{P}$，所以$\frac{M-M-1}{M} = \frac{P-P-1}{P}$，可见，当$\frac{M}{P}$不随时间而改变时，铸币税等于通货膨胀税[②]。

（二）国际铸币税的含义

当一个国家的货币演化为国际货币时，铸币税也演化为国际铸币税。国际铸币税可以定义为：国际货币发行国对非本国个人、企业、组织、国家等持有该国际货币标价的金融资产所获取的收益同所支付的利息之间的差额。以美国为例，其他国家为了获取美元，需要出口实物资产（商品或服务）换取一定的美元，而美国则通过发行美元获得了实物资产。由于实

[①] 之所以专门探讨通货膨胀税，是因为国内有一部分学者把铸币税和通货膨胀税的概念混为一谈，把加上了通货膨胀税的名义货币发行收入称为"广义的铸币税"（谢平，1994）（聂利君，2009）。

[②] 杰弗里·萨克斯，费利普·拉雷恩. 全球视角的宏观经济学[M]. 上海：上海三联书店，上海人民出版社，2004：299.

物资产的价值远高于发行美元的边际成本，所以在实物资产实实在在的价值与发行美元几乎为零的成本差额中，美国就获得了国际铸币税。

（三）国际铸币税的影响因素

国外的学者[①]通过实证研究验证了作为国际货币发行国可以获得国际铸币税收益，但是获取国际铸币税的规模还要受到多种因素的影响，其中具有决定性的因素就是该国际货币在国际货币体系中的垄断地位。正如国际铸币税的定义中所提到的，国际铸币税取决于货币发行国由于其他国家持有该国货币标价的金融资产而给该国带来的收益和所支付的利息之间的差额，如果该国际货币在国际货币体系中面临着其他国际货币激烈的竞争，那么为了维持该国际货币的需求量，发行国支付给持有者的利息就必须增加，国际铸币税就会减少。反之，如果该国际货币具有很强的垄断地位，则其支付给持有者的利息就比较低，国际铸币税就会增加。因此，国际铸币税的规模与该国际货币的垄断地位成正比。

基于以上的论述，可以推出以下结论：第二次世界大战后的英镑虽然依旧是国际货币，但其地位已经远不如美元，那么霸权地位下降的英镑所获得的国际铸币税应该也会下降，而垄断地位上升的美元所获得的国际铸币税应该上升。Cohen（1971）的研究证实了英镑铸币税的下降，1965—1969年间英镑作为国际货币的净铸币税收入为零[②]。而 Alan S. Blinder（1996）的研究则证明了美国发行美元获得了可观的国际铸币税，美元在1986—1994年间国际储备上升了三倍，每年获得的国际铸币税为110亿~150亿美元[③]。这些实证数据都证明了国际铸币税的规模与该货币的垄断地位密切相关。

二、改善贸易条件、增强国际支付能力

（一）改善贸易条件

贸易条件是用来衡量在一定时期内一个国家出口相对于进口的盈利能力和贸易利益的指标，反映该国的对外贸易状况。Kannan（2007）论述了

---

① Aliber（1964）、Cohen（1971）、Bergsten（1975）、Tavalas（1998）。

② COHEN BENJAMIN J. The future of sterling as an international currency [M]. London: Macmillan Press LTD, 1971.

③ 姚红心，高印朝. 货币国际化收益与成本理论的国外最新研究进展 [J]. 上海金融，2008（3）：68-72.

一国货币在国际上的使用如何通过改善贸易条件而形成福利改善的新途径，该文证明了欧元国际化获得的福利收益占欧元区总消费的1.7%~2.1%，其中0.5%~0.7%是铸币税收入，而其他福利收益则主要源于贸易条件的改善①。货币国际化可以通过降低汇率风险和增强贸易便利性两个方面改善发行国的贸易条件。

1. 降低汇率风险

在跨境商品和服务交易中，只要交易商使用非本国货币作为计价结算货币，其就可能面临汇率风险②。尽管交易商可以使用金融衍生工具进行套期保值，但其也将承担相应的交易成本，以及由于本国金融衍生市场发展不足从而导致的不完全套期保值。一国货币充当国际货币，国际货币发行国的私人部门可以使用本国货币在对外贸易中执行计价单位和交易媒介职能，从而降低甚至完全消除汇率风险③。

2. 增加贸易便利性

网络外部性对一国货币的国际化进程具有较强的正反馈效应。如果一种国际货币在国际交易中的使用量增加，交易成本趋于下降，则将吸引更多的交易使用该国际货币进行计价结算，实现该货币网络的自我强化。Trejos 和 Wright（1995、1996）通过讨价还价机制把价格引入货币搜寻模型，在分析货币购买力问题后发现，国际货币在国内比国外有更大的购买力，并且比非国际货币在国外有更大的购买力。这意味着当某一种国际货币被越来越多的境外持有人接受时，每一单位该货币能购买的商品和服务的数量也随之上升，使得国际货币发行国的贸易条件能够得到实质性改善④。

（二）增强国际支付能力

国际货币发行国相对于非国际货币发行国，在调节国际收支方面具有特殊的便利。非国际货币发行国在出现临时性的国际收支逆差时，由于本国货币不是国际支付手段，其必须使用外汇储备进行融资；如果本国的国

---

① PRAKASH KANNAN. On the welfare benefits of an international currency [J]. IMF Working Paper, 2007.

② 比如2005年人民币汇改以来，人民币升值对中国出口企业造成了不小的打击。

③ "人民币国际化"课题组.人民币国际化的收益与风险 [M] //博源基金会.人民币国际化：缘起与发展.北京：社会科学文献出版社，2011：27-28.

④ 事实上，国际货币发行国的私人部门以本国货币从事国际贸易和接待所获得的便利性，就如同英语作为全球通用语言为英语国家所提供的自然优势。

际收支逆差是长期性和根本性失衡，其就需要通过财政政策、货币政策、直接管制政策和供给政策等各种方式进行调节，而这种调节往往周期长、成本高、副作用大。对于国际货币发行国而言，本国货币本身就是国际支付手段和国际储备货币，本国的对外支付可以直接使用本国货币支付。因此，在国际收支出现逆差时，其可以直接使用本国货币进行融资，避免对国内经济产生较大冲击，增强了本国经济政策的灵活性，同时将失衡调节压力转嫁给其他国家。一国因其货币执行国际货币职能而增强自身的国际支付能力，美国是其中典型代表，1976年以来，美国贸易持续逆差且不断扩大，但凭借美元的国际地位，贸易顺差国家的美元储备回流美国，形成美国资本项目的顺差，使美国维持了巨额贸易逆差下的经济增长，享受"无泪赤字"[1]。

三、享有非对称的政策优势

国家货币演变为国际货币，国际货币发行国的中央银行就成为某种意义上的世界中央银行，其负债成了全世界的价值标准和最终支付手段[2]。一国的中央银行需要制定符合本国经济发展的货币政策；而其作为世界中央银行则需要制定符合世界经济发展的货币政策，这两个目标经常会出现冲突。国际货币发行国如果选择以本国利益为重（从历史经验上看确实如此），实施符合本国经济发展的货币政策，通过溢出效应[3]损害其他国家的利益，其他国家往往只有被动地进行政策调整。换言之，国际货币发行国是货币政策博弈中的领导者，在货币政策制定方面有着某种程度的主导优势，而且这种优势是非对称的。

在固定汇率制下，非国际货币发行国有让本国货币币值钉住"锚货币"的单方面义务。如果国际货币发行国由于本国经济增长乏力而实施扩张性的货币政策，这将导致发行国利率下降，促进发行国经济的复苏。然而，对于实行固定汇率制的非国际货币发行国而言，本国货币由于"锚货币"供给增加而有升值的压力，为了维持本国货币的固定汇率，必须用本

---

[1] "人民币国际化"课题组. 人民币国际化的收益与风险 [M] //博源基金会. 人民币国际化：缘起与发展. 北京：社会科学文献出版社，2011：27-28.
[2] 张宇燕，张静春. 国际货币的成本和收益 [J]. 世界知识，2008 (21)：58-63.
[3] 所谓溢出效应（spillover effect），是指一个组织在进行某项活动时，不仅会产生活动所预期的效果，而且会对组织之外的人或社会产生的影响。

国货币购买"锚货币",增加了本国的货币供给,从而被动地实施了扩张性的货币政策。

以上情形会对固定汇率制的国家带来两方面的损失:第一,本国经济不一定处于衰退期或萧条期,扩张性货币政策不一定适合于本国。如果本国经济过热,如图 5-1 所示,总需求曲线 AD 和短期总供给曲线 SAS 相交于 E 点,偏离了长期总供给曲线 LAS,存在经济过度增长,通货膨胀过快的问题,本该通过紧缩性货币政策使 AD 往左下方移动到 AD_0,与 SAS 和 LAS 相交于 E_0。然而,如果本国为了维持本币与国际货币之间的汇率而被动跟随国际货币发行国实行扩张性的货币政策,AD 向右上方移至 AD_1,与 SAS 相交于 E_1,其后果就是加重本国经济过热的问题,具体表现为通货膨胀加剧,投资过热导致资源的过度开采,投机盛行导致各种资产泡沫快速涌现。同样,如果国际货币发行国经济过热而本国经济萧条,本国却必须跟随国际货币发行国实行紧缩性的政策,结果也会加重本国经济萧条的程度。第二,即使本国与国际货币发行国同样面临经济萧条的问题,实行扩张性货币政策符合双方的经济基本面,本币与国际货币间的固定汇率也得以维持,但是由于双方都增加了货币供给,所以本币与国际货币的购买力都将下降,这意味着本国外汇储备的损失。

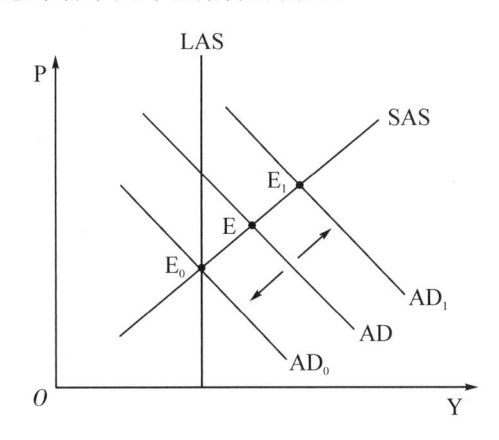

图 5-1 固定汇率制下货币政策的被动性

虽然当前很多国家实行的是浮动汇率制,但真正意义上实现完全自由浮动的国家只有少数几个(如美国、瑞士、日本),大多数国家实行的是有管理的浮动汇率制。这些国家的汇率制度是介于固定汇率与独立浮动的一个中间状态,在国际货币发行国实行扩张性的货币政策时,为了避免本国汇率过于剧烈的波动，这些国家的政府还是会对本币汇率进行干预，所以他们也在某种程度上面临固定汇率制国家所面临的问题，国际货币发行国仍然能够享有某种程度的非对称的政策优势。

四、节约交易成本、促进本国金融业的发展

从微观角度看，国际货币发行国的企业在贸易与投资中无须使用其他国家的货币作为媒介货币和支付手段，不需要在银行业务的执行货币和银行的国籍之间建立联系①，相比非国际货币发行国而言，减少了交易步骤，节约了交易成本。国际货币发行国的进出口企业也不会面临国际商品计价货币与本币汇率变动的风险，有利于对外贸易与对外投资的发展。总之，国际货币发行国大量的贸易结算和对外投资都是使用本国货币，很大程度降低了结算风险和折算风险②，国际货币发行国的企业将更容易融入全球经济③。

从宏观角度看，货币国际化对于发行国有以下好处：优化国际储备的结构和规模，降低通货膨胀和汇率波动给本国外汇储备带来的风险。由于非国际货币发行国以该国际货币持有了大量外汇储备，这部分外汇储备更倾向于购买货币发行国的债券，从而增加了对该国债券的需求，这有助于降低国际货币发行国为出售债券所支付的利息。

货币国际化还有利于本国金融市场的发展。随着货币国际化进程的推进，与该国际货币相关的各种金融业务都将通过货币发行国的金融机构进行，所以国际货币发行国的金融机构将受益于规模经济带来的好处，这就为发行国的金融市场创造了相对于非发行国而言更好的发展环境。随着发行国金融机构业务量的增加，金融机构的规模逐渐增大，金融服务的成本也将随之降低，这又进一步促进了国际货币发行国提供更优质的金融服务。在这种良性循环下，国际货币发行国的金融市场将更加专业化与规范化。

---

① 姚红心，高印朝. 货币国际化收益与成本理论的国外最新研究进展 [J]. 上海金融，2008 (3)：68-72.

② 折算风险是指企业把外币余额折算为本国货币时，由于汇率变动导致会计账簿上的有关项目发生变动的风险。

③ 聂利君. 货币国际化问题研究：兼论人民币国际化 [M]. 北京：光明日报出版社，2009：30.

五、政治方面的收益

国际货币的基本矛盾决定了国际货币发行国的政策措施可以影响非国际货币发行国的利益,一国货币的国际化不仅仅可以给本国带来经济上的收益,还会有利于本国政治地位的上升。一国货币的国际地位逐渐提升的过程,也是该货币发行国政治影响力逐渐扩张的过程。

货币国际化有利于提高发行国在国际事务中的话语权。当一国货币成为国际货币后,国际市场上对该国际货币就会产生需求,如果该国际货币具有较高的垄断地位,国际市场对该国际货币就会形成依赖(比如美元)。国际货币只能由发行国供给,这种特殊的权力会增强国际货币发行国在国际事务中的话语权,这种话语权也意味着发行国可以左右国际经济的游戏规则的设定或者国际争端谈判的结果,使其更多地倾向于国际货币发行国的利益。比如:美国在 IMF 中的一票否决权就可以使 IMF 无法通过任何有损美国利益的提案;国际市场上的大宗商品(特别是石油和矿石)都是以美元作为计价货币,美元在某种程度上拥有了对国际大宗商品的定价权[①]。

一个国家对于国际货币的依赖程度越高,其在国际事务中被国际货币发行国制约的可能性就越大,最极端的情形就是一些国家直接使用某种国际货币作为本国的通货,其政治的自主权将受到发行国一定程度地控制,在美元化的国家[②]中,巴拿马就是最典型的例子[③]。

第三节 货币国际化的成本

如本章第二节所述,一国货币国际化既会给该国带来诸多收益,但作为硬币的另一面,货币国际化也会给货币发行国带来成本。货币的国际地

[①] 张宇燕,张静春. 货币的性质与人民币的未来选择:兼论亚洲货币合作 [J]. 当代亚太,2008(2):9-43.

[②] 目前实行美元化的国家有:东帝汶、厄瓜多尔、萨尔瓦多、马绍尔群岛、密克罗尼西亚联邦、帕劳、巴拿马和津巴布韦。

[③] 1998 年美国干涉巴拿马内政,要求巴拿马总统诺列加下台,并冻结了巴拿马在美国的账户,这一措施立即导致了巴拿马国内的流动性紧缺,虽然巴拿马政府也做出相应对策,发行了替代美元的本国货币,但该货币没有信用基础,无法得到民众的认可,国家处于严重的货币紧缺状态。这就像给巴拿马实行了强烈的紧缩性货币政策,不到一年,巴拿马的 GDP 就下降了 20%,最终,诺列加于 1999 年下台。

位越高，货币国际化将获得更多的收益而承担较小的成本；反之，如果货币的国际地位低，货币国际化的成本就可能高于收益。同时，一国货币成为国际货币后将面临其他国际货币的竞争，而要保持其竞争力，巩固甚至提高其国际地位也要受到许多条件的制约，需要付出更多的努力。一般而言，货币国际化的成本主要有以下几个方面："特里芬难题"对国际货币地位的自我削弱、增大宏观调控的难度、金融稳定成本增加以及汇率调整方面的非对称性等。

一、"特里芬难题"对国际货币地位的自我削弱

"特里芬难题"是美国耶鲁大学教授罗伯特·特里芬（Robert Triffin）于20世纪50年代在研究布雷顿森林体系时提出的：在布雷顿森林体系下，美元是一国货币，它的发行必然受制于美国的货币政策和黄金储备；美元同时又是国际关键货币，它的发行必须适应于国际贸易和世界经济增长的需要。由于黄金的产量和美国黄金储备增长跟不上世界经济发展的需要，在"双挂钩"原则下，美元便处于一个两难的境地：为满足世界经济增长对国际支付手段和储备货币的需求，美元应当不断地增加供给；而美元供给的增加又会导致美元与黄金的固定比价难以维持[①]。在布雷顿森林体系下"特里芬难题"始终得不到解决，最终导致了布雷顿森林体系的解体。

然而，"特里芬难题"并未因为布雷顿森林体系的解体而成为历史。应当说，"特里芬难题"并非布雷顿森林体系的特有问题，而是所有国际货币都必然要面对的一个难题。"特里芬难题"解释了由主权国家货币作为国际货币所具有的内在不稳定性，在不同时期有着不同的表现方式：在国际金本位下，"特里芬难题"表现为英镑与黄金保持稳定的比价，从而无法满足国际市场对英镑流动性需求的增加。在布雷顿森林体系下，"特里芬难题"表现为美元与黄金的官方比价与实际比价的不断偏离，当这种矛盾激化到不可调和时，其他持有美元的国家会将持有的美元储备向美国要求兑换黄金，正是这种"挤兑"导致了布雷顿森林体系的解体。在当前的国际货币体系下，任何国际货币都不再有承兑黄金的义务，"特里芬难题"表现为国际货币发行国为了满足国际市场对于本国货币不断增加的需求，不得不持续增加供给量，而不断增加的货币供给又会使该国际货币存

---

① 任治君. 国际经济学 [M]. 2版. 成都：西南财经大学出版社，2007：190-191.

在贬值的压力以及境外持有者对该货币信心的下降,甚至抛售该货币转而持有其他的国际货币,从而导致该国际货币的地位的自我削弱。

二、削弱宏观调控能力、增大宏观调控的难度

虽然国际货币发行国可以通过本国的货币政策对其他国家产生影响,但是这也带来了货币国际化的另一个负面影响,就是本国实行宏观调控的效果往往达不到预期目标,主要表现在以下三个方面:

(一)货币政策的自主性减弱

一国货币的国际化必然要开放本国资本市场,该国货币可以自由地流入或流出货币发行国,从而制约发行国对本国国内货币供给的控制能力,削弱其国内宏观调控政策的效果。如图5-2所示,在IS-LM模型中,国际货币发行国的IS曲线和LM_1曲线相交于A,国内利率与世界利率相等,其产出低于本国经济的潜在产出Y_n,该国应当实行扩张性的货币政策刺激经济增长,使LM_1向右下方移动到LM_2,与IS曲线相交于B,实现经济的长期均衡。然而,本国货币供给量的上升会引起本国利率水平和世界利率水平的下降,短期内本国利率的下降幅度要大于世界利率的下降幅度,所以本国利率水平将低于世界利率水平。这将促使本国资本的净流出,国内货币供给量减少,LM_2向左上方移动到LM_3,新的均衡点为C,国内利率水平与世界利率水平回到同一水平,本国的产出依然小于潜在的产出Y_n。由此可见,货币国际化将会降低本国货币政策的效果,削弱本国的宏观调控能力。

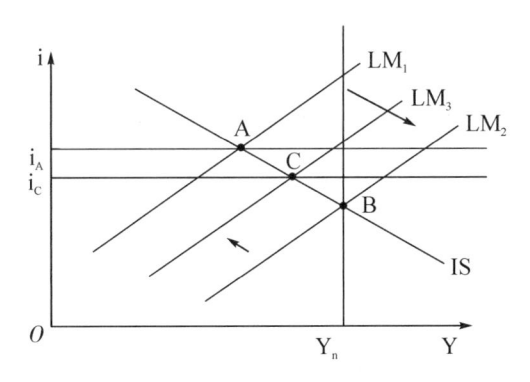

图5-2 货币国际化发行国货币政策的效果

金融危机后美国的量化宽松政策就是典型案例。美国爆发金融危机后，为了提振本国经济，美国分别于2009年和2010年实行了两次量化宽松政策，然而其结果却远不如预期，国内经济依然低迷，失业率依旧高企，与此同时美国的量化宽松政策也引发了全球经济性的通货膨胀。

（二）国外货币政策对本国货币政策的影响

国际货币发行国的货币政策对非国际货币发行国带来冲击的同时，非发行国的货币政策也会反作用于发行国[①]，这种现象也称为"输入效应"[②]。只是一般非发行国的规模比较小，而且通常各个非发行国实行的货币政策是不一致的，它们各自的货币政策给国际货币发行国带来的冲击会相互抵消。然而，如果各个非发行国同时采取共同的、与发行国相悖的货币政策，这种合力造成的冲击就可能对发行国的经济产生实质的影响。比如，非发行国共同实施扩张性的货币政策，经济复苏、本国进口增加，在出口不变的情况下，贸易逆差增加，外汇储备减少，减少的外汇储备将流回国际货币发行国，这相当于对发行国实施了扩张性的货币政策，如果发行国本身也面临着经济过热的问题，那在此情况下由于非发行国的货币政策带来的影响将会更加严重。

（三）中央银行对外汇市场的干预能力降低

货币国际化的最终结果意味着发行国实行浮动汇率制和允许资本自由流动，中央银行在外汇市场上只能通过自身的储备干预外汇市场，无法像非发行国一样采取资本管制，避免外汇市场的波动，从而降低了中央银行对外汇市场的干预能力。

在国际资本流动日益频繁且规模日益扩大的今天，特别是在国际资本的冲击下，一国中央银行对外汇市场的干预能力显然十分有限。一国货币被围剿而该国央行束手无策的例子并不少见：1992年，国际资本瞄准英镑，在一番拉锯战后，英镑从年初的1英镑兑2.95马克下跌到2.64马克。1997年，国际资本的矛头指向了泰国并直接导致了亚洲金融危机，在这场危机中，泰铢贬值了60%，韩元贬值了50%，印尼盾更是贬值了80%[③]。此外，国际资本还曾经对法郎、德国马克、港元进行过围剿，虽然从结果

---

① 张宇燕，张静春. 国际货币的成本和收益 [J]. 世界知识，2008 (21)：58-63.
② 输入效应是指国外的货币政策会波及国内，从而干扰国内货币政策达到预期的效果。
③ 郑华伟. 历史上的十次货币战争 [M]. 上海：上海财经大学出版社，2011：80-85，89-93.

来说国际资本在这些国家和地区的围剿并不算成功，但事实上也对这些国家和地区的经济造成了沉重的打击。

三、金融市场波动加剧、金融稳定成本增加

货币国际化可以促进发行国金融市场的完善，但也增加了发行国金融市场的风险。作为国际货币发行国，其国内金融交易量的庞大以及金融市场的发达，给金融创新提供了一个良好的平台，但如果金融监管无法很好地跟上金融创新的步伐，那么金融企业很可能忽视存在的风险，导致金融创新过度。收益与风险的正相关性是金融市场的客观规律，金融产品衍生的过程也是金融风险衍生、积聚的过程，所以金融创新很容易引发资本市场的泡沫，当泡沫破裂时，除了资本市场会受到严重的冲击之外，实体经济也将遭受沉重的打击。

2008年美国金融危机的爆发，正是因为美国金融机构通过金融杠杆以及各种金融衍生品创新（如担保债务凭证、信用违约掉期[①]），将其垃圾债券[②]进行打包，并由信用评级机构给予不合理的评级，掩盖其风险然后进行销售，造成了美国金融市场的泡沫，这种模式虽然一度促进了美国经济的繁荣，但这种繁荣并没有坚实的基础，甚至是建立在欺诈投资者的基础上，所以最终导致了危机的爆发，虚拟经济的衰退最终波及实体经济，使美国经济出现整体衰退。

国际货币发行国必须保证各国资本可以自由进出本国市场，这自然也包括了国际游资的自由进出。当前国际游资规模相当庞大且极具流动性，通过金融杠杆，其规模可以数倍甚至数十倍地扩大。此外，国际游资的转移容易影响整个资本市场的预期，从而引导其他投机资本的流动方向。当发行国的金融市场处于繁荣期时，国际游资的大规模进入会导致发行国金融市场泡沫堆积；当发行国的金融市场处于萧条期时，国际游资的大规模

[①] 担保债务凭证（collateralized debt obligation，简称CDO），是以抵押债务信用为基础，基于各种资产证券化技术，对债券、贷款等资产进行结构重组，重新分割投资回报和风险，以满足不同投资者需要的创新性衍生证券产品。信用违约掉期（credit default swap，简称CDS），也叫贷款违约保险，是1995年由摩根大通首创的一种金融衍生品，它可以被看作是一种金融资产的违约保险，是目前全球交易最为广泛的场外信用衍生品。

[②] 垃圾债券（junk bond），是指评信级别在标准普尔公司BB级或者穆迪公司Ba级以下的公司发行的债券。垃圾债券向投资者提供高于其他债务工具的利息收益，因此垃圾债券也成为高收益债券，但投资垃圾债券的风险也高于投资其他债券。

撤离又会导致发行国金融市场跌入谷底。国际游资不仅会导致发行国金融市场的波动加剧，甚至还可以左右发行国金融市场的走向，并通过影响金融市场间接影响发行国的实体经济，严重威胁发行国的经济安全，前面提到的国际游资围剿国际货币并导致发行国爆发经济危机就是最好的例子。

无论如何，国际货币发行国必须维持本国金融市场的稳定与安全，不能坐视本国金融市场的剧烈波动，否则既会给本国经济造成负面影响，也会影响到其货币的国际地位。因此，国际货币发行国还承担维持本国以及整个世界金融稳定的职责[1]。

四、汇率调整方面的非对称性

国际货币作为其他货币的"锚货币"，非国际货币发行国建立本国货币与国际货币之间的联系有三种类型：第一，虽然很多国家选择浮动汇率制，但是真正实现独立浮动的国家其实很少，一部分国家为了避免汇率的大幅度波动而选择有管理的浮动汇率制，所谓的有管理的浮动其实就是将本国货币与国际货币的汇率波动控制在一定范围内。第二，一部分国家选择参考某一种国际货币或者由几种国际货币组成的"货币篮子"，维持本币与国际货币或"货币篮子"之间汇率的相对稳定。第三，一部分国家直接将本国货币钉住某一种国际货币，维持固定汇率。就本质而言，以上三种方式都是将本币钉住国际货币，只是程度不同而已。一旦某种国际货币成为被钉住的货币，发行国一般只能被动地接受被钉住的汇率水平[2]，非国际货币发行国可以通过单方面调整本国货币与国际货币之间的汇率，改善本国的经济运行与国际收支状况。非发行国在汇率调整中获得好处的同时也损害了发行国的利益，但发行国对此并没有更好的对策。因此，在汇率调整上国际货币发行国存在非对称性的劣势。比如，1994年中国实施汇制改革，进行汇率并轨，并将美元与人民币的兑换比例从1∶5.7调整为1∶8.7。此次汇制改革对中国经济特别是对出口贸易的促进效果十分显著，带动了中国经济的长期增长，但美国只能被动接受人民币的贬值加剧美国贸易逆差的结果。

---

[1] 张宇燕，张静春. 国际货币的成本和收益 [J]. 世界知识，2008（21）：58-63.
[2] 聂利君. 货币国际化问题研究：兼论人民币国际化 [M]. 北京：光明日报出版社，2009：32.

第四节　对货币国际化的条件、收益与成本的评述

（一）从货币国际化的条件和收益看，货币国际化的条件具有内生性

综合货币国际化的条件和收益可以看出，货币国际化的条件具有内生性，也就是说，即使一种货币不完全具备货币国际化的条件，但是如果该货币成为国际货币，那么国际货币给其带来的收益就可以使其逐渐具备条件。比如，经济实力是货币国际化的条件，而货币国际化本身也会由于铸币税收入与贸易条件的改善等收益而增强一国的经济实力。货币国际化要求国际货币发行国具有完善的金融体系，而一国货币成为国际货币之后对该国金融服务需求的增加也会带动该国金融体系的完善；货币国际化带来的政治方面的收益有助于提升一国的政治地位，而这也是货币国际化的条件之一。

（二）从货币国际化的条件和成本看，货币国际化的条件也会自我削弱

虽然货币国际化的条件具有内生性，但作为国际货币，其条件也会由于货币国际化不得不承担的成本而自我削弱。最典型的就是"特里芬难题"，这是货币国际化无法回避也无法克服的问题，为了满足国际市场上对本国货币的需求，发行国必须不断向境外输出本国货币，这必然导致本国货币的贬值，而货币币值稳定则是货币国际化的条件之一。除此之外，大量国际资本频繁地进出会引起国际货币发行国金融市场的剧烈波动，而稳定高效的金融体系也是货币国际化必不可少的条件之一。

（三）从货币国际化的收益和成本看，货币国际化的收益与成本具有相对性

货币国际化既可以带来收益也会产生成本，从前面的分析可以发现，货币国际化的收益和成本往往是相对的，同一个因素，既可能是货币国际化的收益，也可能是货币国际化的成本。比如，货币国际化使发行国可以影响其他国家的经济政策，但同时本国的经济政策也更容易受到其他国家的影响。货币国际化既有利于完善发行国的金融体系，同时也加剧了该国金融市场的波动。货币国际化既可以节约发行国的交易成本、降低交易风险，也会由于非对称性的汇率调整带来一定的风险；货币国际化在给发行

国带来铸币税的同时，也会导致发行国币值的不稳定。总之，货币国际化带来的收益和成本是相对的，在分析一国货币国际化时，不仅要看到货币国际化既有收益也有成本，还要辩证地看到每一个因素中积极的一面与消极的一面。

（四）货币国际化的条件并非充分条件，货币国际化要权衡收益和成本

本章论述了货币国际化的各种条件，但这些条件并非货币国际化的充分条件。也就是说，即使一国具备了货币国际化的各种条件，也并不意味着其可以启动本币国际化的进程。相反，即使一国只是基本具备或部分具备了货币国际化的条件，也可能使其货币逐步的、分阶段的、在一定范围内的国际化。

一国如果要推进本国货币的国际化进程，首先需要具备货币国际化的基本条件或主要条件，否则货币国际化无从谈起。然而，即使具备了货币国际化的条件，该国政府的最优决策也不一定就是推进本币国际化的进程。对于本国货币是否应当推进国际化的进程，以及国际化进程应当推进到什么程度，一国政府应该立足于本国利益的最大化，权衡利弊才能做出最优的决策。如果货币国际化的收益大于成本，则选择推进货币国际化的进程；如果成本大于收益，则选择暂不推进或者放缓推进的步伐①。此外，国家政府应当有长远的眼光，不应该仅仅立足于当前的收益与成本，还要考虑到未来的收益和成本，这样才能做出最有利于本国长远发展的决策。

（五）货币国际化是一个动态的过程，货币国际化的条件、收益和成本也是一个动态的过程

正如本书第四章中所论述的，货币国际化并非静态的，而是一个动态的过程，那么货币国际化的条件、收益和成本也应该是动态的。货币国际化的条件并不是一个临界点，达到这个临界点就可以实现从国际货币到国际货币的质变，货币国际化的条件应当是随着货币国际化的深入而逐渐严

---

① 当今世界的诸多货币中，真正意义上的国际货币并不多，对于没有成为国际货币的货币而言，绝大部分是不符合货币国际化的条件，但也有一些货币是符合条件但没有急功近利的。正如前面提到的德国和日本，由于担心货币国际化对本国的负面影响而暂缓本国货币国际化的进程。历史上并不缺乏由于对本国经济的错误判断而过早开放本国资本市场而导致严重后果的例子，亚洲的金融危机遭受沉重打击的泰国、韩国和印尼就是最好的例子。

格的一个过程。比如,对于一般国际货币而言,如果仅仅是与周边国家和地区进行贸易结算,那么需要满足的条件就相对比较宽松。而对于国际关键货币而言,其要满足的条件就比较苛刻。而对于超主权的国际本位货币,至今没有任何一种货币能够满足如此苛刻的条件。同样,货币国际化的收益与成本也是随着货币国际化进程的推进而变动。

第六章　主要货币国际化演变的历史考察

历史上先后有四种货币在国际货币体系中扮演过或正在扮演着重要的角色，它们分别是英镑、美元、欧元和日元。英镑和美元都曾在一段时间内主导着国际货币体系的运行，欧元则开创了区域性国际货币的先河，而日元国际化作为一个相对不是很成功的例子，也有很多的经验教训值得借鉴和学习。本章主要对英镑、美元、欧元和日元的国际化进程进行梳理，研究这四种货币国际化进程中的共性与特性，这既是对前面理论分析的一个佐证，也为后面研究主要国际货币与国际货币体系之间的关系，以及人民币国际化的路径选择和措施等相关问题做好铺垫。

第一节　英镑国际化

从严格意义上说，英镑并非是世界上最早的国际货币，在英镑成为国际货币之前，有几种金属货币[①]在国际贸易中充当过计价结算货币的角色。英镑与这些金属货币不同，作为历史上第一次由某个国家发行、执行国际货币职能的信用货币，英镑国际化具有划时代的意义。

一、英镑国际化的路径

19世纪下半叶，英国确立了在世界经济中的霸主地位，当时的英国拥

[①] 比如爱德华时代的英国货币，威尼斯的金杜卡托和银格罗索币、金弗罗林、玛利亚·特丽莎元以及金沙弗林。

有"世界工厂""世界贸易垄断者""世界金融中心""海上霸王"和"世界最大殖民帝国"这五项王冠。凭借经济上与政治上的霸主地位,英国大力推进英镑的国际化进程。英镑地位的确立主要通过以下三个方面的途径[①]:

(一)建立币值稳定与自由兑换的英镑体制

1694年,英格兰银行[②]成立并开始发行银行券,该银行券可以自由兑换贵金属,从而取代贵金属在市场中流通,而贵金属则是银行券信用的保证。1717年,英镑确立了以每盎司黄金(纯度为0.9)3英镑17先令10.5便士的价格与黄金挂钩,英国事实上开始实行金本位制,只是并未在法律层面正式确立下来。

1816年,英国颁布了《金本位制度法案》,并于1821年正式实施,这标志着金本位制第一次从法律层面正式确立,英国也是世界上第一个实行金本位制的国家。英国实施金本位后,英镑的国际地位逐步上升,各国在国际结算中大量使用英镑,伦敦成为世界金融中心,办理大部分国际贸易中的结算、交割,各国公债都在这里配销[③]。英国各大银行资金充足,向美国、欧洲、其殖民地及世界其他国家发放贷款,扮演着世界银行家的角色。1844年,为稳定英镑币值,英国国会通过了《英格兰银行法》,赋予了英格兰银行发行英镑纸币的垄断权,并保证英镑纸币可自由兑换金币,从此英格兰银行开始有了中央银行的色彩。

英国金本位制的建立要远远早于其他资本主义国家,在英国开始实行金本位制的时候,欧洲其他国家还在实行金银复本位制[④]。而由于此后白银产量的大幅增加以及亚洲大量白银的流入(鸦片贸易以及鸦片战争的赔款),欧洲银价急剧下滑,实行金银复本位制的国家为了保持本国通货的

---

① 这三个方面并不是前后衔接的,而是相互交融的,这也体现出了货币国际化过程的动态发展特征。
② 英格兰银行是英国的中央银行,1694年由英国皇室特许苏格兰人威廉·彼得森(William Paterson)等创办。初期主要为政府筹措战争经费,并因此而取得货币发行权。1844年根据新银行法《皮尔条例》改组,分设发行部和银行部,后逐渐放弃商业银行业务,成为中央银行,1946年由工党政府收归国有。
③ 1840—1860年,伦敦各银行存款总额增加了12倍。详见:穆良平. 主要工业国家近现代史 [M]. 成都:西南财经大学出版社,2005:50.
④ 金银复本位制是本位制的一种,在这种制度之下,黄金与白银同时作为本位币的制作材料,金币与银币都具有无限法偿的能力,都可以自由铸造、流通、输出和输入。金币和银币可以自由兑换。

稳定，依旧维持着法定的金银比价，英国借此机会大量使用不断贬值的白银向这些国家换取黄金，黄金不断地流向英国，英国由此积累了大量的黄金①。

为了保证英镑的可兑换性，增强人们持有英镑的信心，英国与其他实行金银复本位制的欧洲大陆国家进行了中央银行间的合作，主要采取的方式是签订金银互换和相互贷款协议②。这些措施很好地保证了英镑的可兑换性、维持了英镑币值的稳定、增强了英镑的国际支付能力。

（二）打造与欧洲国家间的自由贸易网络

19世纪50年代开始，英国大力发展对外贸易。1860年，英国与法国签订了贸易协定《科布登——谢瓦利埃条约》③，该协定成功地将自由贸易的思想引入法国。此后，《英法条约》中所包含的最惠国条约的内容迅速扩散到欧洲其他国家④，欧洲的大部分地区成了低关税区。英国贸易自由化的浪潮，推动着欧洲乃至世界贸易自由化的进程，自由贸易的精神和原则开始主导国际贸易，这标志着欧洲开始走向自由贸易主义⑤。

英国在国际贸易中扮演着日益重要的角色，据艾肯格林（Eichengreen，2005）分析，在19世纪60年代到20世纪初，英国出口额在全球出口总额中占两到三成，通过适度的贸易逆差和大量的对外投资，英镑不断向外扩展其流通域，英镑对国际贸易与国际金融的影响力逐渐加强，英镑的国际地位不断提升。在这一时期，全球国际贸易中有60%是以

---

① 当时的世界货币体系是中国实行的是银本位制，欧洲普遍实行的是金银复本位制，而英国已经建立了金本位制。在这种情况下，就形成了欧洲向中国套利，英国向欧洲其他国家套利的局面。一方面是英国的白银流入欧洲其他国家，欧洲的白银流入中国；另一方面是中国的黄金流入欧洲，而欧洲的黄金流入英国。由于后来白银的产量增长快于经济的增长，先于黄金退出货币领域，中国因此蒙受了巨额损失，而英国却因此富甲天下。这些流入英国的黄金在英国沉淀下来，形成了巨额黄金储备。

② 1825年法兰西银行向英格兰银行提供价值40万英镑的金币与英格兰银行兑换银币，以缓解英格兰银行挤兑危机；1836年和1839年法兰西银行和汉堡银行向英格兰银行提供贷款；1847年英格兰银行贷款给法兰西银行；1861年英格兰银行向法兰西银行提供价值200万英镑的金币兑换白银，以解决巴黎的金币支付困难。

③ 法国承诺在大幅降低关税（不超过30%）的同时，以进口关税取代所有的进口限令；英国则允许法国产品自由进入英国市场，并取消了煤的出口税。

④ 除法国外，先后还有意大利、瑞士、瑞典、挪威、西班牙、荷兰、奥地利和俄国等国家通过签订贸易协定，陆续加入英法组建的自由贸易网络。英国的自由化运动成为拿破仑战争之后30年里的最为显著的标志。

⑤ 1776年，亚当·斯密发表《国民财富的性质和原因的研究》（简称《国富论》），论述了自由贸易的好处，欧洲从此由重商主义走向自由贸易主义。

英镑计价和结算的①,以英镑为核心的国际金本位制最终确立。

(三) 建立自治领②单边关税特惠区以对抗贸易保护主义

19世纪80年代,世界经济增长速度放缓,贸易保护主义再次盛行,欧洲各国开始使用各种贸易壁垒保护本国经济以应对经济萧条,这令英国的经济发展受到了严重的打击,也威胁到英镑的国际地位。为此,英国开始与自治领建立特惠联盟③,通过实施一系列税收优惠政策,英国与自治领之间的单方关税特惠区基本形成。在英国与自治领之间的贸易往来与国际投资中,英镑继续扮演着重要的角色④。

二、英镑地位的衰落

1873—1896年的经济危机⑤削弱了英镑的国际地位,随着英国在国际贸易中的比重逐渐下降⑥,英镑的国际地位也开始受到其他货币的挑战,特别是后起的工业化国家美国,到1913年,美国在国际贸易中位居全球第三,仅次于英国和德国,而其增长速度更是领先于其他资本主义国家,美元的国际地位也随之逐步上升。

在第一次世界大战期间,许多国家停止了黄金的自由输出,国际金本位制终结。第一次世界大战后,英国在1925年恢复了金本位制,但这反而

---

① EICHENGREEN. Sterling's past, dollar's future: historical perspectives on reserve currency competition [J]. NBER Working Paper, 2005 (3): 11336.

② 自治领是大英帝国殖民地制度下一个特殊的国家体制,是殖民地步向独立的最后一步。在19世纪,所有实行自治或半自治的英国殖民地,尤其那些已具有自身宪政体制的,如加拿大和澳洲,都被称为自治领。

③ 1898年,加拿大对英国和某些殖民地的产品采取25%的优惠关税,到1900年优惠税率提高到33.3%;1903年,南非同意给予英国产品25%的优惠;1907年,澳大利亚对大部分英国产品给予20%的优惠税率。

④ 到1913年,欧洲市场占英国对外出口的比例由1820年的61.8%下降到37.4%,并呈持续下降的趋势;同样到1913年欧洲市场占英国对外投资的份额下降为5.25%,处于次要对位,自治领成为英国对外贸易和投资的主要区域。

⑤ 一场席卷整个英国的经济危机从1873年一直持续到1896年。在这个时期,欧美等主要资本主义国家的工业革命均已基本结束,不再大批购买英国的机器等商品,相反,他们碰到了与英国一样的问题——生产相对过剩,需要向国外倾销产品;而殖民地由于英国前几次危机时的加重"盘剥"已陆续爆发式装起义。英国1875—1888年的年均经济增长率为1.35%,而1875—1879年为0.49%,1882—1886年为0.48%。经济危机导致英国大量工厂倒闭,失业率上升。1873—1896年,英国的名义物价一路下降,到处都是失业的人群。1886年,伦道夫·丘吉尔勋爵哀叹"英国的铁工业和棉纺织业死气沉沉,造船工业停顿不前,整个工业已是病入膏肓"。

⑥ 1870—1913年,英国在国际贸易中的比重从25%降为15%。

对英国经济造成了重创，英镑币值的高估削弱了英国的出口，大量黄金外流。1929年席卷全球的大萧条使英国的国际收支状况更加恶化，人们对英镑已经失去了信心，纷纷将持有的英镑兑换成黄金[①]，英国被迫宣布放弃金本位制，彻底失去了英镑在国际货币体系中长达一个世纪的主导地位[②]。

英镑的地位在第二次世界大战后继续下降，根据1944年10月《银行家》杂志估计，在第二次世界大战前，英国的各种海外资产（黄金、外汇）总额约合45亿英镑，第二次世界大战后，英国海外资产变卖了11.18亿英镑。此外，英镑的购买力也一路走低（如图6-1所示）。

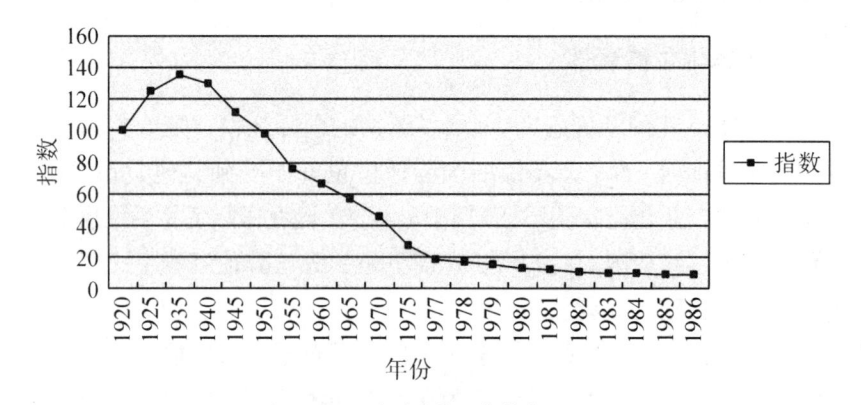

注：以1920年为基期（指数为100）。

图6-1 1920—1986年英国购买力指数记录

（资料来源：宫崎犀一，奥村茂次，森田桐郎. 近代国际经济要览 [M]. 东京：东京大学出版社，1981.）

三、对英镑国际化的评述

回顾19世纪到20世纪初英镑国际化的进程，英镑成功地将其他国家的货币逐渐纳入以英镑为核心的国际货币体系中来，首次建立了真正意义上的国际货币体系。通过对英镑国际化历程的研究，我们可以对货币国际化有着更深刻的认识：

---

① 1931年奥地利和德国出现银行挤兑，波及英国的金融市场，外国持币者竞相向伦敦兑换黄金，仅1931年七八月间，外国人就从英国提取了相当于2.3亿英镑的黄金（当时3英镑17先令兑换1盎司的黄金），英格兰银行虽然进行了干预，但也无济于事。

② 虽然英镑的霸权地位被美元所取代，但仍是主要国际货币之一，只是其地位下降的现状已经无法和往昔的荣耀相比，甚至屡次被国际资本当作弱势货币予以攻击，最突出的事件就是索罗斯等国际金融炒家在20世纪90年代对英镑的冲击，最终使英镑退出了欧洲货币体系。

（1）英镑国际化是建立在与黄金稳定比价的基础上，英镑实行金本位要早于其他欧美国家，并长期保持与黄金固定比价，使人们相信英镑等同于黄金在市场上流通。其他国家在与英国进行贸易时也愿意以英镑作为计价结算工具，英镑的国际计价结算职能逐渐扩展到其他国家间的贸易，因为与黄金相比，英镑运输成本较小，而且持有英镑还可以获取存款利息。当人们相信英镑与黄金的比价不会改变时，英镑反倒比黄金更受欢迎。英镑正是依靠着与黄金的稳定关系以及本国强大的经济实力与政治实力，成功地实现了国际化。

（2）英镑的国际化是通过其贸易霸权实现的，是特殊历史条件下的产物。英国是世界上第一个完成"工业革命"的国家，依靠机器大工业的绝对优势获取了"世界贸易垄断者"的地位。在当时，英国向全世界输出工业机械和工业制成品，而其他国家则向英国出口各种工业原料、初级产品和农产品。这种国际分工模式使英国在国际贸易中拥有绝对优势地位，英国就像当时农业世界的"工业太阳"，无数的农业卫星国围绕着它运转，正是这种单级的"贸易霸权"成就了英镑的国际霸权。

20世纪以来的国际环境，其复杂程度远高于英国当年的单边格局，世界经济格局不像当年英国一枝独秀的局面，而是呈现出各国经济多元化发展，竞争更为激烈的趋势。各国政府也无法像国际金本位时期一样将本国货币与黄金的可兑换性放在最重要的位置，维持国际金本位最重要的条件如今已经无法具备。因此，英镑主宰国际货币体系时的世界经济格局不复存在，英镑的国际化路径已不可复制。

（3）从英镑国际化的条件看，在经济方面，推进英镑国际化进程时，英国经济实力雄踞世界首位，拥有大量黄金储备。在政治方面，英国经历了英法七年战争，确立了欧洲霸主的地位，拥有大量的殖民地。在历史时机上，自由贸易思想开始盛行，国际贸易与投资日益频繁，客观上有了对国际货币的需求。正是因为具备了这些条件，英镑才实现了国际化。

在英镑国际化的收益方面，由于金本位制下的英镑还受到黄金储备的约束，英镑的国际化无法得到很高的国际铸币税收益，其收益更多的是政治影响力的提高以及本国金融业的发展。英镑国际化也给英国带来了损失，当英镑持有者对英镑失去信心时，大量持有者要求将手中的英镑兑换成黄金从而使英国的黄金储备急速减少，本国金融市场也遭受了沉重的打击。

第二节 美元国际化

美元是历史上最重要的国际货币。美国成功地利用了两次世界大战的契机,将美元推向世界,并在第二次世界大战后通过布雷顿森林体系的建立取代英镑在国际货币体系中的霸权地位,并一直延续至今。不同于英镑国际化,美元国际化是在各工业国纷纷崛起,各国经济竞争异常激烈的情况下完成的。美元的国际化进程十分典型,可以概括为以市场自然演进为主,政府推动为辅,通过国际联系强化美元霸权,巩固美元的国际地位[①]。

一、美元国际化的路径

布雷顿森林体系时期是美元国际化路径上一个标志性的时期[②],美元霸权在布雷顿森林体系时期达到顶峰,成为其他国家货币的"锚货币"。以布雷顿森林体系为分水岭,美元的国际化大致可以分为三个阶段:前布雷顿森林体系、布雷顿森林体系和后布雷顿森林体系。

(一)布雷顿森林体系建立前美国为美元国际化所做的努力

南北战争以后,美国经济进入快速增长阶段。1870—1913年,美国工业生产增长了8.1倍,远高于英国和法国的1.3倍和1.9倍[③]。也就是在这个时期,美国的产出超过了西欧,之后差距不断拉大[④]。到1929年,美国的工业总产值在世界总产值中的比重已经接近50%,超过了英国、法国、德国和日本四国工业总产值之和,美国成为世界第一工业强国,经济实力遥遥领先。美元也成为主要的国际货币,只是由于国际主导货币的历史惯性,其国际地位还比不上英镑。但美元的强势与英镑的衰落,形成了鲜明的对比,美元对英镑的地位构成了严重的威胁。

[①] 刘仁伍,刘华. 人民币国际化风险评估与控制 [M]. 北京:社会科学文献出版社,2009:31.

[②] 关于布雷顿森林体系的详细讨论在第七章。

[③] 美国的重工业增长尤为突出,1880—1920年,美国钢产量由126万吨增长到4 280万吨,占世界钢产总量的59%;生铁产量由389万吨增长到3 751万吨,占世界总产量的58.6%。1902—1929年,美国公用的和企业用的发电站发电总量由59亿千瓦时增加到1 167亿千瓦时,1880—1929年石油产量由2 628万桶激增到10亿桶,电力和石油已经成为美国的主要能源。详见:徐玮. 略论美国第二次工业革命 [J]. 世界历史,1989(6):20-29.

[④] 何帆,李婧. 美元国际化的路径、经验和教训 [J]. 社会科学战线,2005(1):266-272.

1900年，美国颁布《金本位法》，规定20.67美元兑换1盎司黄金，同时授权财政部建立1.5亿美元的金币和金块储备，以便用于兑赎绿背纸币和其他政府流通负债①，美国正式建立金本位制。1912年，美国提出"美元外交政策"②。1913年，美国国会通过《联邦储备法案》，该法案创造了联邦储备券③这一新型货币并建立了联邦储备体系④，维护了金本位制度下货币的可兑换性。以上政策措施有效地稳定了美国的物价水平，保障了美元的可兑换性，提升了美元的国际地位。

在美元的国际化进程中，其遇到了两次绝佳的历史机遇——第一次世界大战和第二次世界大战。两次世界大战极大地削弱了欧洲传统强国的实力，为美元取代英镑的地位创造了绝佳的机会。

第一次世界大战爆发后，欧洲各国相继卷入战争，大部分欧洲国家货币贬值，被迫实施外汇管制，而美元仍然和黄金保持固定的比价。欧洲各国都把美国作为主要的供给方，并在美国发行公债以购买战争物资⑤。在战争期间，美国还大量购入外国的黄金，1913—1919年美国的黄金储备翻了一番。即使在战争结束之后，欧洲国家的许多采购也是靠美国银行提供的短期贷款来实现的，美国贷款在战后欧洲重建中扮演着重要角色⑥。到了20世纪30年代，美元的国际地位比以往任何时期都要稳定。

第二次世界大战期间，欧洲各国依然将美国作为战略物资的供应商，纷纷变卖黄金与在美国的资产以筹集资金购买物资，在欧洲各国因战争饱受创伤的同时，美国却利用战争的机会大发横财并发展成为世界第一强

---

① 陈明.美国《金本位法》确立的历史背景透析[J].吉林大学学报（社会科学版），2003（12）：54-58.

② 1912年，塔夫脱在对国会发表最后演讲的时候，主张在外交政策中，美国应该用"美元代替子弹"，希望企业通过和平贸易发展海外市场，尽可能地避免大规模的军事介入。

③《联邦储备法案》将全国划为12个联邦储备区，每个储备区各指定某座城市作为联邦储备市。12个储备市各设立一家联邦储备银行，经中央银行授权，发行统一的联邦储备券，券面分别刊印各行的行印。面值不同的美钞，尺寸均为15.6cm×6.6cm，基调色均为绿、黑色，券面图案、风格、特征相当接近，在世界纸币史上颇具特色。现行美国流通的钞票中99%以上为联邦储备券，其余的1%是合众国钞票和银圆票等，且它们已停止印刷，成为收藏品。

④ 联邦储备体系规定联邦储备券的40%要以黄金作为支撑，在经济平稳快速发展时期为满足需求能够增加货币供给。

⑤ 为了购买物资，欧洲各国卖掉了在美国大半的欧洲投资，并同时把欧洲自己发行的30亿美元有价证券卖给美国人。在战争爆发后的三年内，美国投资购买的欧洲有价证券数量超过他们在19世纪的总购买量。

⑥ 李军睿.人民币国际化路径研究[D].长春：吉林大学，2009.

国。1935—1940年，美国国民生产总值增加了33%，并在1940—1945年实现了75%的增长。美国的国际投资国地位也进一步增强，1941—1946年，美国总共为同盟国提供了大约380亿美元信贷资金，是第一次世界大战期间提供贷款总数的三倍还多①。

两次世界大战在削弱美国主要竞争对手实力的同时，提升了美国的经济实力，美国成为世界经济的超级强国，一举由债务国转变为最大的债权国，通过对欧洲各国的一系列贷款、资助和捐赠，美国提高了在国际金融事务中的影响力，为实现美元霸权做了坚实的铺垫。

（二）布雷顿森林体系时期美元霸权的确立

第二次世界大战后，美国取代英国成为世界第一政治强国与经济强国。到1948年，在整个资本主义国家中，美国的工业生产总值占57%，出口贸易额占33%，黄金储备占75%②。凭借着其强大的经济实力（见表6-1），美国主导了战后国际货币体系的重构。1944年，以美元为核心的布雷顿森林体系正式建立，由此确立了美元在国际货币体系中的绝对主导地位。与此同时，经历第二次世界大战重创后的世界经济元气大伤，各国经济的恢复需要大量的资金和物资，从而给美国对外贸易和对外投资提供了机会。世界各国对美元的渴求形成了"美元荒"，也成就了强势美元③。美国通过"马歇尔计划"④和"道奇计划"⑤，向其他国家提供了大量的美元流动性，从而使英镑交出了国际资本输出货币的头把交椅（如表6-2所示）。

---

① 在第二次世界大战期间，美国出台了《贷款和租赁条例》，向盟国提供巨额美元信贷。由于在该法案下发生的各种债务都相继赦免，因此没有提升美国作为国际债权人的地位。

② 穆良平. 主要工业国家近现代经济史 [M]. 成都：西南财经大学出版社，2005：107-108.

③ 李若谷. 国际货币体系改革与人民币国际化 [M]. 北京：中国金融出版社，2009：213.

④ 马歇尔计划（The Marshall Plan），官方名称为欧洲复兴计划（European Recovery Program），是第二次世界大战后美国对被战争破坏的西欧各国进行经济援助、协助重建的计划，对欧洲国家的发展和世界政治格局产生了深远的影响。该计划于1947年7月正式启动，并整整持续了4个财政年度之久。在这段时期内，西欧各国通过参加经济合作发展组织（OECD）总共接受了美国包括金融、技术、设备等各种形式的援助合计130亿美元。

⑤ "道奇计划"为时任底特律银行总裁约瑟夫·道奇根据美国政府稳定日本经济的要求制定的实施办法。其主要内容是：（1）平衡预算；（2）取消补贴；（3）停止复兴金库的债券发行，设立美元基金；（4）规定日元汇率为1美元=360日元。

表6-1　第二次世界大战后前后主要国家经济实力对比（占世界总值的比重[①]）

单位：%

	年份	美国	英国	法国	西德	日本
工业生产	1937	42.0	12.5	5.0	12.0	4.0
	1948	53.9	11.7	4.0	3.6	1.0
出口贸易	1937	14.2	11.3	4.1	10.3	5.2
	1948	32.5	9.8	4.0	0.5	0.4
黄金储备	1937	50.5	16.4	10.9	—	0.07
	1948	74.5	4.9	1.7	—	0.03

资料来源：苏联《二次世界大战后资本主义国家经济情况统计录编》。

表6-2　美国的对外援助　　　　　　　　单位：亿美元

项目	1941—1945	1946	1947	1948	1949	1950	1951	合计
对外捐款	481.28	38.61	23.48	28.3	54.23	46.91	44.47	717.28
对外借款	10.96	23.26	39.21	26.43	11.23	4.2	4.19	119.58
小计	492.24	61.97	62.69	54.73	65.46	51.11	48.66	836.86

资料来源：宫崎犀一，奥村茂次，森田桐郎. 近代国际经济要览［M］. 东京：东京大学出版社，1981.

然而，从20世纪50年代开始，由于其他发达国家经济的逐渐恢复和大量美元资产的积累，再加上美国不断对外进行军事与经济扩张导致大量美元外流，美国的国际收支状况开始恶化，最终在20世纪60年代出现了"美元灾"。1953—1961年，美元货币数量由300亿美元增加到320亿美元；1961—1968年，货币数量从320亿美元增加到480亿美元；1968—1974年，美元供给更是激增70%[②]。美元购买力持续下降（如图6-2所示），美元的信用受到质疑，先后出现了两次抛售美元抢购黄金的危机。最终，布雷顿森林体系宣告解体。

[①] 不包括苏联、东欧等社会主义国家。
[②] 李若谷. 国际货币体系改革与人民币国际化［M］. 北京：中国金融出版社，2009：214.

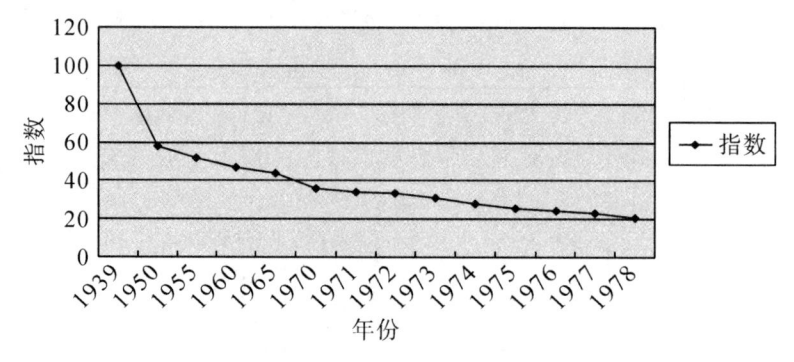

注：以1939年为基期。

图 6-2　美元购买力下降情况

（资料来源：《美国新闻与世界报道》，1979年10月11日）

（三）布雷顿森林体系解体后的美元国际化

布雷顿森林体系解体，美元国际地位相对下降，而与此同时德国马克和日元开始崛起。1976年，随着《牙买加协议》的签订，国际货币体系进入了牙买加体系[①]下的多元化时代。

布雷顿森林体系解体之后，美国积极参与国际货币体系的重构，采取各项措施促使美国从一个工业大国转变为一个金融大国，重新树立了国际上对美元的信心，巩固了美元的国际地位。美国主要采取了三方面的措施：第一，美国通过一系列反垄断措施鼓励竞争与金融创新，建立了一个高效安全的金融体系，为美元的持有者提供了良好的投资环境[②]。第二，美国对外关系的重心转向美欧关系，美国对外投资更加注重欧洲金融市场和大型控股公司，增强美国在国际金融领域的影响力，世界金融中心也从欧洲（伦敦、法兰克福）转移到美国。第三，积极开展与发展中国家的合作，扩大美元在世界经济中的影响力[③]。

由此可见，布雷顿森林体系的解体并不意味着美元霸权的丧失，美元依然是国际货币体系中最重要的、最具影响力的、国际化程度最高的货币：第一，美元仍然是国际贸易和投资主要的计价结算货币，除了欧洲内部，区域间的贸易主要还是以美元来结算。第二，美元依然是官方储备的

---

① 关于牙买加体系的详细讨论在第七章。
② 从次贷危机至今的美国金融看来，过度鼓励金融创新必然存在过高的危险，效率与安全，风险与效益的矛盾依旧存在，而美国显然过度注重效率而忽视了安全。
③ 例如，通过实施石油美元战略，垄断石油的定价，加强了美元国际计价单位的职能。

主要货币,据统计,美国国债大约有一半为其他国家中央银行持有。第三,美元仍然是不少国家货币的"锚货币",特别在一些拉美国家,由于无法解决持续的通货膨胀甚至是恶性通货膨胀的问题,已经出现了美元化的趋势。第四,在布雷顿森林体系下,美元的发行受到黄金储备的约束,而在当今的国际货币体系下,美元已经是纯粹的信用货币,美元的发行靠的是美国强大的国家信用支撑,美元的霸权地位可以更好地为美国牟取利益。

二、金融危机下的美元

2007年年初,美国爆发次贷危机,这是自1929—1933年大萧条以来最严重的一次金融危机。2008年,随着贝尔斯登倒闭、房利美和房地美被美国政府接管以及雷曼兄弟和美林相继破产,次贷危机演化成金融危机并席卷全球。

(一)金融危机后美元的表现

作为此次金融危机的始作俑者和重灾区,美国经济受到重挫,美元本应该大幅度贬值。然而,在金融危机期间,美元作为国际货币体系主导货币的避险属性反而更进一步地显现出来,很多机构转而持有美元形式的资产[1]。与此同时,金融危机导致世界经济增长预期的下降,世界各国纷纷降低利率刺激本国经济,而全球同步降息后美联储的降息空间相对较小,对未来美欧利差缩小的预期也有助于美元的升值。从图6-3可以看出,金融危机后的美元并没有因为美国经济不景气而贬值,2008年,美元除了与日元汇率基本维持不变外,美元相对于欧元和英镑都有所升值[2]。虽然美元升值有资金回流美国以及中国政府增持美国国债等方面的原因,但是最根本的原因还是美国政府的鼓励。美国面对金融危机时需要大量资金救市,如果此时美元表现疲软,海外机构对美元失去信心,那么将有大量美元逃离美国,这显然是不利于美国经济复苏的。因此,美国政府必须让美元升值,才可以更好地提振美国经济。

---

[1] 据新兴市场组合基金研究公司统计,2008年9月的最后一周投资者纷纷从全球和欧洲股票基金、新兴市场债券基金、能源、金融、房地产行业基金和平衡型基金中撤出大量基金,转而净申购了79亿美元的美国国债。

[2] 2008年7月到2008年年底,美元对欧元和英镑分别升值了31%和22%。详见:马琳,孙磊. 金融危机对美元国际地位的影响探析 [J]. 经济问题探索,2010(1):124-128.

从图6-3还可以看出，在2009年和2011年美元有两次贬值，这也是因为美联储推出的两次量化宽松政策，市场对美元信心有所下降。也就是说，美元的贬值完全是美国政府主动而为之，而且在这两次量化宽松政策期间，美元的贬值幅度也不是很大。

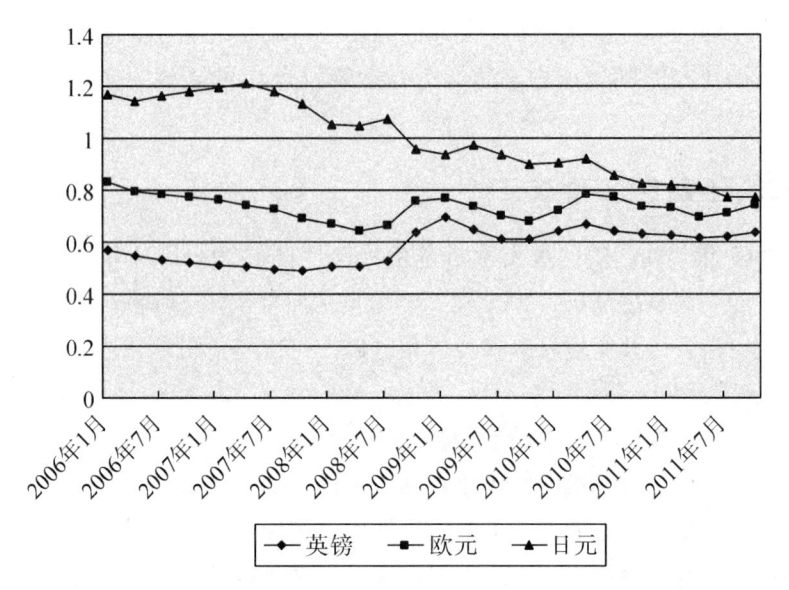

注：为了方便对比，图中纵轴1单位代表100日元。

图6-3　2006—2011美元兑英镑、欧元和日元的汇率变化情况

（资料来源：Board of Governors of the Federal Reserve System）

（二）金融危机难以撼动美元的霸权地位

本书认为，虽然美国是金融危机的始作俑者和重灾区，金融危机对美元的霸权地位不可避免地产生一定的负面影响，但美元在当前以及未来较长的一段时间内，其霸权地位总体仍然相对稳固，美元依然将是国际货币体系中的核心货币。这主要有内外两方面的原因：一方面，美国自身实力雄厚。经历了金融危机的美国仍然是全球独一无二的超级大国，无论是经济实力、政治实力还是军事实力，美国都远远超过其他国家，所以美元依然是最具备作为国际关键货币条件的货币。此外，美国政府也充分意识到美元的地位对美国的重要性，不会轻易做出有损美元国际地位的决策。另一方面，其他国际货币发行国也深受金融危机的影响，无法挑战美元的地位。欧元从欧洲主权债务危机之后就暴露了其自身的一些缺陷，日本从20世纪90年代以来经济就一直低迷，都不具备挑战美元的实力。从政府债务总额占 GDP 的比重上看，美国是 70%，而英国、日本分别是 387%、160%，这都反映了在币值稳定的条件方面，美国显然要好于其他国家。此外，包括中国在内的新兴市场国家，在短期内也暂时无法挑战美元的国际地位[1]。

经历了金融危机和新型冠状病毒感染疫情之后，美元在国际货币体系中的地位不降反升。从一些具体指标就可以看出：美元指数[2]除了在 2008—2011 年危机阶段有所震荡外，总体仍处于一个上升的阶段（如图 6-4 所示）。从国际关键货币作为储备货币、支付工具、债务和合同的计价货币等角度看，在过去 21 世纪的 20 多年中，美元除了在全球外汇储备中的份额略有下降外，无论是在全球支付货币中的份额、国际债务中的份额，还是国际贷款中的份额，其都是处于上升状态（如图 6-5 所示）。可见，截至目前，美元在全球金融中的作用仍最为重要，并且这一作用仍存在强化的趋势，美元在国际货币体系中的主导地位预计在短期内难以撼动。

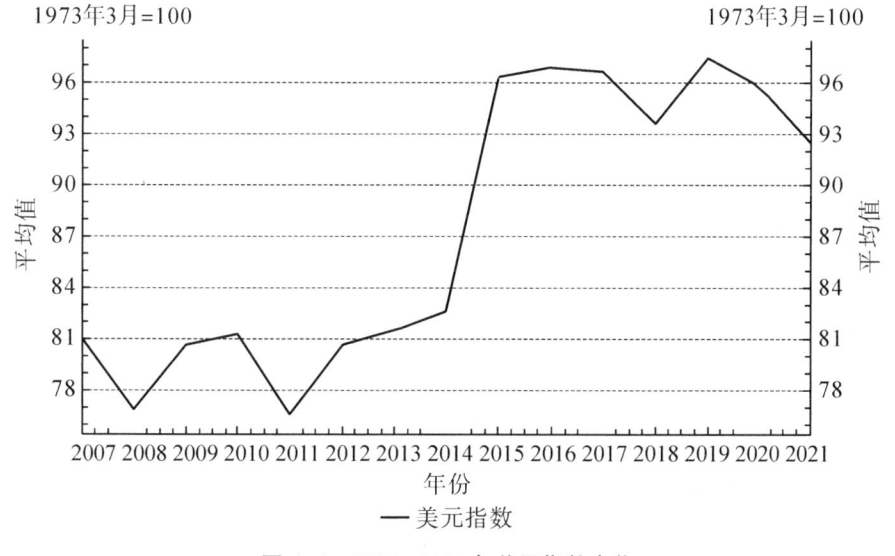

图 6-4 2007—2021 年美元指数变化

---

[1] 钱正林. 金融危机难撼美元霸主地位 [J]. 金融经济，2009（3）：11-12.
[2] 美元指数（USDX）的计算原则是以全球各主要国家与美国之间的贸易结算量为基础，参照 1973 年 3 月份十几种主要货币对美元汇率变化的几何平均加权值来计算，以 100 点为基准。在 1999 年 1 月 1 日欧元推出后，标的物从 10 个国家减少为 6 个国家。指数没有经过通胀调整，目前构成指数的 6 种汇率的权重固定不变。

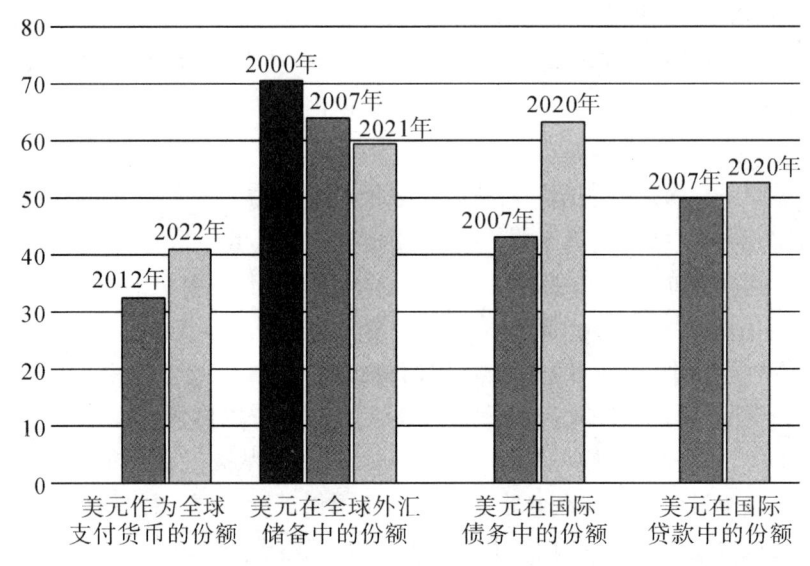

注：除支付数据外，其他数据取自 2021 年年底，支付数据取自 2022 年 3 月。

图 6-5 2007—2021 年美元指数变化

（资料来源：国际清算银行、欧洲央行、IMF 和 SWIFT）

三、对美元国际化的评述

美元国际化是以市场自然演进为基础，并通过第二次世界大战后国际新秩序的建立得到进一步加强的一个过程[①]。通过对美元国际化历程的经验进行总结，我们可以得到以下几点认识：

（1）美元与英镑都是通过建立与黄金某种形式的联系而确立自身的国际地位，但是两者并不完全相同。英镑与黄金的固定比价是通过国家内部的法律确定且由英国政府自觉遵守，英镑在国际金本位制下并没有对外正式承诺维持英镑与黄金的比价，英镑在国际范围内被接受也是国际市场自发选择的结果。美元与黄金的比价是通过国际协议确定下来的，美元在布雷顿森林体系下有维持美元与黄金比价的义务，其他国家货币在布雷顿森林体系下不得不接受本国货币与美元地位的不平等。

（2）美国经济的强盛造就了美元霸权，而美国又充分利用了美元霸权来推动其经济的发展，二者互为作用。美元正是凭借其在 19 世纪末与 20

---

① 刘仁伍，刘华. 人民币国际化风险评估与控制 [M]. 北京：社会科学文献出版社，2009：35.

世纪前面几十年取得的经济上与政治上的优势地位，主导了布雷顿森林体系的建立，确立了美元霸权，并享有布雷顿森林体系给美国带来的各种好处。即使经历了布雷顿森林体系解体以及 21 世纪金融危机的打击，美国依旧是经济实力与政治实力最强的国家，再加上国际货币规模经济的特点，美元霸权依旧无法撼动。而美元霸权反过来又可以让美国获得各种好处，主要表现在：第一，美国可以近乎无限制地发行美元以购买全球资源和商品[①]。第二，美国不断向全世界借债来发展本国经济，同时主导美元贬值[②]间接"赖债"，改善美国对外净债务。第三，美国积极投资其他国家的高收益资产，却限制外国资本到美国控制企业和进行外商直接投资，尽量引导外国资本进入美国债券市场和其他金融市场，并借助庞大的美元债券市场的规模效应和锁定效应，吞噬外国政府的外汇储备[③]。

（3）从美元国际化的条件来看，在两次世界大战之前，美元已经完全具备了国际化的条件，只是因为英镑地位的制约，美元始终无法确立其霸权。两次世界大战与大萧条彻底地摧毁了以英镑为核心的国际货币体系，为美元省去了"破旧"之力，处在新的历史节点上的美国显然有着绝对的优势，美国可以根据自己的意愿来设计战后国际货币体系的蓝图，并建立了布雷顿森林体系。布雷顿森林体系解体后，美元依旧凭借着各方面的条件维持其霸权。总之，在整个 20 世纪与 21 世纪初，美元都是最具备作为国际关键货币条件的货币。

对于美元国际化的收益而言，布雷顿森林体系下，美元几乎享有所有货币国际化的收益[④]，却几乎无须负担任何的成本。更准确地说，美元利用布雷顿森林体系充分享有货币国际化的收益，但在需要负担其成本的时候，却单方面解除了布雷顿森林体系下美元需要履行的义务（比如单方面改变与黄金的比价）。在牙买加体系下，美元依旧享有货币国际化的各种收益，其他货币尚且无法对其构成实质性的威胁，其承担的成本也是微乎其微的，即使是金融危机以及此后的两次量化宽松政策，也没有对美元霸

[①] 换句话说，作为全球最主要储备货币发行国，美国出口"货币流动性服务"，全世界其他国家为获得美元流动性服务，就要支付对价，拿资源和商品兑换美元货币储备。据不完全统计，仅美元一项，全世界（美国以外）每年需求量就超过 5 000 亿美元。

[②] 进入 21 世纪以来，美元相对世界主要货币贬值幅度超过 30%。

[③] 2007 年次贷危机以来，美联储大搞量化宽松货币政策、肆意滥发货币，迫使许多国家累积的美元储备急剧增加，从危机前不到 6 万亿美元，剧增到当前接近 12 万亿美元。

[④] 关于货币国际化的收益与成本详见第 3 章。

权地位造成实质性的冲击。

（4）美元国际化下的许多经验值得借鉴，比如建立币值稳定的货币制度和高效稳定的金融市场，并以此为基础构建以美元为核心的国际货币体系[1]；准确把握外部环境，抓住重大历史机遇；发展以美国为核心的自由贸易网络，促使国际市场上对美元形成依赖。此外，美国在维持美元的国际地位与照顾本国利益的矛盾上做到了很好的协调，历史上每次看似对美元形成重大打击的事件，都没有让美元的地位产生实质性的下降，反倒通过美元的特殊地位向全世界转嫁危机，最大限度地降低了危机对美国的损害[2]。

第三节　欧元国际化

不同于其他货币最初只在一个国家和地区内部流通，欧元从一开始就是作为国际货币而诞生的，所以欧元并没有从国家货币走向国际货币的过程。研究欧元的国际化进程，其实就是研究欧元登上历史舞台的进程，以及欧元诞生后三十几年来的表现。

一、欧元国际化的路径

从德国马克的崛起开始，为了与美苏两个超级大国相抗衡，欧洲各国以法德为核心，寻求合作自强的道路。在最优货币区理论的指导下，欧洲各国历经半个世纪的努力最终推出了欧元。欧元的诞生历程经历了以下几个发展阶段：

（一）欧洲经济一体化——组建欧洲共同体（欧共体）

1950年9月1日，欧洲16国[3]为解决相互之间的货币结算和自由兑换问题，建立了欧洲支付同盟，正式拉开了欧洲货币一体化的序幕。1957年3月25日，法国、德国、意大利、比利时、荷兰和卢森堡在罗马签订了

---

[1] 何帆，李婧. 美元国际化的路径、经验和教训[J]. 社会科学战线，2005（1）：266-272.

[2] 比如布雷顿森林体系解体时，美元成功地与黄金脱钩并维持了自身的地位，而在2007年以来的金融危机中，美国又通过两次量化宽松政策向全世界，特别是持有大量美元资产的国家转嫁危机，降低了金融危机对美国的打击。

[3] 分别是：德国、法国、英国、意大利、奥地利、比利时、丹麦、希腊、冰岛、卢森堡、荷兰、瑞典、葡萄牙、瑞士、土耳其和挪威。

《罗马条约》①，这也是欧共体的纲领性条约。该条约确立了欧共体的基本框架——在欧洲建立一个共同市场，并要求各成员国将其经济、汇率及货币政策"看作共同关心的事情"②。1965年4月8日，上述六国在比利时签署了《布鲁塞尔条约》，决定在1967年将欧洲煤钢共同体③、欧洲原子能共同体和欧洲经济共同体合并到同一框架内，统称为欧洲共同体（European Community，简称EC）。

（二）欧洲经济与货币联盟的建立

20世纪60年代，由于布雷顿森林体系运行的不稳定，欧共体内部货币危机频发，欧共体开始反思布雷顿森林体系的不利影响并试图进行纠正。1969年，欧共体海牙会议提出了建立欧洲经济与货币联盟（European Economics and Monetary Union，简称EMU）的构想，但各国对如何建立联盟存在分歧④。随后，欧共体委员会提交了一份为期十年分三步⑤实现EMU和统一货币的计划——《维尔纳计划》。然而由于20世纪70年代初国际货币体系的混乱和石油危机给欧洲各国经济带来了严重的冲击，各国开始对"蛇形浮动"产生异议，英国、爱尔兰、意大利、挪威、瑞典和法国相继退出了"蛇形浮动"，此次金融一体化的计划中途夭折。但是，此次尝试还是让欧共体积累了宝贵的经验，为最终实现金融一体化奠定了良好的基础。

1978年12月5日，欧共体成员国⑥在布鲁塞尔达成协议，决定建立欧

---

① 《罗马条约》是《欧洲经济合作条约》和《欧洲原子能共同体条约》的总称。

② VRIES, TOM DE. On the meaning and future of the European monetary system [M] // Essays International Finance. New Jersey: Princeton University Press, 1976: 9.

③ 1951年4月18日，法国、联邦德国、意大利、荷兰、比利时、卢森堡六国在巴黎签订了《欧洲煤钢共同体条约》，建立欧洲煤钢共同体，1952年7月25日该条约正式生效。

④ "经济学派"（以德国和荷兰为主）主张货币联盟只有在经济政策和货币政策上继续趋同，一体化进程有成效时方可建立；而"货币学派"（以法国、比利时和卢森堡为代表）主张快速扩大金融政策合作，不必要求趋同或协调国家的经济政策和财政政策。

⑤ 第一步，在欧共体内部实行可调整的中心汇率制，对外实行联合浮动，成员国围绕中心汇率波动幅度不得超过2.25%，这又称为"蛇形浮动"。第二步，建立欧洲货币合作基金，1973年4月3日该基金正式建立，主要职责是：支持成员国干预外汇市场，维持汇率的稳定，管理成员国间的信贷流动，汇集成员国的外汇储备并发展成为成员国之间的清算中心，该基金就是欧洲中央银行的前身。第三步，建立欧洲结算单位（European Unit of Account，简称EUA），该结算单位中各成员国的货币权重由其国民生产总值、国际贸易地位以及在欧洲合作基金所占份额来决定，是欧洲统一货币的开端。

⑥ 最初有德国、法国、意大利、荷兰、比利时、卢森堡、丹麦和爱尔兰，后来英国、西班牙和葡萄牙也相继加入。

洲货币体系（European Monetary System，简称 EMS）。此体系由三个有机联系的部分组成：欧洲货币单位埃居①（European Currency Unit，简称 ECU）、欧洲货币合作基金（European Monetary Cooperation Fund，简称 EMCF）②和欧洲货币汇率运行机制（Exchange Rate Mechanism，简称 ERM）③。

1989年6月，欧洲理事会马德里会议通过了由欧洲委员会提交的《欧洲共同体经济和货币联盟的报告》（亦称《德洛尔报告》），该报告提出了实现货币联盟的三步走战略：第一步，1990年7月1日实现八国资本的往来自由化、加强金融协调；第二步，建立欧洲中央银行体系；第三步，向固定汇率过渡，统一货币，各国将金融政策权交予货币联盟。

（三）《马斯特里赫特条约》的签署及欧元的诞生

1991年12月欧共体成员国在马斯特里赫特召开的首脑会议上签署了EMU的重要条约——《政治联盟条约》和《经济与货币联盟条约》，通称《马斯特里赫特条约》（简称《马约》），并于1993年生效，同时欧共体正式易名为欧洲联盟（简称欧盟，European Union，简称EU）。根据《马约》的构想，EMU 的建立分三个阶段进行：

第一阶段，从1990年7月至1993年年底④，取消欧洲经济货币联盟内部成员国之间的资本往来控制，实现资本的自由流动，建立欧洲统一市场；同时加强成员国货币政策的协调与合作，建立相应的监督机制。

第二阶段，从1994年1月至1998年年底，进一步加强各成员国在经济、财政和货币政策上的协调性，建立独立的欧洲货币管理体系，即"欧洲中央银行体系"（European System of Central Bank，简称ESCB），为欧洲中央银行的成立和引入共同货币奠定基础，各国货币之间的汇率波动要在

---

① ECU是EMS运转的基础，其职能主要是确定成员国货币汇率；欧共体的储备手段及进行汇率干预的手段；用于各国官方机构间的结算和信贷手段。从埃居的货币篮子来看，其中所占份额最大的三种货币是西德马克、法国法郎和英镑，分别占据35.49%、17.38%和15.79%的份额，三种货币所占份额将近70%，是埃居价值稳定的关键力量。西德在西欧货币合作中主动承担货币稳定的关键作用，马克兑美元汇率的不断走强，使得西德马克在国际货币市场的地位不断提高，为之后以马克为核心的欧元的诞生做了铺垫。

② EMCF用于稳定资本市场和汇率，平衡国际收支及在成员国遇到金融风险时向其提供信贷支持，基金来源是由各成员国各缴纳其黄金和外汇储备的20%。

③ 各国汇率实行联合浮动机制，波动幅度应控制在2.25%以内（意大利、葡萄牙等经济承受能力较差的国家放宽到6%）。

④ 该阶段于《马约》生效之前就已完成。

原来的基础上进一步缩小并趋于固定。

第三阶段，1997年至1999年1月1日[①]，其任务是最终建立统一的欧洲货币和独立运行的欧洲中央银行。从1999年1月1日到2002年1月1日的三年为欧元的过渡阶段，欧元和欧元区国家货币并存，欧盟内11个国家[②]（希腊后来加入）货币实现固定汇率且不可更改，各国货币政策的权力逐渐转向欧洲中央银行。2002年7月1日，欧元正式取代各国货币，成为唯一的法定货币。

为了保证上述各个阶段的顺利进行，《马约》还明确规定了进入第三阶段的几个趋同标准：①通货膨胀率不能高于欧盟中通货膨胀率最低的三个国家平均水平的1.5%。②政府长期债券的利率不得超过欧盟中通货膨胀率最低的三个国家平均水平的2%。③财政赤字总额占国内生产总值的比例必须小于3%。④公共债务的累计额不能超过本国国内生产总值的60%。⑤货币汇率必须维持在欧洲货币体系所规定的汇率浮动范围内，并且至少有两年未发生贬值。⑥中央银行的法则法规必须同《马约》规定的欧洲中央银行的法规法则相兼容[③]。

《马约》的实施是欧洲启动单一货币的重要里程碑，欧元的诞生不论是对欧盟经济一体化，还是对当代国际货币金融体系，乃至整个世界经济，都具有重要的意义。

（四）欧元区的扩大

进入21世纪，随着欧盟的东扩[④]，欧元区的东扩也积极进行，欧盟委员会2006年的评估报告显示，斯洛文尼亚经济已全面达标，获准于2007年1月1日进入欧元区。此后，塞浦路斯、马耳他两国相继通过欧盟委员会的评估验收，于2008年1月1日正式加入欧元区，欧元区成员迅速增至

---

① 在1996年年底的时候，由欧共体理事会对各国的经济状况按第三阶段的条件进行一次评估，如果至少有7个国家（不包括英国）达标，并且当时欧共体的运行情况良好，则这些达标的国家将首先进入阶段三，其余国家则等到以后条件成熟再加入。如果到1997年12月31日，达标的国家仍少于7个，或者欧共体理事会认为于1997年实施阶段三不适宜，则改为最晚于1999年1月1日起将已达标的国家先进入阶段三，其余国家待以后条件成熟时再进入。

② 分别是：比利时、德国、西班牙、法国、爱尔兰、意大利、卢森堡、荷兰、奥地利、葡萄牙和芬兰，它们也是欧元的创始国。

③ 任治君.国际经济学[M].2版.成都：西南财经大学出版社，2007：204.

④ 2004年5月，欧盟吸纳波兰、匈牙利、捷克、斯洛伐克、斯洛文尼亚、爱沙尼亚、拉脱维亚、立陶宛、塞浦路斯、马耳他十位新成员；2007年1月，随着保加利亚、罗马尼亚的加入，欧盟成员国扩至27个。

15个[1]。2010年7月13日，欧盟理事会正式批准爱沙尼亚加入欧元区；2009年1月1日，斯洛伐克加入欧元区；2011年1月1日，爱沙尼亚成为欧元区的第17个成员国。随后，拉脱维亚、立陶宛也分别于2014年1月1日和2015年1月1日加入欧元区。2023年1月1日，克罗地亚正式启用欧元并加入申根区[2]。由此，克罗地亚正式成为欧元区第20个成员国（如表6-3所示）。

表6-3 欧元流通国家加入欧元区的时间

时间	国家
1999年1月1日	法国、德国、意大利、荷兰、比利时、卢森堡、爱尔兰、葡萄牙、西班牙、芬兰、奥地利
2001年1月1日	希腊
2007年1月1日	斯洛文尼亚
2008年1月1日	塞浦路斯、马耳他
2009年1月1日	斯洛伐克
2011年1月1日	爱沙尼亚
2014年1月1日	拉脱维亚
2015年1月1日	立陶宛
2023年1月1日	克罗地亚

二、欧元启动后的表现

从欧元启动以后的实际情况来看，在起步初期，欧元存在着一定的高估，美国也通过各种方式打压欧元，所以面世之后欧元兑美元的汇率一直震荡下行，从最初1欧元兑1.17美元下跌至2002年10月1欧元兑0.8268美元（这也是历史的最低值），跌幅达到20%以上。不过欧元最终抵御住了各种不利因素，汇率保持在较为稳定的水平，欧元区经济稳定增长[3]。

---

[1] 刘兴华. 欧元区东扩：基于中东欧国家视角的解析[J]. 国际论坛, 2008 (5)：68-72.
[2] 申根区（英语：Schengen Area）是指履行1985年在卢森堡申根镇签署的《申根协议》的27个欧洲国家所组成的区域。对于国际旅行者而言，这一区域非常像一个单独的国家，在该区域内的各个国家之间几乎不存在边境管制，可以自由出入。
[3] 刘仁伍, 刘华. 人民币国际化风险评估与控制[M]. 北京：社会科学文献出版社, 2009：47.

从图 6-6 可以看出，在 2004 年以后的几年时间里，欧元汇率处于一个稳中有升的状态，一度达到 1 欧元兑 1.599 8 美元。欧洲主权债务危机之后，欧元相对美元有所贬值，但随后又趋于稳定。

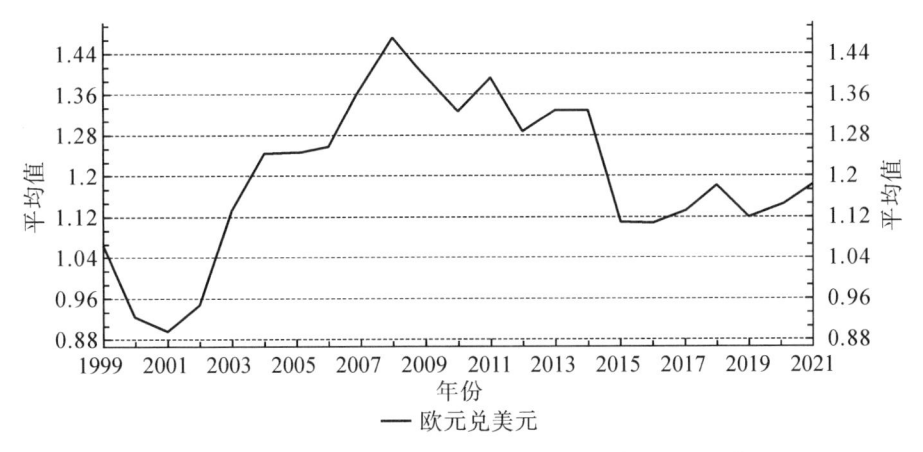

图 6-6 欧元对美元汇率历史走势 1999—2021 年（美元/欧元）

如图 6-7 所示，欧元在储备货币中的地位有所提升。欧元启动伊始就是位列世界第二的储备货币，且在全球外汇储备中的占比稳步提升，到 2009 年年末（当时美国正处于金融危机的关键时刻）达到 27.66% 的峰值。后来随着美国经济的复苏及欧洲自身的主权债务危机，这一占比有所下降，在 2015 年和 2016 年曾经跌破 20%，但随后又略有上升并趋于稳定，总体保持在 20%~21%。

然而，欧元作为交易货币和结算货币的作用仍然十分有限。在外汇市场上，虽然近些年来美元的交易份额有所下降，但到 2007 年依然达到 86.3%，而欧元虽然在交易货币中的地位一直保持第二，但交易份额始终只维持在 37%[①]左右，欧元与美元的差距依然很大。而且欧元的主要交易对象仍然是美元[②]，美元和欧元的交易也成为外汇市场上最活跃的交易，占全球总交易量的 30% 左右。在国际贸易融资方面，美元依然是国际贸易融资中最重要的货币（如表 6-4 所示），近几年，国际贸易融资中美元占比长期高达 85% 以上，占据绝对主导的地位，欧元的占比长期不到 8%，且欧元在国际贸易中的使用很多还是在欧元区国家内部，欧元区国家与其

---

① 由于外汇交易总是涉及两种货币，因此各国外汇交易份额比例加总为 200%。
② 2007 年美元与欧元的交易总额达到 8 400 亿美元，占欧元交易总额的 74%，而同期欧元对英镑和日元的交易分别为 700 亿和 640 亿美元，仅占这两种货币交易额的 18%。

他国家和地区的贸易仍然还是以美元结算为主。由此可见,欧元的国际化水平依然有限,并没有办法对美元的地位造成实质性威胁。

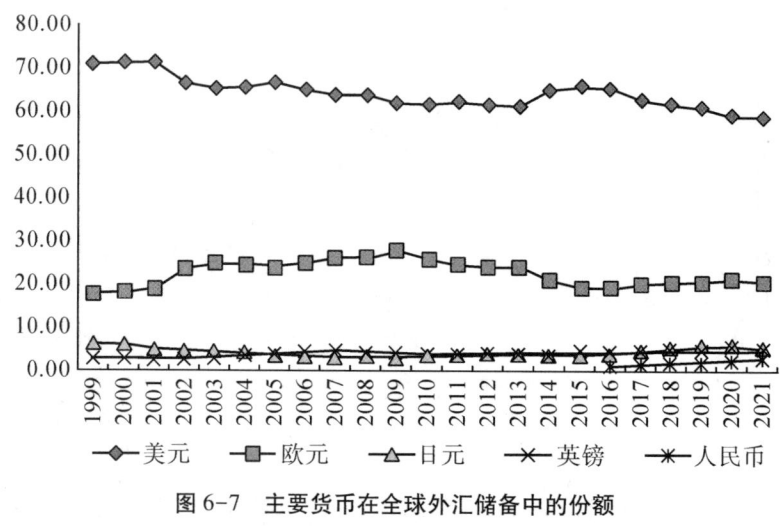

图 6-7 主要货币在全球外汇储备中的份额

(资料来源:IMF)

表 6-4 国际贸易融资不同货币份额变化情况　　　　　　　　单位:%

	2017 年	2018 年	2019 年	2020 年	2021 年
美元	83.52	85.78	85.93	86.48	86.60
欧元	8.18	7.43	5.51	6.86	6.28
人民币	2.45	1.83	1.46	2.05	2.01
日元	1.80	1.44	1.43	1.58	1.47
英镑	0.25	0.29	0.36	0.25	—

资料来源:SWIFT。

三、欧洲主权债务危机和欧元的前景

从 2009 年开始,希腊爆发了主权债务危机,随后危机传导到了西班牙、爱尔兰、葡萄牙和意大利等国家,欧元的前景也开始引起广泛关注。

(一)欧洲主权债务危机的演进

2009 年 11 月,希腊财政部长宣布希腊当年财政赤字占 GDP 的 13.7%,而不是原来预测的 6%,从而造成了市场恐慌。2010 年第一季度,希腊国债对 GDP 之比高达 115%,希腊政府宣布无法为即将到期的 200 亿欧元国债再融资，除非得到援助贷款。投资者开始对希腊政府偿还债务的能力失去信心，希腊政府也很难通过发行新债偿还旧债，最终爆发了希腊主权债务危机。危机很快传导到了西班牙、爱尔兰、葡萄牙和意大利等国，受主权债务问题影响的国家的 GDP 占欧元区 GDP 的 37% 左右[①]。最终，"欧猪五国"[②] 的债务危机引发了对欧元前景的担忧，大量资金纷纷逃离欧洲，欧元大幅度贬值，整个欧元区出现了严重的金融危机。从前面图表数据中也可以看出，爆发欧洲主权债务危机后，从与美元的汇率以及在全球外汇储备中的占比看，欧元都有一定程度的下滑，可见欧洲主权债务危机实质上导致了欧元国际地位的下降。

（二）欧洲主权债务危机的根本原因

欧元区主权债务危机爆发的导火索是源自美国的金融危机，但根本原因却在于欧元区发展的不均衡与体制机制方面的缺陷，这也决定了欧洲主权债务危机的复杂性和长期性[③]。

欧元从一开始就面临着一个无法克服的难题——财政政策与货币政策的不协调。欧元体系内的各个国家保有独立的财政政策，而欧洲央行负责统一制定和实施货币政策，统一的法定货币和汇率使成员国丧失了浮动汇率下的灵活性[④]。除此之外，欧元区的制度设计还存在另外两个缺陷：第一，欧洲央行统一的货币政策难以满足不同成员国不同的政策偏好，往往出现政策滞后。第二，单一的利率政策不适应各成员国不同的经济情况[⑤]。

由于缺少汇率工具的支持以及无法独立实施货币政策，当成员国需要提振本国经济时，本国政府唯一可以使用的政策工具就是财政政策，如果在短期的政策刺激下经济依然不见好转，那么政府将面对三方面的压力——税收的急剧减少、还款压力的陡增以及继续执行扩张性财政政策的压力。在这三重压力下，政府的唯一选择就是继续借债，最终形成恶性循

---

① 余永定. 欧洲主权债务危机和欧元的前景 [J]. 和平与发展，2010（5）：29-33.

② 欧猪五国（PIIGS），由主权债务危机最为严重的五个国家的首个字母组成，分别是葡萄（Portugal）、意大利（Italy）、爱尔兰（Ireland）、希腊（Greece）和西班牙（Spain）。

③ 姚铃. 欧债危机路漫漫，中欧经贸待考验：剖析欧元区主权债务危机及其影响 [J]. 国际贸易，2011（9）：42-52.

④ 对于由本国政府发行货币的国家，浮动汇率制提供了自动的价格弹性，有助于消化国家经济状况的变化。如果一个国家发生经济衰退，其货币的外汇价值就会下降，这种贬值将降低出口价格，刺激出口；提高进口价格，减少进口，推动本国产品替代进口产品。欧元区国家则无法通过调整汇率来改变本国经济运行状况。

⑤ 于冰，武岩. 从"欧债危机"到"欧元危机"[J]. 国际金融，2011（12）：62-67.

环，爆发主权债务危机。

(三) 欧元的前景

欧元区国家面临主权债务危机的影响，以至于有观点认为欧元区将会解体。在这个问题上，本书认为，欧元区解体的可能性并不大，主要有经济上和政治上两方面的原因：

就经济方面而言：第一，欧元虽然有其内在的缺陷，但也对区域内的国际贸易与投资的发展起到了很大的促进作用，我们不应该因主权债务危机爆发而忽略了欧元的积极作用。第二，从整体上看，欧元区的国际收支状况明显好于美国，所以欧元不会长期贬值下去。第三，如果欧元区解体，那么欧洲经济将面临资本外逃、债务违约和贸易混乱等方面的问题，这是欧洲国家乃至全世界都不愿意看到的结果。

而在政治方面：从20世纪中期至今，欧洲各国一如既往地推进一体化的进程（而欧元正是一体化进程的一个关键环节），显示了欧洲国家走向协调与统一，成为世界的一极，与超级大国相抗衡的政治决心。欧元的强盛是美国最不愿意看到的，所以从欧元诞生伊始，美国就不断地对欧元进行打压，如果欧元就此解体，那么将没有一种国际货币可以与美元抗衡，国际货币体系中美元将占据绝对主导地位，美国将是最大的受益方。这自然是欧洲各国不愿意看到的结果。

因此，欧元尽管曾经面临着种种困境，但欧元依然成功维持下去，只是在制度上进行了一些微调，尽量弥补欧元内在的缺陷，让欧元可以更好地促进欧洲经济的发展，与美元抗衡。从欧洲主权债务危机过去十多年后的今天来看欧元的发展，虽然欧元的国际地位与其创立之初的意图相比可能差强人意，但欧元至今一直稳定在国际货币体系中的第二位置，且在渡过欧洲主权债务危机之后，近些年已经鲜有关于欧元是否应该解体的讨论，说明欧元已经渡过初期的彷徨阶段，正式成为一种稳健的、不可逆的国际货币。

四、对欧元国际化的评述

欧元的产生是国际货币史上的重要事件。作为国际货币的一员，欧元的模式最为特殊，它是迄今为止唯一人为主动设计的国际货币[1]。欧元国

---

[1] 陈治国. 人民币国际化问题研究 [D]. 长春：吉林大学，2011.

际化体现出一种人为设计和政府推动的模式，虽然这种人为设计和政府推动也有着较为坚实的欧洲经济金融一体化的基础和实际需求①。通过对欧元诞生的进程以及欧元启动后的表现的梳理，本书对欧元国际化有以下几点认识：

（1）区域货币合作是实现货币国际化的一条比较可行的路径。从单个国家的经济实力而言，目前不可能出现一种可以与美元相抗衡的货币。而欧盟通过区域内各国之间的紧密协调，从区域利益最大化的角度出发，经过不懈的努力最终推出了欧元。虽然欧元当前还难以与美元相抗衡，但至少已经成功抢占了美元的一部分份额。因此，欧元给予世界其他国家的启示就是：通过实现区域内经济金融合作，逐步实现区域内的单一货币化，是那些在世界经济中比重较小的国家实现货币国际化的有效途径。然而，欧元区国家有着相似的经济发展水平、相同的政治体系以及历史文化，这些都是统一货币必不可少的条件，这也是其他区域国家间很难具备的条件。

（2）欧元从设计到诞生，离不开欧盟区内部各国之间在经济与金融领域的紧密合作。区域经济合作使其成员国获得了巨大的经济利益，而这又驱使各国进行更深层次的合作，在这种良性循环下欧盟内部经济一体化的程度逐渐加深——从最开始的互惠自由贸易区到共同市场，从经济一体化到最终货币一体化。欧盟各成员国经过多年的努力，通过多次会议的协商，一系列条约的指导和约束，最终逐渐构建了一个统一的欧洲大市场，实现了欧盟内部要素自由流动、各国货币之间汇率的稳定以及经济指标的趋同，这些都是实现统一货币的前提条件。统一货币的最终诞生，又使得欧元区经济体系具有更高的稳定性，消除了区域内汇率变动的风险，也消除了欧元区内各国之间货币相互兑换和相关外汇业务的费用，降低了欧元区内部贸易与投资的成本，欧元区内部贸易与要素流动更加便利，经济指标更加趋同，强化了欧盟这个大市场。这也证明了最优货币区以及货币国际化的条件是可以自我强化的。

（3）讨论欧元是否应该诞生与讨论欧元是否应该解体并不是同一个问题。在20世纪90年代设计欧元的诞生路径的时候，或许欧元并不完全具

---

① 刘仁伍，刘华. 人民币国际化风险评估与控制［M］. 北京：社会科学文献出版社，2009：43.

备诞生的条件，对于统一货币的制度生成成本以及欧元诞生后对成员国的负面影响没有正确估计，暂缓统一货币的进程可能是较好的选择。然而，当欧元已经成为既定事实的时候，再来探讨欧元是否应该解体，就不应该仅仅只考虑前面这些因素，正如第五章在分析货币国际化的条件时候所得出的结论，货币国际化的条件是可以自我强化的；此外，一种货币制度将会形成路径依赖，生成一种制度需要成本，而打破一种制度同样需要成本。因此，本书认为，当欧元存在的时候，维持欧元的存在就是最优的决策。

第四节 日元国际化

日元的国际化不同于英镑、美元和欧元，很多时候是被当成一国货币国际化的失败案例进行探讨。然而，日元与人民币都是亚洲货币，日本与中国经济的增长模式又有某种程度的相似性，分析日元国际化的进程对人民币的国际化有着重要的借鉴意义。

一、日元国际化的路径

日本政府对日元国际化态度是一个不断总结经验不断自我反思和自我调整的过程，日元国际化的战略随着日本政府态度的变化而变化。因此，本书将日元国际化的进程分为三个阶段：第二次世界大战后至20世纪70年代末的消极阶段、20世纪80年代至90年代末的中立阶段和20世纪90年代末至今的积极阶段[1]。

（一）第二次世界大战后至20世纪70年代末的消极阶段

第二次世界大战后，美国在日本推行"道奇计划"，日本通货趋于稳定。虽然日本政府对金融体系进行了严格的监管，但是随着战后日本经济的复苏与发展，尤其是日本在20世纪70年代成为资本主义世界第二经济体之后，日元国际化成为日本政府不得不面对的问题。

1960年，日本政府创设了非居民日元存款自由结算制度[2]；1964年，

---

[1] 李晓. "日元国际化"的困境及其战略调整 [J]. 世界经济, 2005 (6): 3-18.
[2] 张国庆, 刘骏民. 日元国际化: 历史、教训与启示 [J]. 国际金融, 2009 (8): 56-60.

日本正式成为了 IMF 第八条款国①，实现了日元在经常项目下的可自由兑换；1970 年，日本政府允许发行以日元计值的外债；1972 年，日本政府废除了"外汇集中制度"，民间持有外汇得到允许；1972 年 9 月，日本政府允许本国居民在日本国内发行以外币计值的债券。

由于 20 世纪 70 年代布雷顿森林体系的解体和美元贬值，国际经济往来中对于日元的需求激增②，1970—1980 年，日本出口商品中以日元结算的比重从 0.9% 提升到 29.4%，进口商品中以日元结算的比重则从 0.3% 提升到 2.4%。仅在 1976—1980 年四年间，国际官方储备中以日元持有的比例从 2% 提高到 4.5%；欧洲金融资本市场的通货构成中日元所占比例为 1.6%；在国际债券发行中日元债券约占 5.6%；在各国银行对外资产中，日元资产也占有 3.7% 的份额③。

这一时期日元国际化有两个特点：第一，日元国际化并非日本政府的主动选择，而是随着日本经济地位不断上升以及对外贸易的不断扩大，在以美国为首的欧美国家的压力下，日元国际化不得不提上议程。在日本内部，日本银行和大藏省还是认为日元国际化将对日本的出口贸易和国内的金融政策产生消极影响。第二，日元的计价单位职能与价值储藏职能被严格区分开来。日本政府更加提倡日元计价单位职能的国际化，这主要是为了降低出口商的汇率风险；而对日元价值储藏职能的国际化则比较消极，从中可以看出日本国内对日本能否消化日元国际化给日本经济带来的影响缺乏信心。

（二）20 世纪 80 年代至 90 年代末的中立阶段

为了完善国内金融市场，放松金融管制，日本修改了《外汇法》，其基本原则是"原则自由，有事规制"④（原先是"原则禁止"）。1980 年，

---

① 《国际货币基金组织协定》第八条包括：（1）未经基金组织同意，成员国不得对贸易、非贸易等国际收支经常项目下的支付和资金转移加以限制；（2）不得采用歧视性的差别汇率或多重汇率；（3）对于其他成员国在经常性往来中积存的本国货币，在对方为支付其经常性往来而要求兑换时，成员国应该用黄金或对方货币换回本币。

② 一方面境外居民日元存款和购买日元债券、股票的数量开始增加；另一方面由于日元利率低，世界各国对日元外债和日元贷款的利用也开始有所增加。

③ 刘仁伍，刘华. 人民币国际化风险评估与控制 [M]. 北京：社会科学文献出版社，2009：38.

④ 原则自由：以外国外汇、外国贸易以及其他对外交易的自由进行为基本原则；有事规则：对外交易实行最小限度的管理或调整。

修改后的《新外汇法》正式实施，金融机构的外汇交易原则上实现了自由交易，日元也可以更多地承担国际结算职能①。

从20世纪70年代后期，美国经常项目开始出现巨额逆差，其中对日本的逆差尤为突出，日美贸易摩擦日益激化。为了扭转不断扩大的贸易逆差，美国政府不断给日本施加压力，要求日本加快金融市场和资本市场自由化以及日元国际化的步伐。1984年2月，美日成立了"日元——美元委员会"，同年5月，该委员会发表了《日元——美元委员会报告书》；1985年3月，日本大藏省外汇审议会提交了日元国际化的具体实施方案②。

1985年9月，美国、英国、法国、日本和联邦德国五个国家的财政部长在纽约签订了《广场协议》。日元走上了一条升值通道，日元对美元汇率由1985年9月1美元兑240日元上升到1988年的1美元兑128日元，1995年达到1美元兑79.75日元的高点③（如图6-8所示）。

从1985年开始，日本经济进入了一个大调整时期④。经过一系列的改革，日元的国际地位有了很大的提高，但进入20世纪90年代后，由于日本经济长期的低迷，日元国际化反而出现了一定程度的倒退⑤。

这一时期的日元国际化虽然是在以美国为主的外界压力下进行的，但是相对前一时期而言，日本政府还是采取了一些比较积极的措施，总体而言，日本政府对日元国际化的态度还是比较中立的。

---

① 虽然该法案强调了自由的原则，但在实际操作中仍体现较强的行政特征。
② 该方案主要包括三方面的内容：(1) 推进金融自由化，尤其是进一步实现利率自由化和扩大短期日元金融市场；(2) 实现欧洲日元市场自由化，方便非居民对日元的使用；(3) 建立东京离岸市场，为在东京交易的日元提供平台。
③ 2010年以来日元又开始升值，高位时已经突破了1995年的最高值。
④ 传统观点普遍认为广场协议是美国强迫给日本的一个不平等条约，其实，日本也希望通过日元的升值进一步推动日元的国际化，从某种程度上也乐于日元升值。广场协议的签订是日元国际化一个转折点，此后，日本又采取了一系列措施来推动日元的国际化进程。
⑤ 1997年，日元在IMF成员国官方储备中仅占6.0%，而美元与德国马克的比重分别是58.9%和13.6%。

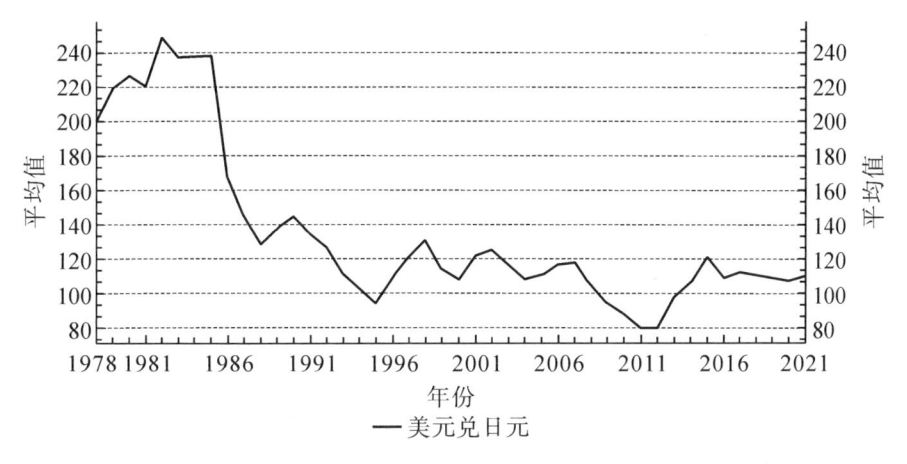

图 6-8 日元兑美元汇率变化 1978—2010 年（日元/美元）

（三）20 世纪 90 年代末至今的积极阶段

亚洲金融危机给包括日本在内的亚洲国家的经济和金融体系造成了巨大冲击，亚洲各国开始探讨如何改革国际金融体制，加强区域货币合作以有效应对外部经济冲击，规避金融风险。日本政府深刻体会到稳定汇率对本国经济的重要性，欧元的诞生也让日本产生了强烈的危机感。日本政府开始把日元国际化的战略重心转向亚洲地区，希望树立日元在亚洲区域关键货币的地位，并以此为依托向其他地区渗透①。

在这一阶段，日本政府对日元国际化的态度明显要比前两个阶段积极。1997 年在世界银行和国际货币基金组织的年会上，日本提出了建立亚洲货币基金②（Asian Monetary Fund，简称 AMF）的构想③，但由于 AMF 的建立损害到美元在亚洲地区的地位和 IMF 的权威，所以这个提议很快就被美国和 IMF 否定。1998 年，日本又提出"新宫泽构想"，倡议建立总额为 300 亿美元的亚洲基金④。这一构想不仅受到金融危机国家的欢迎，美国

---

① 刘仁伍，刘华. 人民币国际化风险评估与控制 [M]. 北京：社会科学文献出版社，2009：41.

② 该基金主要来源于三个途径：一是从成员国借款；二是从国际资本市场借入；三是扩展对成员国借款的担保。

③ 池元吉. 世界经济概论 [M]. 北京：高等教育出版社，2006：236.

④ 其中 150 亿美元用于满足遭受危机的国家的中长期资金需求，另外 150 亿美元用于满足其短期资金需求。

和 IMF 也表示支持①。1999 年，日本外汇审议会公布了一份研究报告，指出日元国际化遇到的问题，并提出了相关政策建议②。

与此同时，日本充分利用分化策略，削弱其他国际货币的实力，提升日元的国际地位。首先，日本与美国等国家联合起来抑制欧元。2000 年 4 月，以欧元诞生后国际结算交易减少为由，日本提出了重新分配 IMF 出资比例的改革方案，希望降低欧洲的比例，提高日本及其他新兴经济体的比例。此方案得到了美国与拉美国家的支持，并在同年 7 月的七国财长会议上扩大了日本的表决权③。其次，日元又联合欧洲国家共同削弱美元的霸权地位。2001 年 1 月，在第三届亚欧财长会议上，日本与欧洲国家达成协议——日本增加外汇储备中欧元的比例，而欧洲国家则支持日本早先提出的"亚洲基金"计划。

二、对日元国际化的评述

（1）从日元国际化的进程可以看出，日本政府在相当长一段时间对日元国际化本身态度并非很坚决。这主要是因为日元并不具备美元那样完备的国际化条件，虽然日本经济长期位居世界第二，但其政治实力与经济实力的巨大反差也导致了日元国际化的条件并不成熟，所以日本政府对于日元国际化采取的是逐步缓慢推进的方法，避免因为步伐过快而给日本经济造成太大的冲击。

日本政府在相当长一段时期内对日元国际化持消极态度和被动态度的另一个重要原因是日本的经济结构。在战后日本经济恢复和高速发展的过程中，日本形成了一个以外向型经济为主，严重依赖海外市场的经济结构。这种结构到 20 世纪 70 年代已经遇到越来越多的麻烦和摩擦。当时日本政府不是主动调整经济结构，而是希望采取进一步的扩张去化解矛盾。在这种情况下推进日元国际化意味着开放日本金融市场，让日元升值，这显然与日本政府的经济政策相冲突。

---

① 2000 年 2 月 2 日，"新宫泽构想"为印度尼西亚、韩国、马来西亚和菲律宾提供了 210 亿美元资金。其中，中长期贷款为 135 亿美元，短期贷款为 75 亿美元。另外还为马来西亚、菲律宾和泰国提供了 22.6 亿美元的贷款担保。

② 具体建议为：(1) 维持日本经济的增长，进行金融体系改革；(2) 稳定日元币值，重新定位日元在亚洲汇率体系中的作用；(3) 进一步完善日元国际化环境，在商品贸易和资本交易中更多地使用日元。详见日本财政部关于日元国际化报告书，http://www.mof.go.jp。

③ 张国庆，刘骏民. 日元国际化：历史、教训与启示 [J]. 国际金融，2009 (8)：56-60.

（2）在日元国际化的收益与成本上，从短期看，日元国际化似乎是成本大于收益，日本并没有从日元国际化中获得更多的好处，反倒因为日元的大幅升值给出口贸易造成了沉重的打击。虽然不能说日本长期的经济萧条是由于日元国际化造成的，但是日元的升值在一定程度上加重了日本经济的萧条。然而，从长期看，日元国际化还是能给日本带来更多的收益，否则日本政府也不会转而采取比较积极的态度。作为一个经济实力强大而政治地位偏弱的国家，通过日元国际化加强日本在亚洲地区甚至是整个世界的政治地位就是最大的收益。

（3）日元国际化最明显的特征就是政府推动，但从实际效果看，日元当前的地位与日本政府预期还是有很大的差距的，其当前的地位与其经济地位存在一定的错位。主要原因有：

第一，经济长期萧条。强大的经济实力是推行货币国际化的重要条件，日本在20世纪90年代以来进入了"失去的十年"，即使进入21世纪，经济增长的颓势也没有得到扭转，其早已向中国让出第二经济体大国的位置。在亚洲金融危机、美国金融危机以及本轮新型冠状病毒感染疫情期间，日本经济都受到较大影响[1]，说明其经济缺乏内在的稳定性，容易受到外部因素的影响。日本经济的低迷影响了境外持有者对日元的信心，其货币的国际地位自然无法得到有效提升。而由于国内经济的低迷，日本长期实行零利率政策，以日元形式持有的外汇储备缺乏投资途径，无法保值升值，因此很多国家放弃或者降低了外汇储备中的日元比例。另外，虽然20世纪70年代至今日元不断升值，但日元汇率波动太大，增加了持有日元的风险，日元自然也就得不到其他国家的青睐。

第二，日元未能摆脱美元和欧元的影响。第二次世界大战后日本从经济复苏就开始受到美国的牵制，在日元国际化的三个阶段中，可以说前面两个阶段都是迫于压力被动完成的，即使是在日本积极推进日元国际化的第三阶段，日元也一直处于美元的阴影下。正如本书前面所述，国际货币的选择存在历史惯性，在当前美元仍占据主导地位的国际货币体系中，日元国际化难以形成对美元的直接冲击。历史也没有给日元提供像美元一样的机遇，在整个国际化进程中，日元一直处于美元霸权的阴影下，日元国

---

[1] 亚洲金融危机期间，1998年和1999年日本GDP分别下降1.30%和0.30%；美国金融危机期间，2008年和2009年日本GDP分别下降1.20%和5.70%；本轮新型冠状病毒感染疫情期间，2019年和2020年日本GDP分别下降0.20%和4.50%。数据来源：WIND。

际地位的每一次提升都必须付出很大的努力。此外，欧元又凭借其自身的独特设计和欧洲经济一体化的独有优势后来居上，对日元国际地位的提升形成了有效的牵制。

第三，日本缺乏与亚洲的合作。日本历来就不满足于将目光局限于亚洲，甚至不屑于与亚洲国家为伍，一度以"脱亚入欧"为主导思想，所以早期日元国际化战略很少考虑与亚洲国家间的合作，采取的是"单边推进"的模式。亚洲金融危机的教训和欧元的成功经验才使日本意识到亚洲对于日本国家经济战略的重要性。而在亚洲金融危机中，日本本来可以利用这个契机提升日元在亚洲的地位，但日本政府当局却采取抽回资金的短视行为，反而降低了日元的国际信誉。与此同时，人民币地位的异军突起，抢占了日元在亚太地区作为区域关键货币的地位，对日元地位形成了较大的冲击。从前面的数据可以看出，人民币部分国际贸易融资和全球外汇储备中的市场份额，很大程度是从日元手上"抢夺"过来的。关于人民币国际化的经验和取得的成就，本书还将具体讨论，在此就不做赘述。

第五节　主要货币国际化进程的启示

虽然英镑、美元、欧元和日元的国际化路径各不相同，但是从它们国际化的路径中，我们还是能发现其中的一些共性，主要有以下几个方面：

推进货币国际化的进程，必须要具备或基本具备一定的条件，比如：①经济实力地位。美元取代英镑在国际货币体系中的地位时，美国的GDP占世界GDP的25%[1]；欧元启动时，欧盟的经济总量的占世界GDP的27%[2]；而日本GDP最高也曾经占世界GDP的比重达到17.7%（1994年）。②对外贸易占国际贸易总额的比例较高。英镑国际化初期，英国进出口贸易额占世界贸易总额的近四分之一；美国在第二次世界大战后该比例也达到15%左右，而日本和联邦德国在推行货币国际化的时候，对外贸易总额也占世界的10%左右[3]。

---

[1] 以布雷顿森林体系的形成为关键时间点。

[2] 以1993年《马约》签订时为关键时间点，当年世界GDP总量为24.88万亿美元，欧盟GDP为6.7万亿美元。数据来自世界银行网站（http://www.worldbank.org）。

[3] 李若谷. 国际货币体系改革与人民币国际化 [M]. 北京：中国金融出版社，2009：223.

一国货币在国际货币体系中的地位的提升，需要一定的历史机遇，更需要对历史机遇的准确把握。英镑的国际地位离不开英国庞大的殖民体系与英国在国际贸易中的地位；美元正是准确地把握了第二次世界大战后的世界经济政治格局，取代英镑霸权；欧元则合理地把握欧洲内部经济的趋同性从而实现货币统一；而目前日元地位与经济地位的不协调，显然与日元没有很好地把握历史机遇有关。

　　货币国际化离不开区域经济的合作与发展。就英国而言，在英镑国际化和英镑霸权的形成过程中，离不开英国是当时"世界最大殖民帝国"这一历史背景，英国庞大的殖民体系在某种意义上可以看作是当时历史条件下的一种"区域经济"形式。就美国而言，在美元国际化和美元霸权的形成时期，也正是以美苏为首的两大阵营冷战对峙时期，以美国为核心的西方阵营在政治和经济上的高度协调可以看成是这一特殊历史时期的"区域合作"。欧元则是半个多世纪以来欧洲经济一体化的成果，而日元国际地位不高显然与其没有很好地开展区域经济合作有关。

第七章　主要国际货币与国际货币体系

国际货币体系，是指在国际经济关系中，为满足国际间各类交易的需要，各国政府对货币在国际间的职能作用及其他有关国际货币金融问题所制定的协定、规则和建立相关组织机构的总称[①]。它是国际货币制度、国际金融机构以及由习惯和历史沿革形成的国际货币秩序的总和[②]。

货币国际化离不开一定的制度环境，而这个制度环境就是国际货币体系。货币国际化与国际货币体系是辩证统一的关系：国际货币体系是各种主权国家货币在国际化进程中相互竞争、相互博弈而形成的制度安排[③]，而货币国际化也必然是在特定的国际货币体系下进行的，受到国际货币体系的制约。因此，要研究某种货币的国际化问题，就要研究该货币在国际化进程中所处的国际货币体系以及该货币的国际化进程如何对国际货币体系产生影响。

本书认为，国际货币体系中的主导货币决定了国际货币体系的性质，而主导货币地位的变迁决定了国际货币体系的变迁。美国前国务卿基辛格曾说过："一个时代有一个中心国家，一个时代有一个代表那个时代的货币"。这个中心国家和这种货币主导着这个时代的国际货币体系，这种国际货币体系在推动世界经济发展的同时，也给这个国家带来了超常利益。

[①] 杨胜刚，姚小义. 国际金融 [M]. 北京：高等教育出版社，2005：271.
[②] 任治君. 国际经济学 [M]. 2版. 成都：西南财经大学出版社，2007：184.
[③] 这个制度安排既可能是自发形成的，也可能是通过签订协定形成的。

超级大国、货币霸权①以及由货币霸权主导的国际货币体系是在历史变迁中形成的。一部国际货币体系演变的历史，也是强权货币更替的历史，同时还是一部大国的兴衰史。

从国际货币的历史上看，最先成就霸权地位的是英镑，第二次世界大战之后英镑霸权被美元霸权所取代，20世纪70年代至今，美元霸权地位正经历着一个缓慢下降的过程，由此也决定了国际货币体系经历了英镑霸权下的国际金本位制、霸权更替下的国际金汇兑本位制、美元霸权下的布雷顿森林体系以及美元霸权地位相对下降的牙买加体系。

第一节 英镑霸权与国际金本位制

国际金本位制，是一种随着各国普遍采用金本位制而自发形成的国际货币体系②。由于国际金本位制度是国际货币体系的初始状态，而且目前国际货币体系中存在的许多矛盾和冲突在国际金本位时期就已有所显现，所以研究国际金本位制度对研究国际货币体系的发展具有重要意义③。

一、英镑的崛起与国际金本位制的建立

在国际金币本位制建立之前（16~18世纪），大部分新兴资本主义国家实行的是金银复本位制，即黄金和白银同时充当一般等价物。虽然金银复本位制弥补了黄金产量不能满足市场需求的缺陷，但其也有着致命的缺陷，那就是"格雷欣法则"下固定的金银价格与金银市场上不断变动的供求关系之间的矛盾始终无法得到解决，这使得16~18世纪采用金银复本位

---

① 这里提到的"霸权"是国际政治经济学意义上的一个中性的概念，表达或反映一种客观存在的现实，意指国家或国际集体以综合国家实力为依托，有意愿且有能力领导控制范围内的国家或地区按其指定的规则发展，从而满足某个国家或集体的利益。

② 尽管早在1816年英国政府就颁布了《金本位制法案》，但欧洲其他国家直到1880年才普遍通过相关法案实行金本位制，所以通常认为1880年为国际金本位制的起始年。

③ 李若谷. 国际货币体系改革与人民币国际化 [M]. 北京：中国金融出版社，2009：2.

制的国家的商品市场经常处于混乱状态[①]。在这种混乱状态下，世界需要简化各国货币间汇率的计算，降低交易成本，促进国际贸易的发展，客观上需要某一国家的主权货币成为国际上的通用货币。此时，英国作为世界工业霸主，对外贸易和国际信贷都受到当时混乱的国际货币机制的制约，迫切希望建立一个稳定的以英镑为核心的国际货币体系。世界对国际关键货币的客观需要与英镑成为国际关键货币的主观意愿，最终催生了以英镑为核心的国际金本位制。

19世纪20年代，英国率先实施金本位制[②]，随后英国将英格兰银行转变为真正意义上的中央银行，成为"政府的银行"。英格兰银行不仅在国内充当"最后贷款人"的角色，而且与其他欧洲国家的中央银行进行合作，既维持了英镑币值的稳定与可兑换性，又维持了本国金融系统的稳定。现代金融体系的建立为英镑提供了良好的投资环境，为今后英镑大量输出与回流奠定了坚实的基础。

在英国率先实行金本位制的情况下，其他跟英国经济往来频繁的国家也开始意识到实行金本位制的必要性。一方面，欧洲地区白银存量大幅增加，英国用廉价的白银不断地向实行金银复本位制的国家换取黄金，在"格雷欣法则"下这些国家黄金存量不断流出，金银复本位制难以维持。另一方面，随着国际贸易与国际投资的不断发展，统一结算货币降低交易成本也符合欧洲各国的利益，而此时的英国具有无可争议的公共信用、稳健的货币体系、稳定汇率的金本位制、伦敦这个世界金融中心、高效的金融市场，再加上英国是世界政治大国，英镑不仅具有等同于黄金的信用，还有黄金所不具备的便利性和投资环境，不可能不受其他国家的欢迎。

因此，英国的金本位制倒逼着其他国家放弃金银复本位制，纷纷跟随英国实行金本位制，建立本国货币与英镑的稳定联系。德国于1871年宣布

[①] 艾肯格林解释了金银复本位制存在较长时间的原因：（1）在蒸汽机出现之前，金币需要人工压印，生产成本高昂且质量受人的主观判断影响较大，很难保证每枚金币的准确性与一致性。此外，因为黄金的重量更大以及开采难度更大和储量更少的原因，所以金币太过昂贵（无法进行小额支付），需要有价值较低的银币作为补充。（2）网络外部性，即各个国家的货币安排会相互影响，各国倾向于维持相同的货币安排，因此，虽然金银复本位制有种种缺点，但还是没有国家愿意主动打破这种均衡。详见：艾肯格林. 资本全球化：国际货币体系史 [M]. 彭兴韵，译. 2版. 上海：上海人民出版社，2009.

[②] 张新颖. 英国霸权下的国际金本位制：从霸权稳定论看1870—1914年的国际货币体系 [J]. 山东财经学院学报（双月刊），2009（4）：66-68.

实行金本位制；丹麦、瑞典、挪威于 1873 年开始实行金本位制；法国及其盟国于 1874 年开始限制并在 1878 年完全停止银币的自由铸造，实行金本位制，此后荷兰及其盟国也采用了同样的措施；1897 年俄国和日本也加入了金本位制的行列；美国则在 1900 年实行金本位制①。自此，一个以英镑为中心的国际金本位货币体系建立起来。

二、国际金本位制的运行机制与特点

（一）国际金本位制的运行机制

国际金本位制的运行机制包括：①以黄金为本位货币，每个货币单位都有法定的含金量。②金币可以自由铸造、自由储藏、自由流通、也可作为商品自由买卖。③各国货币当局规定本国货币的法定含金量，各国货币之间的汇率根据本国货币含金量与外国货币含金量之比来确定②，实行固定汇率制，货币储备一般是黄金。④各种价值符号（银行券和辅币）可按面额兑换黄金，以保证其名义价值，代表黄金在市场上流通。⑤黄金可以自由输出输入，国际间的贸易往来与债权债务原则上用黄金进行结算和支付③。

（二）国际金本位制的特点

国际金本位制作为国际货币体系的最初模式，其优点是显而易见的：有利于汇率稳定和国际间的资本流动，促进了资源在全球范围的优化配置；有利于维持物价的稳定；有利于各国经济政策的协调。然而，国际金本位制也有着其自身无法克服的缺陷：货币供给缺乏弹性，宏观调控缺乏灵活性④。此外，国际金本位制中的国际收支自动调节机制效果并不完美，

---

① 李凌云."双本位"国际货币体系的形成与影响 [D]. 天津：南开大学，2010.

② 在实际运行中是各国货币用英镑保持一种固定比价，各国货币之间的汇率可以通过与英镑的比价折算。

③ 在国际金本位制时期，黄金的国际流动并不是唯一的、最重要的国际债权债务的结算方式。由于当时英国经济实力雄厚，是全球最大的贸易国和金融资产的供给者，伦敦又是世界金融中心，因此英镑成为国际间重要的结算工具。为节约交易成本和提高交易效率，国际贸易 90% 是以英镑结算的，许多国家中央银行的主要储备货币是英镑而不是黄金，从而形成了以黄金和英镑为中心的国际金本位制。因此，这一时期的金本位制也被称为英镑汇兑本位制。

④ 国际金本位制下一国经济的内部平衡总要让步于外部平衡，这可能导致本国经济由于无法实施反周期的货币政策而更加恶化。

黄金在国际债务清偿中使用频率其实比较低①。

三、国际金本位制下的英镑霸权

随着以英镑为核心的国际金本位制的建立，英镑得以在该体系中为英国牟取经济上与政治上的利益。英国在世界各地的经济扩张变得更加便捷，能够以比原来更快的速度在海外占领经济领地。此外，英国还能赚取商业佣金，海外汇款等收益。总之，英镑凭借其自身的地位主导了国际金本位制的建立，而国际金本位制的建立反过来进一步强化了英镑的统治地位，英国确立了世界金融霸主的地位，支配了世界金融体系，维系了英国在世界资本主义体系中的统治地位。

（一）国际金本位制下英镑的输出

在国际金本位制下，英镑占据着绝对的主导地位。英镑币值稳定，自然成为其他国家货币的"锚货币"，英镑的广泛接受性也使得英镑在国际市场上比较容易兑换，这又降低了英镑的交易成本。即使那些与英国没有贸易往来的国家，也倾向于把英镑作为对外贸易的计价结算货币。这样，英格兰银行就可以通过各种工具操纵国际金本位体制的实际运行②。在这段时期，英镑是最主要的国际储备货币，64%的官方外汇储备资产存放在伦敦，特里芬（1968）估计，在20世纪20年代，全球外汇储备中英镑占80%，到1938年这一比例仍大概有70%③。

---

① 由于英镑在这一时期的国际货币体系中占主导地位，有着几乎等同于黄金的国际认可度，成员国的经常项目逆差并不需要马上输出黄金，而是可以通过向英国借入英镑来弥补；而顺差国也可以通过对外贷款和对外投资来减少顺差。也就是说，经常项目的顺差或逆差可以通过资本项目的反向操作达到平衡，大卫·休谟的"物价—金币"流通机制在实际上并不是经常起作用。

② 具体做法是：英格兰银行通过当时广为流行的以英镑标明的票据贴现（主要是汇票）的方式来控制国际汇兑，由于英镑利率由英格兰银行控制，因而事实上黄金的输出也在其影响之下。在国际贸易中，英国使用英镑汇票来完成支付，其他国家也用英镑汇票与第三国进行交易，这也就使英镑汇票应用至世界范围内的贸易，或者说成了外国的一种替代货币，其他国家要顺利地完成国际支付，就必须保有足够的英镑余额。同时，英国还提供对外长期贷款，在别国发生外汇危机时，充当最后贷款人。这样，在实际货币流通中，英镑在国际范围内成了黄金的替代品，它在全世界受欢迎的程度甚至超过黄金，因为英镑不仅可以随时地、无限度地兑换黄金，还可以获得利息收入，黄金则要支付保管费。英镑的信用吸引了国际资金流入伦敦，从而使英格兰银行的利率调整对世界资金的流动产生了很大的影响，国际金本位制实际上成为以英镑为核心的"英镑本位制"。

③ ROBERT TRIFFIN. Our international monetary system: yesterday, today, and tomorrow [J]. New York, Random House, 1968.

为了向其他国家提供英镑的流动性,英国积极发展对外投资和国际借贷(如表7-1、表7-2所示),资本的输入国由于拥有投资,增加了出口商品的生产,通过出口收入的增加又反过来购买英国的高附加值的制成品和偿还贷款(如图7-1所示)。在这种模式下,英国经常项目的顺差与资本项目的逆差正好相互抵消,避免了国际收支失衡而导致黄金的流失。凭借着经济实力和政治实力上的绝对优势,大量的英镑流通到世界各个国家和地区,强化了英镑的统治地位。这段时期也被称为"英镑统治下的和平"。

表7-1　1870—1920年净外国投资流量占国内生产总值的比率　　单位:%

	英国	法国	德国	日本	瑞典	美国
1870	5.6	·	0.6	·	-1.6	-2.7
1880	3.2	-0.4	1.9	·	-3.7	0.1
1890	5.8	2.0	2.0	0.1	-2.5	-0.1
1900	1.8	3.8	1.3	-4.2	-2.7	1.4
1910	7.4	3.6	1.3	-2.8	0.4	0.0
1920	2.6	·	·	2.2	0.5	2.4

注:"·"表示无数据统计。

资料来源:Green 和 Urquhart,1976。

表7-2　主要国家对外投资:1825—1913年　　单位:百万美元

	1825年	1840年	1855年	1870年	1885年	1890年	1913年
英国	500	750	2 300	4 900	7 800	12 100	19 500
法国	100	300	1 000	2 500	3 300	5 200	8 600
德国	·	·	·	·	1 900	4 800	6 700
美国	N	N	N	N	N	500	2 500

注:"·"表示无统计数字,"N"表示可忽略不计。

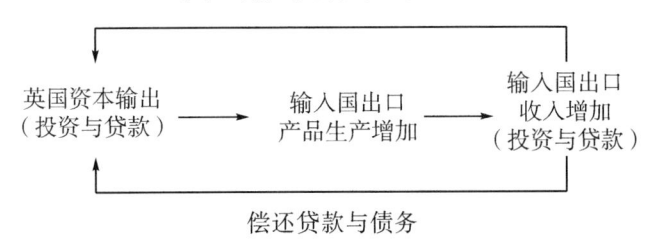

图7-1　国际金本位时期国际贸易——资本流动运行机制

(资料来源:金德尔伯格. 西欧金融史[M]. 徐子健,译. 北京:中国金融出版社,1991.)

第七章　主要国际货币与国际货币体系　143

(二) 以英格兰银行为核心的各国中央银行的协调

各国中央银行间的合作是维持国际金本位制的必要条件。如果一个国家的中央银行降低了贴现率，而其他国家银行没有跟随，那么该国的储备将流失，其货币的可兑换性会受到威胁①。因此，要维持国际金本位制的顺利运行，就需要形成一个"领导者—跟随者"惯例，而英格兰银行就是这个时代最具影响力的信号传递者，英格兰银行也被称为"银行的银行""世界银行"，其他各国中央银行都跟随英格兰银行提高或降低贴现率（除非本国发生经济危机）。布罗德菲尔德以及特里芬通过对1893—1915年各国中央银行贴现率进行研究，得出了国际金本位制下各国贴现率呈相同的升降趋势的结论②。

此外，英格兰银行与其他国家中央银行之间会相互提供资金借贷，以对短期内出现的国际收支困难提供帮助。若某个国家出现金融危机，其他国家中央银行可能会通过贴现票据，将黄金贷给危机国家的中央银行。因此，当某一国家的黄金平价受到攻击时，其可以利用的资源就不仅仅是本国的储备，还可以从其他国家借入的储备，从而增强了国际金本位制下黄金平价的稳定性③。

四、英镑霸权的衰退与国际金本位制的解体

两次工业革命进一步解放了资本主义国家的生产力，世界经济增长进入"快车道"，国际金本位制下的货币供给在迅速膨胀的国际贸易中显得"过于刚性"，黄金增长速度无法与经济增长速度相协调的矛盾也就显现出来。此外，资本主义国家之间经济政治发展的不平衡也导致了国际货币体系的不平衡。到1913年，英国、美国、法国、德国和俄国五大资本主义国

---

① 艾肯格林. 资本全球化：国际货币体系史 [M]. 彭兴韵，译. 2版. 上海：上海人民出版社，2009：29.

② 李智，黎鹏，方晓萍. 国际金本位时期英镑的空间分布及其成因 [J]. 长春金融高等专科学校学报，2011（3）：1-5.

③ 1890年，英格兰最重要的商业银行巴林银行由于给阿根廷的贷款产生了大量的坏账，从而面临严重的支付危机，英格兰银行分别从法兰西银行和俄罗斯中央银行借入300万英镑和150万英镑的黄金，度过了危机。此外，金本位时期各国中央银行相互合作的例子还有很多：1893年，欧洲中央银行联盟慷慨资助美国财政部保卫金本位制；1898年，德国国家银行和德国商业银行得到了英格兰银行和法兰西银行的援助；1906年和1907年，当英格兰面临金融危机时，其又得到了法兰西银行和德国国家银行的支持；1909年和1910年，法兰西银行再次贴现英国的票据，为伦敦提供黄金。

家拥有的黄金占全球总额的2/3[①],全球黄金储备的分布比例严重失衡。很多国家因为缺乏货币发行的基础而难以维持金本位制,金币自由铸造和自由流通的基础遭到破坏。

第一次世界大战成为压垮国际金本位制的最后一根稻草[②],一些国家为了备战,在缺乏黄金储备的情况下不得不破坏金本位制中黄金和银行券自由兑换的规则,大量发行无法兑换黄金的银行券来应对财政支出的增加。同时,黄金输出也被禁止,这破坏了黄金自由输出输入的规则。最终,国际金本位制宣告解体。

虽然国际金本位制的解体有其客观的原因,但是英镑地位的衰退以致无法维持国际金本位制的运行是其最根本的原因。19世纪后半段,其他资本主义国家(特别是美国)经济增长和金融发展步伐的加快,削弱了英国在国际经济中的地位。英镑已经不具备主导与维持国际金本位制的实力[③],只是由于国际货币体系的历史惯性,英镑才得以延缓其地位的更替。第一次世界大战后,国际经济与政治格局都发生了巨大的变化,虽然英国曾经试图重新恢复金本位制,但最终也不得不放弃。英国政治和经济地位的下降导致了英镑霸权的衰退,而英镑霸权的衰退则最终导致了以英镑为核心的国际金本位制彻底解体。

五、对国际金本位制的评述

(一)国际金本位制是伴随英镑国际化进程而逐步建立起来的

国际金本位制的建立是国际货币体系从无到有的一个里程碑,作为国际货币体系的"初始模式",国际金本位制是伴随着英镑国际化的进程逐步建立起来的。19世纪上半叶,英国对内不断强化自身经济实力,完善金融体系,稳定英镑与黄金的比价;对外不断推行自由贸易,加强与各国之间的经济联系及中央银行间的合作。凭借英国在经济上与政治上的绝对优势,英镑成为国际上的硬通货,并引导其他国家货币逐步向其靠拢,形成

---

① 陈彪如.国际金融概论[M].上海:华东师范大学出版社,1996:11.
② 国际金本位制解体的主要原因不是第一次世界大战,而是前面论述的货币供给与经济增长的内在矛盾,以及全球黄金储备分布的不均衡,即使没有第一次世界大战,国际金本位制最终还是会解体。
③ 英国的工业产值在19世纪80年代和20世纪头10年,先后被美国和德国超过,失去了其在世界工业方面的垄断地位。第一次世界大战后,英国又失去了海上霸权地位。而1929—1933年的大萧条再次沉重地打击了英国本已衰落的经济。

国际金本位制。

然而，国际金本位制的建立，虽然离不开英国的主观意愿与长期努力，但是这一制度毕竟不是以签订协定的形式确立下来，而是其他国家在长期经济发展过程中对金银复本位制自我否定，最终自发选择金本位制的结果，这就决定了这一制度的建立是一个缓慢的过程。从19世纪20年代英国建立金本位制开始，经历了长达半个世纪的时间，才使其他主要资本主义国家放弃金银复本位制，选择金本位制，最终确立了国际金本位制。

（二）以英镑为核心的运行机制决定了国际金本位制的不稳定性

英镑虽然是国际金本位制的核心货币，但它归根结底依然是由英国发行的主权货币，所以英镑在强化自身在国际金本位制中的地位的同时，必然会通过其核心地位为英国利益服务，英国也成为国际金本位制的最大受益者。然而，其他货币加入国际金本位体系自然也是出于本国利益的考虑，因此，国际金本位制看似稳定的表面背后，是各个国家完全不同的利益诉求，这就导致了国际金本位制存在不稳定性。

一国货币的国际地位取决于一国的经济实力、政治实力等多方面的因素。以英镑为核心的国际金本位制需要英国在经济上和政治上都占据绝对的优势，才能维持英镑霸权以及英格兰银行在各国中央银行间的领导地位。当英国的国家霸权足以支撑英镑的绝对优势地位时，英镑就可以把其他货币维系在其周围，从而维持国际金本位制的运行。反之，当英国的国家实力逐渐下滑时，英镑的国际地位也将随之下降，那么以英镑为核心的国际金本位制也将走到尽头。

（三）国际金本位制需要满足苛刻的条件，这决定了国际金本位制的不可持续性

国际金本位制的出现和成功运行与具体的历史条件密切相关。国际金本位制的稳定运行需要满足苛刻的条件：一是政府赋予维持货币可兑换性的优先权；二是各国中央银行的协调合作。这些条件只有在特定的历史条件下才能具备，而随着时间的推移，国际金本位制的这种条件也在逐渐弱化，主要原因是：政府维持货币可兑换性的优先权意味着政府无法通过牺牲汇率的稳定来换取其他目标的实现。作为国际金本位制核心国家的英国，由于可以在该体系下获得经济上与政治上的利益，因此必然会通过一切努力来维持英镑与黄金的可兑换性；但对于该体系下的其他国家而言，维持金本位制则会导致内部均衡让位于外部均衡。比如当一国出现危机

时，进口减少，国际收支出现顺差，该国政府为了维持外部均衡只能减少出口，这一措施将加剧本国的危机，导致内部更加不均衡。在 19 世纪以前，选民与工会对政府还不能实施实质上的压力，所以政府还能维持优先考虑外部均衡的政策，但到了 20 世纪，政府则不得不面对来自国内的压力，外部均衡的目标自然让位于其他目标①，国际金本位制也就更加难以维持。

此外，银行部分准备制的兴起也暴露了国际金本位制的缺陷。作为商业银行，其必须以存款为贷款融资，由于采取的是部分准备制②，一旦银行因为存款者缺乏信心而发生挤兑，银行将没有办法满足所有的兑现要求，随时面临破产的局面。在这个时候，一般需要最后贷款人的介入。在金本位制下，这就将使政府和中央银行处于两难的境地：如果作为最后贷款人提供额外的流动性，那么货币与黄金的固定比价将得不到保证；如果提供与金本位法令要求完全一致的信贷，则金融体系将受到伤害③。银行部分准备制的这一矛盾是金本位制下是无法解决的，这也是金本位制最终解体的原因之一。

国际金本位制是一个精密的体系，需要各国中央银行与政府间的精诚合作。其一方面需要各国中央银行间同步升降贴现率；另一方面需要各国中央银行主动为危机国家中央银行贴现。然而，各国中央银行虽然会主动帮助危机国家，但其本质动机并非为了帮助危机国家渡过难关，而是在当时的历史条件下维持国际金本位制的稳定运行有利于本国的利益。如果危机不是局部的，而是全球性的（比如第一次世界大战的爆发或者大萧条），同样的动机将使各个国家自顾不暇，以邻为壑，各国政府与中央银行间不但不会相互合作，还会禁止黄金的输出，放弃本国货币与黄金之间的自由兑换，国际金本位制也就无法维持。

---

① 艾肯格林. 资本全球化：国际货币体系史 [M]. 彭兴韵，译. 2 版. 上海：上海人民出版社，2009：27.
② 部分准备金制度，又称存款法定准备金制度，是相对于全额准备金制度而言的。它是指商业银行留下一部分准备金，把其余的资金全部贷出的制度。
③ 艾肯格林. 资本全球化：国际货币体系史 [M]. 彭兴韵，译. 2 版. 上海：上海人民出版社，2009：6.

第二节　英镑霸权向美元霸权过渡下的金汇兑本位制

在第一次世界大战中，英国的综合实力遭到重创。美国则在战争中大发横财，不但成为世界上最大的经济体，而且国内产业结构也发生了新的变化，大型的现代金融部门成为日显重要的新兴产业，这一时期的美国对外私人投资迅猛发展①。两国经济地位的变化逐渐开始对英镑和美元的国际地位产生影响，从第一次世界大战后，国际货币体系呈现出英镑与美元此消彼长的趋势——英镑极力维持其日渐衰退的霸权地位，而美元则采取咄咄逼人的攻势逐步取代英镑，确立美元霸权。

一、国际金汇兑本位制

金汇兑本位制，又称"虚金本位制"，是指实行该货币制度的国家将本国货币与另一个金本位制的国家的货币保持固定比价，并在后者存放外汇或黄金作为平准基金，从而间接地实行了金本位制。由此可见，金汇兑本位制是一种带有附属性质的货币制度。

（一）国际金汇兑本位制的产生背景

第一次世界大战后，世界格局发生了巨大变化。英镑霸权衰落，无法再主导国际金本位制的运行，战争期间各参战国都实行了扩张性的货币政策，国内通货膨胀严重，而黄金的产量不但没有上升反而下降②，战前的国际金本位制已经失去了继续运行的条件。由于缺乏稳定运行的国际货币体系，各国不再考虑外部均衡，竞相贬值本国货币，实施外汇管制，导致国际贸易不断萎缩，世界经济止步不前③。为此，各国1922年在意大利热那亚召开了经济与金融会议，探讨如何恢复国际金本位制，多方博弈的最

---

① 在这场海外投资热潮中，最突出的代表就是扮演了领头羊作用的纽约联储银行和摩根财团，它们代替政府出面参加国际经济会议，带领美国的资本家积极参与欧洲的重建和对外经济扩张。东亚、欧洲以及南美都遍布美国银行的分支机构，摩根财团董事长杰克·摩根和财团重要合伙人托马斯·拉蒙特以及莱芬韦尔甚至还得到了日本天皇颁布的勋章。见罗恩·彻诺. 摩根财团：美国一代银行王朝的现代金融业的崛起 [M]. 北京：中国财政经济出版社，2003：252.

② 1915—1922年世界黄金产量下降了近1/3. 陈彪如. 国际货币体系 [M]. 上海：华东师范大学出版社，1990.

③ 李凌云. "双本位" 国际货币体系的形成与影响 [D]. 天津：南开大学，2010.

后结果是采取了国际金汇兑本位制。

(二) 国际金汇兑本位制的运行机制

在国际金汇兑本位制下,英国、法国和美国依旧实行金本位制,而其他国家实行金汇兑本位制。各国货币仍然规定含金量,保留了金本位时期货币价值的决定基础。金币被禁止自由铸造,退出流通领域,市场上只流通各国中央银行发行的银行券。实行金汇兑本位制的国家的银行券不能在本国直接兑换黄金,只能用于购买外汇,并通过持有的外汇向实行金本位制的国家兑换黄金。金汇兑本位制国家的货币与金本位制国家的货币保持一个固定的汇率,前者将黄金和外汇存储在后者作为平准基金,以便在外汇市场波动时抛售这些黄金和外汇来维持汇率的稳定。

(三) 国际金汇兑本位制的缺陷及解体

作为存在于两次世界大战期间的国际金汇兑本位制,虽然发挥过一定的积极作用[①],但也存在着内在的缺陷。除了与国际金本位制一样存在着黄金产量的增速远低于经济的增长速度的问题外,国际金汇兑本位制还无法解决以下两个问题:第一,该制度的顺利运行需要各国间采取紧密的合作,几个维持金本位制的国家本应该起到主导作用,可是这几个国家之间却没有很好地合作,不同货币的币值不能正确地估价,而外汇资金在这几个国家的金融市场也经常大规模流入和流出,造成国际金融市场的波动。第二,在第一次世界大战爆发前的国际金本位制期间,货币与黄金的可兑换性是中央银行最重要的目标,但到了国际金汇兑本位制期间,政府与中央银行迫于国内压力必须积极运用货币政策实现一系列国内经济目标,无法再优先考虑货币与黄金的可兑换性,金本位制时期的"游戏规则"很难得到遵守。

1929—1933年的大萧条更加突显国际金汇兑本位制的内在缺陷。在大萧条的冲击下,实行金本位制的国家无法维持金本位的运行,纷纷宣布放弃金本位制,本币贬值、停止兑换黄金、实行外汇管制、禁止黄金输出,金汇兑本位制的国际货币体系最终解体。

二、国际金汇兑本位制下英镑的衰落与美元的崛起

第一次世界大战后,欧洲国家的经济重建极度依赖美国的资金,美国

---

① 首先,国际金汇兑本位制继承了国际金本位制的优点,但又相对减少了对黄金的需求,避免了全球性的通货紧缩;其次,国际金汇兑本位制在一定程度上遏制了当时各国的外汇倾销活动。

大型的私有财团成为世界特别是欧洲国际经济运转的主要资金提供者[1]，美国经济与欧洲经济紧密相连。在大萧条之前，由于美国证券市场的狂热，大量资本撤回本国，就已经导致欧洲（特别是德国）由于缺少外来资金而陷入紧张。而大萧条加剧了美国资本的回撤，对欧洲的投资和购买都大幅度紧缩，这使得本来就对美国资金极度依赖的欧洲国家经济雪上加霜[2]。

1929—1933年的大萧条，对美国经济的打击是空前的，美国在20世纪20年代的繁荣顷刻消失殆尽。然而，这场危机也使欧洲国家的经济遭受到更加沉重的打击，作为昔日霸主的英国在这场大危机面前自然也无法幸免。为了增加出口缓解国内的经济恶化，1931年9月，英国被迫放弃金本位制，让英镑贬值。英国的这一措施使得其他国家纷纷采取紧急措施加强外汇管制，到1932年4月，已有23个国家相继宣布放弃了金本位制，另外还有17个国家也实质性地脱离了金本位制[3]。英镑放弃了金本位制，也彻底放弃了在国际货币体系中的主导地位。此时英镑只能通过联合自治领、殖民地和一些对英镑依赖较大的国家组成英镑集团来巩固英镑的地位，但英镑霸权日渐式微的局面已经无法扭转。

英国放弃金本位制给美国主导新的国际货币体系的建立提供了机会，但是此时美国的实力还不足以支撑美元的绝对霸权地位，再加上旧的体系刚解体，各国政府对于建立新的稳定的国际货币体系还没达成共识（国际金汇兑本位制只是一个过渡性的国际货币体系）。因此，此时美国的策略是继续提升美元的国际地位，同时打压英镑的国际生存空间，为在合适时机建立以美元为核心的国际货币体系做好准备。

为了避免英镑单方面贬值对美国经济造成影响，在英国宣布放弃金本位制后，美国也宣布美元脱离金本位制，与英镑竞相贬值，国际货币机制再次陷入混乱。与此同时，美国政府在国际市场上大量收购黄金，在货币急剧贬值的时候将其收入国库，这为今后美元在国际货币体系中的霸权地位奠定了雄厚的基础。1934年1月，美元恢复与黄金的比值，停止了几年

---

[1] 此时国际基本循环模式为"美国投资—德国支付赔款—协约国归还债务"。
[2] 美国著名的经济学家林克称美国减少国际市场的美元开支是在"挖国际经济的墙角"，欧洲国家采取了最终摧毁国际金融体系的政策，反过来加剧了美国的萧条。
[3] 张振江. 从英镑到美元：国际经济霸权的转移（1933—1945）[M]. 北京：人民出版社，2006：86.

来与英镑的贬值斗争，但此时美国经济已经度过了最为艰难的时刻，美元与黄金比价的相对稳定反倒有利于美国扩展对外贸易和对外投资，向世界输出美元。

为了角逐世界经济霸权，美国积极与英国开展经济外交，1938 年 11 月 17 日，双方签订《美英贸易条约》。该条约的签订极具象征意义，它是美国从 1932 年对英国开始长达六年的经济外交的首个成果，而且部分达到了预期的目的。更重要的是，该条约的签订过程显示了美国利用经济与政治的优势影响国际经济体系形成的能力，美元已经能在一定程度上主导英镑的走势①。比如，1938 年秋，英镑兑美元汇率的动荡，对美国经济造成负面影响，美方要求在条约中加入一项条款——如果英镑美元比价超出 1∶4.80，所达成贸易条约自动终止，而这一条款最终确实被列入了贸易条约。从这一细节也可以看出，英国屈服于经济之外诸因素的考虑而进行让步的基调已初露端倪②。

三、对国际金汇兑本位制下货币霸权的评述

货币的霸权必须以发行国强大的经济实力和政治实力作为支撑。两次世界大战期间，英国实力的衰退与美国实力的提升，决定了英镑与美元地位的此消彼长。面对美元咄咄逼人的攻势，英镑已经完全处于守势，从尝试重建以英镑为核心的国际货币体系，到被迫放弃金本位，再到努力去维持英镑的地位，最后只能寄希望于英镑地位不至于下降得过快，在今后的国际货币体系中英镑仍然能拥有一席之地。对于美元而言，建立一个以美元为绝对核心的国际货币体系是美国的唯一目标，美国考虑的是如何打压英镑的国际地位，保证美元在今后国际货币体系中的绝对主导。因此，这一时期两大国际货币呈现的是野心勃勃占据相对优势地位的美元与江河日下极力维持其昔日霸权地位的英镑之间的斗争。

然而，在国际金汇兑本位制时期，无论是英镑还是美元，对于建立以自身为核心的国际货币体系都显得"有心而无力"。大萧条彻底瓦解了国

---

① 正如时任美国国务卿赫尔所宣扬的那样：互惠关税削减计划是美国重塑国际政治经济格局，创立"美国治理下和平与繁荣"的灵丹妙药。用他自己的话说，美国是在承担重建世界秩序的历史重任。
② 张振江. 从英镑到美元：国际经济霸权的转移（1933—1945）[M]. 北京：人民出版社，2006：150.

际金本位制,重创了英镑霸权,但这也在一定程度上削弱了美国的实力。美国还需要为新的货币体系的建立做更多的准备。虽然美国已经取代英国成为商业与金融领域的领导者,但其海外金融与商业关系仍然没有很好地配合起来,再加上国际货币体系中历史惯性的作用以及英镑利用一切可能的力量做最后的抗争,因此这一时期的国际货币体系处于一个相对混乱的状态。国际金汇兑本位制的国际货币体系是英镑霸权下的国际金本位制和美元霸权下的布雷顿森林体系过渡阶段中的一个过渡体系。

需要指出的是,英国在主导国际金本位制建立的过程中,极力推崇自由贸易主义,但在国际金汇兑本位制期间,特别是在英国被迫放弃金本位后,英国却开始采取贸易保护。与此同时,美国反而高举自由贸易的旗帜,希望通过《美英贸易协定》降低英国关税,打开英国市场。在这看似矛盾的现象背后,根据本国国情最大限度保护或争取本国的利益是永恒不变的动机。因此,英国与美国鼓吹自由贸易并非基于世界经济稳定发展的角度考虑,它们的最终目的都是给本国货币输出铺平道路,提升本国货币的国际地位,从而更好地为本国利益服务。

第三节 美元霸权与布雷顿森林体系

19世纪20年代末30年代初的大萧条以及第二次世界大战使国际货币体系陷入极度混乱的状态,严重地影响了世界经济的发展,各国政府深刻认识到构建一个稳定的国际货币体系的重要性。在此背景下,英国与美国又开始着手建立符合本国利益的国际货币体系。

一、美元霸权的确立与布雷顿森林体系的建立

第二次世界大战后,主要资本主义国家的经济格局发生了巨大的变化,美国的工业制成品占世界工业制成品总额的一半,对外贸易额占世界贸易总额的三分之一以上,对外投资也急剧增长[1]。英国在战争期间遭受重创,经济实力已远不如美国。这决定了英国与美国关于建立新的国际货币体系的对话将是一次地位完全不对等的博弈。

---

[1] 杨胜刚,姚小义. 国际金融[M]. 北京:高等教育出版社,2005:274.

美国和英国分别提出了重建国际货币体系的"怀特计划"[①]和"凯恩斯计划"[②]，两个计划的分歧几乎无处不在[③]。显然，英国高估了本国在世界经济与政治格局中的地位，它已经没有能力阻止美国建立一个以美元为核心的国际货币体系，而美国在其计划中也不想留给英国任何"特殊地位"，一心只想确立美元的绝对主导地位。最重要的是，此时的美国已经是"既有心又有力"。因此，在接下来英美两国的交换意见中，英国不得不一步步地降低自己的条件，最终在1944年的布雷顿森林会议上通过了以"怀特计划"为基础的《布雷顿森林协定》。根据协定的宗旨[④]，各国对战后国际货币体系的具体内容做出了明确的规定，国际货币体系从此进入美元霸权下的布雷顿森林体系时期。

布雷顿森林体系的主要内容有：①建立国际货币基金组织和国际复兴

[①] "怀特计划"的主要内容为：（1）建立一个稳定的国际货币基金组织，基金由各会员国缴纳；（2）各会员国所缴纳的份额决定其发言权和投票权；（3）创设一种国际货币单位"尤尼他（Unita）"，其单位含金量相当于10美元；（4）采用固定汇率，各国货币汇率不经同意不能随意变动；（5）基金组织的主要任务是稳定汇率，向会员国提供短期信贷，以帮助解决国际收支不平衡的问题；（6）基金组织的办事处设在拥有最大份额的国家。

[②] "凯恩斯计划"的主要内容为：（1）建立国际清算同盟，使其具有世界中央银行的性质；（2）创立一种叫"斑柯（Bancor）"的国际信用货币作为国际清算单位；（3）会员国在联盟中开设"往来账户"，以转账方式清算各国间的债权债务；（4）各会员国在清算同盟中份额的大小，根据各国在第二次世界大战前三年进出口贸易平均值计算确定，各国不需另行缴纳份额；（5）当国际收支出现不平衡时，债权国应主动承担调节责任；（6）总办事处设在伦敦、纽约两地，理事会在两地轮流举行。

[③] 首先，美国计划建立一种由美国财政部全权控制下的国际金融管理制度，而英国希望的则是美国和英国在其中的共同"特殊地位"；其次，美国强调的机构是最小的贷款数额和最大的管理权力，英国方案的核心则是尽可能多的贷款和最小的束缚；再次，英国注重调整一国国际收支不平衡的责任在于逆差国和顺差国双方，而美国倾向于主要由逆差国承担责任；最后，美国方案将国际货币的稳定放到了首位，坚持国际组织甚至可以不惜采取干涉成员主权的手段迫使该国进行国内政策调整，以确保国际货币的汇兑稳定；但英国却坚持成员的经济主权，一再强调国际组织的"被动性"。因而，双方的分歧完全是一场在各自经济实力与未来变化权衡下的国际利益之争。

[④] 《布雷顿森林协定》是《国际货币基金组织协定》和《国际复兴开发银行协定》的总称，其宗旨是：（1）建立一个永久性的国际货币机构以促进国际货币合作；（2）促进汇率稳定，防止竞争性的货币贬值，以促进国际贸易的发展和各国生产资源的开发；（3）向成员融通资金，以减轻和调节国际收支的不平衡；（4）缩短各会员国际收支不平衡的时间，并减轻不平等的程度；（5）建立多边支付制度，取消外汇管制；（6）发展世界贸易，开发各国生产资源。

开发银行，维持布雷顿森林体系的运行①。②美元与黄金挂钩，其官方价格为35美元等于1盎司黄金，也就是1美元的含金量为0.888 671克。国际货币基金组织（IMF）的其他成员规定其货币的含金量，并根据此含金量确定与美元的比价。美国承担向各国政府或中央银行按官价兑换黄金的义务；各国政府需要协助美国政府共同干预市场的金价。③实行可调整的钉住汇率制度，即市场汇率的波动上下限为黄金平价的1%，由各有关国家中央银行等部门负责维持②，只有在发生根本性的国际收支不平衡时，向IMF申请并经过批准后，其才可以改变其汇率。可见，布雷顿森林体系的核心内容是美元与黄金挂钩，其他各国货币与美元挂钩的"双挂钩"体系。

从布雷顿森林体系的主要内容也可以看出，布雷顿森林体系虽然有着"凯恩斯计划"的痕迹，但基本都是以"怀特计划"为蓝本设计的。第一，"怀特计划"主张未来国际货币与黄金之间的可兑换性；而"凯恩斯计划"则力图降低黄金在未来国际货币体系中的作用，最终的结果是确立了35美元兑换1盎司黄金的比价。第二，英国主张可调整的汇率制，而美国则坚持固定汇率制，其妥协的结果是"可调整的钉住汇率制"，但也对调整汇率做了严格的规定。对于关键的"根本性国际收支的不均衡"，并没有做出具体定义，这就增加了成员国调整汇率的难度。布雷顿森林体系下的汇率机制显然更接近于美国的诉求。第三，国际货币基金组织的基金总额为88亿美元，相比"凯恩斯计划"的260亿美元，更接近于"怀特计划"的50亿美元；其中美国的最大义务是27.5亿美元，相比"凯恩斯计划"的230亿美元，更是非常接近"怀特计划"的20亿美元③。

二、布雷顿森林体系时期的美元霸权

布雷顿森林体系是美元霸权的直接体现，美元几乎等同于黄金，作为

---

① 国际货币基金组织属于短期的融资机构，其宗旨是：重建国际货币秩序，为会员国提供资金调整国际收支不平衡，维护国际金融秩序的稳定。国际复兴开发银行属于长期的融资机构，其宗旨是：促进国际投资，协助战后受灾国家经济的复兴，协助不发达国家经济的发展，解决国际收支长期失衡的问题。详见：任治君. 国际经济学 [M]. 2版. 成都：西南财经大学出版社，2007：188.

② 刘生峰. 布雷顿森林体系的历史地位 [J]. 世界经济，1992（6）：40-43.

③ 艾肯格林. 资本全球化：国际货币体系史 [M]. 彭兴韵，译. 2版. 上海：上海人民出版社，2009：97.

国际间主要的清算支付工具和储备货币，执行国际货币的各种职能。不同于国际金本位时期的英镑，美元的地位是通过签订协定确立下来的，只需要保持固定的官方价格，其他国家就对美元无条件地接受。在布雷顿森林体系下，美国获得了巨大的收益。

首先，美元的特殊地位要求美国不断对外输出流动性，在布雷顿森林体系成立初期，美国一直保持贸易顺差，美元输出的主要途径是对外直接投资。使用本国几乎零成本发行的信用货币①购买其他国家具有真实价值的资产，其收益是不言自明的。

其次，美元在布雷顿森林体系中的主导地位也使美国处于一个非常特殊的地位：它可以在经常项目长期逆差的情况下依旧维持美元币值的稳定。在布雷顿森林体系下，美国基本上是一个资本和商品不受控制的中心地区，而处于外围地区的日本和欧洲国家，为了保持本国商品在国际市场上的竞争力，必须避免本币对美元升值，因而其唯有不断买入美元，承担起维持美元稳定的责任。美国则主要通过对外直接投资向外围地区提供美元流动性，以美元计价的有价证券源源不断地被外围国家中央银行所吸纳，其结果是美元的坚挺与低通货膨胀率并存。美国无须面对菲利普斯曲线②，在经济增长与通货膨胀之间做出选择的难题。

总之，在布雷顿森林体系下，美元获得了货币国际化下的所有收益，如巨额的国际铸币税、贸易条件的改善、本国金融业的发展等。与此形成鲜明对比的是，美元几乎不用承担货币国际化的成本，其他国家因为和美元维持固定的比价，无法通过自身的政策调整对美国经济产生影响。布雷顿森林体系是维护美元霸权，扩展美国经济与实现美国利益的一个不平等的体系，这从国际基金组织投票规则的设定就可以看出——在美国的"一票否决权"下，尽管美国无法确保IMF能够通过美国的每项提议，但它却

---

① 虽然规定1美元的含金量为0.888 671克，但并不意味着美国发行1美元就应该拥有0.888 671克黄金储备。美国只需要保证其他国家的兑换需求，就可以维持布雷顿森林体系的运转。因此，只要其他国家相信美元信用，美国就可以几乎零成本地发行美元。

② 1958年，菲利普斯根据英国1861—1957年间失业率和货币工资变动率的经验统计资料，提出了一条用以表示失业率和货币工资变动率之间交替关系的曲线。这条曲线表明：当失业率较低时，货币工资增长率较高；反之，当失业率较高时，货币工资增长率较低，甚至是负数。根据成本推动的通货膨胀理论，货币工资可以表示通货膨胀率。因此，这条曲线就可以表示失业率与通货膨胀率之间的交替关系。即失业率高表明经济处于萧条阶段，这时工资与物价水平都较低，从而通货膨胀率低；反之失业率低，表明经济处于繁荣阶段，这时工资与物价水平都较高，从而通货膨胀率也就高。失业率和通货膨胀率之间存在着反方向变动的关系。

完全能够否决任何自己所不同意的提议①。

三、美元霸权的下降与布雷顿森林体系的解体

(一)"特里芬难题"与布雷顿森林体系的解体

要维持以美元为中心的"双挂钩"体系，需要满足三个条件：美国拥有充足的黄金储备、美元对外价值稳定以及美国国际收支逆差。然而，"特里芬难题"决定了美元在对外价值稳定与国际收支逆差两个目标之间不可兼得。当其他国家对美元失去信心而竞相拿本国的美元储备向美国要求兑换黄金时，美国的黄金储备显然是不够的。随着美国国际收支的不断恶化②，美元地位岌岌可危，已经很难维持官方 35 美元兑换 1 盎司黄金的比价。1971 年，美国宣布停止美元兑换黄金，在同年 12 月签订《史密森学会协定》后，美元第一次贬值为 38 美元兑换 1 盎司黄金，各国货币对美元都做了不同程度的升值，本国货币对美元汇率允许波动的幅度也扩大到 2.25%。然而这一系列改革措施并没有改善美国的国际收支，1973 年 2 月美元再次贬值为 42.22 美元兑换 1 盎司黄金。此时，其他国家已经对美元失去信心，纷纷抛售美元抢购黄金，最终，各国货币放弃钉住美元，布雷顿森林体系宣告解体。

(二)美元霸权地位的下降是布雷顿森林体系解体的根本原因

"特里芬难题"的确指出了布雷顿森林体系的内在矛盾，但是这一内在缺陷是从布雷顿森林体系建立伊始就存在的。如果"特里芬难题"是导致布雷顿森林体系解体的根本原因，那么我们就无法解释布雷顿森林体系为何可以维持将近 30 年的时间。本书认为，导致布雷顿森林体系解体的最根本原因是美元霸权地位的相对下降。经过十几年的经济建设，日本与欧洲国家的经济走出了战后的萧条，综合国力有了显著的提升，从表 7-3 可以看出，虽然战后美国一直是资本主义世界的头号经济强国，但其工业生产总值在世界工业生产总值中的比重已经从 1949 年的 55.9% 下降到 1970 年的 40.9%；而同期的西德和日本分别从 4.2% 和 1.3% 上升到 9.7% 和

---

① 张振江. 从英镑到美元：国际经济霸权的转移（1933—1945）[M]. 北京：人民出版社，2006：403.

② 仅 1971 年上半年，美国国际收支逆差就高达 83 亿美元，随着逆差地不断扩大，美国的黄金储备也不断减少。1949 年，美国的黄金储备为 246 亿美元，占当时整个资本主义世界黄金储备的 73.4%，而到了 1971 年 8 月，美国黄金储备只剩下 102 亿美元。

9.4%。因此，到了20世纪六七十年代，世界经济格局发生了巨大的变化，美国在资本主义世界总产出中的比重已经下降，而像日本、德国等在第二次世界大战中受到严重破坏的国家已经重新回到了经济强国的行列。在新的经济格局下，各国自然也不再妥协于布雷顿森林体系下美元的霸权地位。一方面，随着经济的发展，本国市场的扩大，其他国家对于美国市场的依赖程度逐渐减小，维持美元币值稳定的主观意愿也就降低；另一方面，其他国家不再像第二次世界大战结束时那样依赖美国的资本来支持国家经济的重建。因此，美国已不再像第二次世界大战刚结束时那样具有绝对的统治力，"特里芬难题"下美国国际收支逆差与美元的贬值压力成为布雷顿森林体系的主要矛盾。随着石油危机①这根导火索的点燃，布雷顿森林体系下所有矛盾彻底爆发并最终导致布雷顿森林体系的解体。

表7-3　资本主义世界工业生产中各国的比重　　　单位:%

	1949年	1958年	1968年	1970年
美国	55.8	46.6	44.2	40.9
英国	11.9	9.8	7.4	7.1
西德	4.2	9.5	8.8	9.7
法国	4.5	5.0	4.3	4.7
意大利	2.2	3.1	3.7	3.7
加拿大	3.2	3.3	3.2	3.2
荷兰	1.0	1.1	1.2	1.3
比利时	1.4	1.1	1.0	1.0
日本	1.3	3.5	7.6	9.4

资料来源：《世界经济与国际关系》，1968年、1970年。

四、对布雷顿森林体系的评述

（1）布雷顿森林体系作为第二次世界大战后的国际货币体系，其建立

---

① 1973年10月，第四次中东战争爆发，为打击以色列及其支持者，石油输出国组织的阿拉伯成员国当年12月宣布收回石油标价权，并将石油价格从每桶3.011美元提高到10.651美元，使油价猛然上涨了两倍多，从而触发了第二次世界大战之后最严重的全球经济危机。持续三年的石油危机对发达国家经济造成了严重的冲击。这场危机中，美国的工业生产下降了14%，日本的工业生产下降了20%以上，所有工业化国家的经济增长都明显放缓。

与运转对战后国际贸易与世界经济的发展起到了一定的积极作用[①]：第一，实行可调整的钉住汇率制，限制了各国汇率的波动幅度，有利于国际贸易与国际投资的发展。第二，美元作为最重要的国际储备货币，有效地弥补了当时国际清偿力的不足，在一定程度上解决了经济增长与黄金供给增长之间的矛盾。第三，制定了一系列国际合作的规则，金融资源可以在世界范围内得到有效配置，提高了金融资源的配置效率[②]。第四，布雷顿森林体系时期建立的国际货币基金组织与国家复兴开发银行，在促进国际货币合作、多边支付体系、满足短期贷款需求以及成员国发展所需要的长期贷款方面，发挥着重要的作用，这两个组织在当今世界经济发展中仍然扮演着重要的角色。

（2）布雷顿森林体系本质上是一种金汇兑本位制，它也面临着两战期间国际金汇兑本位制面临的问题：布雷顿森林体系要稳定有效地运行，需要各成员政府或者中央银行将固定本国货币与美元的汇率作为最主要的目标，但各成员政府和中央银行已经无法像国际金本位时期一样优先考虑货币的可兑换性。当国内经济运行不景气、失业率过高时，各成员政府都有违反"游戏规则"，增加货币供给提振本国经济的压力和动力。因此，布雷顿森林体系具有内在的不稳定性。

金属货币始终无法避免黄金增速与货币需求增长之间的矛盾，无论国际货币体系的制度安排如何变化，只要核心货币的最终形式是指向黄金时，这一矛盾就始终无法得到解决。而这一矛盾在布雷顿森林体系的表现就是处在黄金与各国货币之间的美元所面对的"特里芬难题"：一方面，美元要保持与黄金的比价，其供应的增加就必须与黄金储备的增长保持相同的速度；另一方面，世界经济的发展要求各国货币供应量的增加，为了维持与美元的固定汇率，美元供应量的增加又必须与世界经济增长保持相同的速度。这一矛盾不断地激化，美元最终不得不切断与黄金的联系，布雷顿森林体系也随之解体。

（3）英镑霸权下的国际金本位制与美元霸权下的布雷顿森林体系的建立过程截然不同。国际金本位制是在英镑霸权形成的过程中逐步建立起来的，经历了长达半个世纪的漫长过程；布雷顿森林体系是通过世界各国签

---

① 据统计，世界出口贸易总额年平均增长率，1948—1960年为6.8%，1960—1965年为7.9%，1965—1970年为11%；而战前的1913—1938年仅为0.7%。

② 刘生峰.布雷顿森林体系的历史地位[J].世界经济，1992（6）：40-43.

订协定形成的，在此之前美元就已经确立了其霸权地位。也就是说，英镑霸权的形成与国际金本位制的建立是一个同步进行的过程，而美元霸权的形成与布雷顿森林体系的建立则具有时间上的前后关系。

（4）美元本质上是国家货币，却扮演着类似国际本位货币的角色，终究无法解决国际货币的基本矛盾。以美元为核心的布雷顿森林体系根本上是服务于美国的利益。当该体系下美国的利益与各成员国的利益之间存在矛盾时，美国必然以本国利益为重，过度发行美元、违反《布雷顿森林协定》降低黄金与美元的比价，甚至单方面取消黄金与美元的兑换。当布雷顿森林体系无法服务于美国的利益时，美国宁愿让其解体，也不愿意承担因维持该体系运行而需要付出的成本。这些都充分证明了以某一主权国家货币为核心建立起来的国际货币体系始终无法长期维持。

从布雷顿森林体系解体之后的当前国际货币体系看，美元并不像当初英镑一样让出货币霸权的地位。美元在新的国际货币体系下依然利用其"特殊地位"为美国牟取巨大的利益。因此，本书认为，对于布雷顿森林体系的解体，美国并非完全被动，一定程度上是因为美国已经"透支"了该体系给它带来的所有好处，其通过宣告布雷顿森林体系的破产，拒绝承担该体系下美国所应承担的责任，并在新的国际货币体系中利用美元的霸权地位，让美元和新的国际货币体系继续为美国的利益服务。

第四节　美元占相对主导地位的牙买加体系

布雷顿森林体系崩溃之后，为了防止国际货币机制再次陷入无秩序状态，IMF理事会随即着手建立新的国际货币体系。经过几年的筹备与磋商[①]，1976年1月，"国际货币体系临时委员会"通过了《牙买加协定》。同年4月，IMF组织理事会通过修改后的以《牙买加协定》为基础的《国际货币基金协定第二次修正案》，并于1978年4月1日正式生效，由此形成了当前的国际货币体系，也称为"牙买加体系"。

---

① 1972年，IMF理事会决定成立"20国委员会"，负责具体研究改革国际货币体系的方案；1974年9月，国际货币基金组织年会决定另行成立"国际货币体系临时委员会"（20个成员，由5个基金份额最多的国家、6个发达国家和9个发展中国家组成），负责研究国际货币体系的改革和国际货币基金协定的修订。

一、牙买加体系的主要内容与特点

牙买加体系包括主要包括以下三方面内容：①汇率制度方面：IMF 同意固定汇率制和浮动汇率制暂时并存。各成员国在接受 IMF 指导和监督的前提下（防止成员国采取损人利己的汇率政策），可以选择不同的汇率政策，增强了各国货币政策的自主性和灵活性。废除了黄金官价，黄金与货币脱钩，降低黄金的货币作用，取消了成员国之间、成员国与基金组织之间以黄金清偿债权债务的义务①，并逐步处理基金组织持有的黄金②。②储备制度方面：确定将特别提款权③（Special Drawing Right，简称 SDR）作为主要国际储备手段。布雷顿森林体系时期美元一枝独秀的局面被以美元为首的多种储备货币本位（包括日元、马克、英镑等）所取代，这在一定程度上解决了布雷顿森林体系时期国际货币储备与国际清偿手段过分依赖美国国际收支状况的局面④。③资金融通方面：增加成员在 IMF 中的基金份额，扩大对发展中国家的资金融通。IMF 各成员所缴纳的基金份额从原来的 292 亿 SDR 增加到 390 亿，增幅达到 33.6%⑤；IMF 用出售黄金所得收益建立信托基金，向最贫穷的发展中国家提供优惠条件的贷款，将 IMF 的贷款幅度从成员份额的 100% 提高到 145%，并将 IMF"出口波动补偿贷款"在份额中的比重从 50% 增加到 75%。

从牙买加体系的主要内容可以看出，相比布雷顿森林体系，牙买加体系有着其自身的特点：第一，汇率选择的多样化，各国可以自主选择汇率政策。第二，国际储备的多元化，除了 SDR 作为主要的国际储备手段外，虽然黄金与货币脱钩，美元地位下降，但黄金与美元在国际储备中仍扮演

---

① 孟宪扬. 浅析"牙买加体系"[J]. 世界经济，1990（4）：20-25.
② 按市场价格出售基金组织持有黄金总额的六分之一，并将六分之一归还各成员，剩余部分（约 1 亿盎司）则以投票方式做出决定（向市场出售或归还各成员）。
③ 特别提款权是国际货币基金组织 1969 年为弥补国际清偿力不足而创立的一种国际储备资产和计价单位，代表成员国在普通提款权之外的一种特别使用资金的权利。普通提款权是基金组织提供的最基本的普通贷款，用以解决受贷国因国际收支逆差产生的短期资金需求。特别提款权则按照成员国在基金组合认缴份额的比例进行分配，分配到的特别提款权可通过基金组织提取外汇，可同黄金、外汇一起作为成员国的储备，故又称为"纸黄金"。特别提款权设立时的价值相当于 1 单位 SDR 对 1 美元，1974 年 7 月 1 日以后改用一篮子 16 种货币定值标准，1981 年 1 月 1 日以后又改用美元、马克、法郎、英镑和日元 5 种货币定值，并每隔五年调整一次。
④ 任治君. 国际经济学 [M]. 2 版. 成都：西南财经大学出版社，2007：193.
⑤ 各成员应缴份额占基金总额的比重也有所改变，除联邦德国、日本有所增加外，其他西方国家均有所降低，石油输出国组织的份额则提高了一倍，其他发展中国家基本维持不变。

着重要的角色；日元和德国马克（后来并入欧元）也后来居上，成为重要的储备货币。第三，国际收支调节机制的多样化，当一国出现国际收支不平衡时，政府可以通过国际借贷、动用外汇储备以及调整本币汇率等多种方式进行调节。

二、牙买加体系下的美元霸权

在牙买加体系下，虽然美元不再拥有在布雷顿森林体系下的绝对核心的地位，但是其在国际货币体系中的霸权地位依旧没有受到根本性的撼动。

（一）牙买加体系下美元霸权地位的相对下降

在布雷顿森林体系中，美元的霸权地位不仅仅有美国综合实力的支撑，还有《布雷顿森林协议》的保护，美元高居各成员货币之上，行使世界货币的职能既是该体系赋予美元的特殊地位，也是该体系运行的基础。在牙买加体系下，美元已经不再拥有这种制度上的保护，在形式上与其他国家货币处在一个平等的地位。除了制度上的变化导致美元霸权地位的相对下降外，来自其他国际货币的压力也对美元的霸权地位造成一定的影响。

1. 欧元的崛起对美元霸权的挑战

欧元这一超主权区域性货币的崛起是美元霸权的最大挑战。欧元启动以来，欧元区内部的贸易与投资都是用欧元来计价和结算，基本将美元挤出了该区域。在区域外的贸易与投资，欧元的使用比例也在逐渐上升；在国际储备上，21世纪初美元在全球外汇储备中比重的下降额度基本等于欧元的上升额度[①]。欧元在国际货币体系中对美元产生了一定的替代作用，对美元霸权形成了一定程度上的牵制。

2. 新兴经济体对美元霸权的挑战

进入21世纪以来，新兴经济体对世界经济增长贡献率不断上升，成为带动世界经济增长的主要动力，特别是当美国爆发金融危机和欧元区深陷主权债务危机之后，发达国家反倒需要新兴经济体的资金来渡过难关。随着新兴经济体国际经济地位的上升，必然要发展与之相称的货币地位，自然要求在国际货币体系中拥有更多的话语权，虽说无法从根本上撼动美元

---

① 详见本书第六章。

霸权的地位，但是也能起到一定的制衡作用。2009年，中国人民银行行长周小川提出的"创造一种与主权国家脱钩并能保持币值长期稳定的国际储备货币"的建议，就是新兴经济体努力制约当前国际货币体系中美元霸权的最好例子。

（二）牙买加体系下美元霸权仍然没有受到根本性的撼动

1. 美元依然是最主要的国际结算和储备货币

在牙买加体系下，国际贸易中美元结算的比重要远远高于其他货币，涉及美国的进出口几乎都是用美元结算的，即使是不涉及美国的国际贸易中，美元结算的比重也占据了很大的部分。1980年，国际贸易中用美元结算的比重为56%；即使是在欧盟成立后，该比重仍然占到53%[①]。

虽然《牙买加协议》希望将SDR作为主要的国际储备，但事与愿违，SDR始终无法成为主要的国际储备，美元仍旧是国际储备中的最主要的货币（如表7-4所示）。此外，美元还是国家贷款和国际债券市场上最主要的资产。

表7-4　1971—1990年各主要储备货币在国际储备中的份额　　单位:%

	1971年	1977年	1980年	1982年	1985年	1987年	1988年	1989年	1990年
SDR	4.5	2.8	3.1	4.8	4.8	4.7	4.8	4.8	4.8
美元	77.2	79.4	67.3	70.5	65.0	67.9	64.7	60.3	56.4
英镑	10.4	1.6	3.0	2.3	3.0	2.4	2.8	2.7	3.2
马克	1.9	8.2	15.2	12.3	15.2	14.5	15.7	19.1	19.7
日元	0	1.2	4.4	4.7	8.0	7.5	7.7	7.8	9.1

资料来源：IMF。

2. 美元霸权下的"中心—外围"结构

在牙买加体系下，美元仍然是最主要的国际货币，图7-2说明了美元霸权主导下的"中心—外围"结构，在这一架构下，存在以下两类外围国家：

一类主要是采取出口导向战略的国家（以东亚国家为主），它们通过出口积累了大量的美元储备，然后用这些美元储备购买了大量美国国债。

[①] 尹应凯，崔茂中. 美元霸权：生存基础、生存影响与生存冲突[J]. 国际金融研究，2009(12)：31-39.

在这种模式下,美国获得了两大好处:第一,美国通过发行货币的铸币税来购买东亚国家的商品,在满足美国国内需求的同时,也稳定了美国的物价水平。第二,东亚国家的美元储备主要用来购买美国国债,从而降低美国为经常项目逆差融资的成本①。

另一类外围国家以欧洲和拉美国家为主,它们购买了大量美国的金融资产或者收购美国公司,美国通过这种方式融入了大量的真实资本,并用这些资本进行国内投资或者对外直接投资②。在这种模式下,美国也得到了两大好处:第一,金融资产的收益率低于实际投资的收益率,美国通过向国外出售金融资产,可以赚取这两种收益率的差价。第二,美国可以将金融资产的风险转嫁到国外③。

图 7-2　美元霸权下的中心—外围架构

在这种"中心—外围"结构下,作为中心国家的美国获得了更多的收益(比如铸币税和通货稳定),而作为外围国家的东亚、欧洲和拉美国家则承担了更多的风险(如通货膨胀、资源输出甚至是金融危机)。显然这种国际货币体系是不平衡的,所以牙买加体系下的全球金融体系长期处于不稳定的状态中,并多次爆发金融危机④。

3. 美国对国际金融机构和国际组织的控制权

国际货币基金组织与世界银行并没有因为布雷顿森林体系的解体而退出历史舞台,反而对世界经济运行起到越来越重要的作用。这些国际金融机构仍然被以美国为首的发达国家所掌控,因此更多的是反映发达国家的利益诉求,美国依然能够保证"尽管无法确保 IMF 能够通过美国的每项提

---

① 据统计,2004 年年底,亚洲国家总共持有 12 000 亿美元的美国国债,此外还持有至少 10 000 亿美元的美国公司债券、股票以及存款,这一比例高达海外美国金融资产的 1/3。
② 何帆,张明. 国际货币体系不稳定中的美元霸权因素 [J]. 财经问题研究,2005(7):32-37.
③ 特别是对于股票而言,股票的发行商并没有义务承诺一个确定的收益率,而且发行股票并没有还本的压力,此外股票价格的涨落对于股票的发行公司而言并没有太大的影响。
④ 从牙买加体系形成至今,外围国家频发金融危机,比如 1980 年的拉美债务危机、1994 年的墨西哥金融危机和 1998 年的亚洲金融危机以及随后的俄罗斯、巴西和阿根廷的货币金融危机都是发生在处于体系外围的发展中国家或者新兴经济体。

议,但它却完全能够否决任何自己所不同意的提议"的特殊地位。在这两个组织的框架下,发展中国家的经济自主权却受到了极大的挑战①。此外,牙买加体系时期的各种国际组织②,在重大的国际事务中发挥着重要的作用,美国在这些国际组织中都扮演着主导者的角色,很多重要决议只有在符合美国利益时才能达成,或者只有在美国极力推动下某些决议才能真正付诸实施③④。

4. 金融危机无法彻底撼动美元的霸权地位

金融危机虽然一定程度上削弱了美元的霸权地位,但却无法对当前的国际货币体系造成根本性的影响,更无法彻底颠覆美元的霸权地位。从国际货币体系的历史看,美元是在美国各个方面已经完全超越了英国,并在两次世界大战帮助美国对原先的国际货币体系进行"破旧"的历史背景下,才完成美元霸权对英镑霸权的取代,建立了以美元为核心的国际货币体系。美元霸权至今已经维持了半个多世纪,即使是在布雷顿森林体系解体后,由于美国强大的经济实力与政治实力,美元霸权依旧稳固。2008年金融危机在重创了美国金融市场与实体经济的同时,也同样重创了美元主要竞争对手所属的经济体,欧元区和日本经济甚至先于美国陷入衰退⑤。美国依然是经济上与政治上最强大的国家,所以短期内国际货币体系仍将是以美元为核心。

三、对牙买加体系的评述

(1) 当前国际货币体系是对布雷顿森林体系的扬弃,部分克服了布雷顿森林体系的弊端,对世界经济的发展起到了一定的积极作用:第一,

---

① 以亚洲金融危机为例,IMF在向求援国提供贷款的同时也提出了极为苛刻的附加条件,这些条件一般是:要求危机国采取财政或货币方面的紧缩政策,提高利率以吸引外资并进一步稳定汇率,且还要求亚洲各国整顿金融结构,加速开放资本市场并迈向自由化,取消不平等的补贴政策等。这些附加条件已经远远超出了金融危机的范围,以紧缩为主的贷款条件将使受援国不得不忍受高失业率和经济严重萧条的痛苦,接受这些条件也意味着该国部分经济自主权的丧失。

② 例如,早期的五国集团(G5)、七国集团(G7)以及其后的八国集团(G8)、亚太经合组织(APEC)、二十国集团(G20)等。

③ 例如,日本迫于美国压力,G5于1985年达成《广场协议》,日元大幅升值,而日本经济也陷入长达十余年的不景气;2005年,人民币实行汇改,放弃多年实质上钉住美元的汇率制度,这虽然是中国经济发展的内在要求,但也与美国频繁施加压力不无关系。

④ 邹三明. 国际货币体系与美国霸权 [J]. 世界经济与政治, 2000 (3): 30-34.

⑤ 张明. 国际货币体系改革:背景、原因、措施及中国的参与 [J]. 国际经济评论, 2010 (1): 115-137.

"特里芬难题"已经证明任何国家货币单独作为国际储备货币都会存在无法解决的矛盾,储备货币的多元化可以一定程度上化解这一矛盾。第二,混合汇率制允许各个国家依照自身的具体情况选择最合适的汇率制度,赋予了各个国家货币政策上的灵活性,可以兼顾内部均衡与外部均衡。第三,牙买加体系下的多种调节机制,一定程度上缓和了布雷顿森林体系下调节机制失灵的矛盾。

然而,牙买加体系也存在着明显的弊端:第一,美元依旧是最主要的结算货币和储备货币,但美元却无须承担起维持币值稳定的责任,其他各种储备货币也同样无须稳定本国货币的币值,这就导致了当前国际货币体系缺乏一个稳定的基础。第二,牙买加体系下虽然是以浮动汇率为主的混合汇率体制[①],但是主要储备国家都采取浮动汇率制,竞争性贬值或竞争性升值经常发生,国际汇率处于频繁变动之中,这增加了国际贸易、国际投资与国际借贷的风险,多种结算货币与储备货币共存也增加了经济运行的成本。第三,国际收支调节机制不健全,各国更加注重本国的内部均衡,把外部均衡放在了一个比较次要的位置,而 IMF 的贷款机制并不能很好地促进国际收支平衡,以至于出现如美国这样的长期逆差国以及像石油输出国组织和中国这样的长期顺差国。

(2) 牙买加体系虽然是"无体系的体系",但它并非由"看不见的手"自发调节的完全竞争的市场体系,而是一种由美元、欧元、英镑和日元等充当国家关键货币,美国充当实际主导力量的垄断体系。虽然当前国际货币体系不像布雷顿森林体系下一样赋予美元绝对的主导地位,但是美元依然是最主要的国际货币,美元霸权依然存在。从某种角度上说,牙买加体系下的美元霸权是比国际金本位制下的英镑霸权和布雷顿森林体系下的美元霸权更高级的霸权。因为在国际金本位制和布雷顿森林体系下,英镑和美元虽然是唯一的国际关键货币,但是它们必须以承诺的比价随时接受持有者的兑换要求,所以国际金本位下的英镑和布雷顿森林体系下的美元都受到了黄金储备的制约。当前的美元霸权脱离了黄金而存在,其发行量完全取决于美国单方面的意愿,虽然美元与英镑、欧元以及日元几种国际关键货币共存,但英镑与日元的地位很难对美元构成实质性的威胁,而欧元则在欧洲主权债务危机下充分暴露了其非国家主权货币的内在缺陷,

---

① 孟宪扬. 浅析"牙买加体系"[J]. 世界经济,1990 (4):20-25.

因此，美元霸权在当前国际货币体系下依然无法撼动。

（3）牙买加体系并不是真正意义上的国际货币体系，而是一个过渡性质的国际货币体系。就像国际金汇兑本位制是国际金本位制到布雷顿森林体系的过渡体系一样，牙买加体系是从布雷顿森林体系到未来某一相对稳定的国际货币体系的过渡体系。牙买加体系与国际金汇兑本位制不同的是：国际金汇兑本位制下英镑与美元处于一个对峙状态，但是美元霸权取代英镑霸权的趋势已经不可阻挡，因此国际金汇兑本位制作为过渡体系并没有维系很长一段时期。第二次世界大战的爆发只是加快了霸权更替的进程，但即使没有第二次世界大战，美元霸权也必将取代英镑霸权。牙买加体系下美元霸权地位虽然相对下降，但可以与美元抗衡甚至取代美元霸权的货币并未出现，在未来可预见的一段时期内也不大可能出现，因此，牙买加体系作为一个过渡体系，还会维持较长的一段时间。

第五节　对国际货币体系历史演变的评述

（一）国际货币体系更替反映了经济霸权力量转移和世界经济格局的变化，是一个不断变迁的过程

特定历史时期的货币霸权国主导了这一时期国际货币体系的形成，而货币霸权的更替导致了国际货币体系的更迭。如果货币霸权发生根本性的更替，那么国际货币体系也将发生根本性的变化，如国际金本位制和布雷顿森林体系；如果旧的货币霸权地位开始衰落而新的货币霸权尚未形成，那么国际货币体系就将进入过渡体系，如国际金汇兑本位制和牙买加体系。

19世纪，英国凭借其超强实力确立英镑霸权，并通过实行金本位制，引导其他国家跟随英国实行金本位制，最终建立了国际金本位制。第一次世界大战之后英镑地位逐渐衰落，英国被迫放弃金本位制，国际金本位制也彻底解体。两次世界大战期间，英镑与美元处于对峙状态，决定了当时国际金汇兑本位制的过渡性与不稳定性。第二次世界大战之后，美元霸权取代了英镑霸权，美元也主导了布雷顿森林体系的建立。20世纪70年代，美元地位的相对下降，无法满足布雷顿森林体系对美元绝对核心的内在要求，国际货币体系也进入了牙买加体系。

历史经验证明，国际经济与政治格局处在不断变化的过程中，各种国

际货币的地位也必然随之不断变化，没有一种货币可以长期保持霸权地位，这就决定了国际货币体系也是处于一个不断变迁的过程中。除非超主权国际本位货币这个理论上的设想可以成为现实，否则国际货币体系不可能存在一个恒久稳定的制度安排。

（二）国际货币体系的相对稳定性

国际货币体系的相对稳定性是指当某一种制度安排（比如国际金本位制和布雷顿森林体系）被确立下来之后，这种制度安排在一段时间内会基本保持不变，各国经济实力与政治实力的变化短期内不会对这种制度安排产生影响。

国际货币体系是一种制度安排，制度的作用是通过建立互动稳定的结构来减少不确定性[①]。因此，国际货币体系内在要求其具有相对的稳定性，只有这样才能最大限度地降低国际货币体系运行过程中的不确定性从而降低运行成本，提高制度效率。从国际货币体系的历史来看，虽然各国综合实力地位从19世纪以来频繁交替变化，但国际货币体系至今只经历过四种制度安排。而在每一种国际货币体系下，虽然各国的综合实力也一直在发生细微的变化，但国际货币的地位和国际货币体系的制度安排却保持着一个较为稳定的状态。每一次国际货币体系的破旧立新，都是因为货币霸权国在国际经济政治格局中的地位与该货币在国际货币体系中的地位两者之间的矛盾激化到了不可调和的地步。这才使得国际货币体系从一种制度安排过渡到另一种制度安排。

（三）国际货币体系下各国货币地位的不对称性

既然国际货币是非中性的，那么各种国际货币相互制衡形成的国际货币体系必然也是非中性的。国际货币之间的竞争其实是若干个主权国家之间的竞争，由于在国际上不存在高于国家的权威，若干国际关键货币在其中不断争夺货币流通域并试图长期垄断国际货币体系，因此国际货币之间的竞争比国家内部更加激烈[②]。但在此基础上建立起来的国际货币体系终究是代表少数国际货币发行国的利益，其他国家由于本国货币地位的劣势导致其在国际货币体系中长期利益得不到保障。

---

① 道格拉斯·C.诺思. 制度、制度变迁与经济绩效 [M]. 杭行，译. 上海：格致出版社，上海三联书店，上海人民出版社，2008：7.
② 张宇燕，张静春. 货币的性质与人民币的未来选择：兼论亚洲货币合作 [J]. 当代亚太，2008（2）：9-43.

国际货币体系存在的意义在于降低世界经济往来中的交易成本，而国际货币内生性具有规模经济的特性，这就决定了国际货币体系下各国货币的地位先天的具有不对称性。从理论上讲，在世界范围内只流通一种货币的成本是最低的，也是最有效率的，但这受各国政治、经济、文化和宗教等多方面客观因素的制约而不可能成为现实。在这一矛盾的作用下，国际货币体系的特点是多种货币并存，但有一种或少数几种国家货币的地位要高于其他国家货币。这些属于核心地位的货币作为主要的国际交易媒介、计价货币和储备货币，可以在较大程度上降低交易成本，提升国际货币体系的效率。

（四）货币霸权有利于国际货币体系的稳定运行

降低交易成本的内在要求决定了国际货币体系下总有一种货币将占据绝对的或相对的主导地位，而国际货币的规模经济则决定了位居主导地位的国际货币将会自我强化以达到稳固其地位，从而形成货币霸权。货币霸权的存在又有利于国际货币体系的稳定运行。历史经验证明，英镑霸权下的国际金本位制和美元霸权下的布雷顿森林体系都经历了几十年的稳定运行，国际贸易与国际投资在这两个时期也有较快的发展。金德尔伯格（1971）指出，世界经济必须有一个超级霸权大国作为"稳定者"，为全世界范围内的剩余产品提供一个市场，保证资本的充分流动，维持国际汇率结构和协调各国的宏观经济政策，并在银行发生危机的紧要关头发挥救助作用[1]。

（五）国际货币体系的内在矛盾

国际货币体系的制度安排中，始终存在着两个难以抉择的问题：第一，汇率安排是选择固定汇率制、浮动汇率制还是混合汇率制；第二，国际货币的各项职能是由一种货币来执行，还是由多种货币来执行。

无论国际货币体系如何变动，其汇率安排始终只能在固定汇率制和浮动汇率制两种之间选择。国际金本位制与布雷顿森林体系下的固定汇率制，虽然各国汇率相对稳定，有利于国际贸易与国际投资的开展，但却导致各个国家内部均衡被迫服从于外部均衡，不符合国家自身的利益。牙买加体系下的混合汇率制虽然有利于各个国家根据本国经济具体情况选择合适的汇率制度和采取符合本国利益的货币政策，却导致了汇率的剧烈波

---

[1] 程实. 次贷危机后的国际货币体系未来发展：本位选择、方向和路径 [J]. 经济学家, 2009 (6)：84-89.

动，国际间经济往来成本增加，各国国际收支长期不均衡以及金融危机频发。固定汇率制与浮动汇率制各有优点，也各有缺点，很难权衡取舍，最终只能任由各个国家自行选择，这也就不难理解为何《牙买加协议》对于汇率制度的规定是"允许固定汇率制和浮动汇率制'暂时'并存"，但关于"暂时"却没有给予明确的规定，并维持了40余年。

国际货币的供给类似于一国内部自然垄断的行业，从行业特性而言，需要由单一产商进行供给，但单一产商的垄断也会导致市场的无效率。在一国内部，政府作为最高权威可以对自然垄断行业进行监管，在维持单一产商的同时消除垄断的负面影响，最大限度保持市场的有效率。然而，在国际货币供给的问题上，虽然由单一国家进行供给会节省交易成本，但这种情况下的货币霸权又会导致国际货币发行国与其他国家的利益无法协调；由多个国家进行供给又会导致国际汇率的不稳定，而在国际货币领域又没有超国家的绝对权威可以对国际货币的发行进行宏观调控，这也就是国际货币体系内在矛盾的根本原因。

第六节 对未来国际货币体系的看法

国际货币体系的历史先后经历了四种制度安排——两个稳定的国际货币体系（国际金本位制和布雷顿森林体系）和两个过渡性的体系（国际金汇兑本位制和牙买加体系）。当前，国际货币体系处于牙买加体系时期，从历史规律来看，作为一种过渡性体系，牙买加体系最终必然走向一个相对稳定的货币体系（如图7-3所示）。

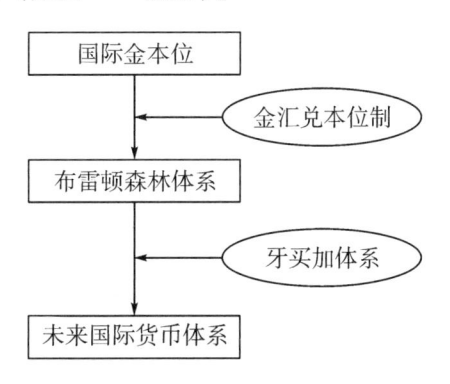

图7-3 国际货币体系演进

然而，从当前各国际货币角逐的现状来看，未来国际货币体系的具体制度安排依然难以预测。主要原因有：国际货币体系的内在矛盾决定了国际货币体系无论做怎样的制度安排，总会具有内在的缺陷，理论上和历史经验上都证明了没有一个恒久稳定的国际货币体系。理想状况下的国际货币体系，各国应当既能实施符合本国经济状况的货币政策，又能维持国际收支的平衡；既维持国际货币体系的有效运转，还要充分考虑该体系下各国之间利益的公平性。然而，任何制度安排都无法保证这几个目标的同时实现，如果一个新的制度安排可以弥补当前国际货币体系存在的缺陷的话，那么在新的制度安排下必然会有新的缺陷。

本书认为，由于各国综合实力的差距在缩小，未来的国际货币体系很难出现像国际金本位制和布雷顿森林体系下英镑或美元独霸的局面，未来国际货币体系应当是"一超多极"，也就是说，美元依然是最主要的国际货币，但是其地位将比牙买加体系有所下降，欧元以及亚洲货币（可能是人民币和日元，也可能是某种亚洲区域性货币）地位将会上升。欧元和亚洲货币将在各自的区域内充当计价、结算和储备手段，美元在这些区域内的职能将被替代。而在其他区域，美元依旧充当国际主要的计价、结算和储备手段。欧元和亚洲货币对美元具有较强的替代性，因此美元在未来国际货币体系的框架下为美国牟取利益的能力将被削弱。

然而，当前欧元依旧未能解决其内在矛盾，人民币和日元的地位尚不具备成为国际货币体系的"一极""亚元"的诞生也存在经济、政治及历史诸多方面的制约因素，所以未来国际货币体系的建立还需要经历一段较长的时期。牙买加体系作为一个过渡体系，还将继续存在。

第八章 人民币国际化的进程及现状

改革开放四十多年，中国经济持续快速发展，国内生产总值稳居世界第二大经济体。尤其是党的十八大、党的十九大、党的二十大以来，中国经济稳中向好、稳中有进，主动从高增长向高质量发展转变，科技信息产业竞争力明显增强，成熟的金融市场体系基本建立，货币跨境流通的渠道和监管体系日臻完善，中国的国际地位和国际影响力显著提升。具有全球影响力的经济需要与之相适应的货币安排，这也是中国应承担的责任与应享有的权利。如今，人民币在国际贸易和金融市场的地位和作用已不可小觑。国际社会开始注意到这种意义深远的格局变化，对人民币国际化的态度由怀疑、冷漠甚至带有敌意性的忽视转变为关注、响应，甚至程度不等的欢迎。本章主要总结人民币国际化的历史进程，分析当前人民币国际化的现状。

第一节 人民币国际化发展历程

2009年4月8日，国务院常务会议决定，在上海、广州、深圳、珠海和东莞开展跨境人民币结算试点。以此为起点，人民币国际化进程正式启动，开启了人民币"走出去"的新里程[1]。2009年也因此被认为是人民币国际化"元年"。

---

[1] 虽然在2009年以前，中国也采取了一些推动人民币国际化的动作，如国家允许在边境贸易中使用人民币计价和结算，允许边境地区的境外贸易机构到境内银行开立人民币结算账户，支持边境地区双边银行展开合作，建立人民币结算代理业务关系；同意内地为中国香港、澳门提供人民币业务清算安排等。但这些动作和政策较为零星，没有形成持续化的政策推动，达到全面推进的效果。

一、人民币跨境结算扮演人民币国际化的"排头兵"角色

2009年7月1日,中国人民银行等六部委①联合发布《跨境贸易人民币结算试点管理办法》,第一批试点城市为上海、广州、深圳、珠海和东莞。随后,中国银行在上海办理第一笔跨境贸易人民币结算业务。2010年6月22日,中国人民银行等六部委②联合发布《关于扩大跨境贸易人民币结算试点有关问题的通知》,将境内结算试点范围扩大到20个省(自治区、直辖市)③,跨境结算的对象也从原来的周边地区向全球扩展。2011年8月23日,六部委再次联合发布《关于扩大跨境贸易人民币结算地区的通知》,至此跨境贸易人民币结算境内试点地域范围扩大至全国,业务范围也逐步扩展至部分资本项目④。2012年3月,为配合跨境贸易人民币结算试点,拓宽人民币回流渠道,中国人民银行对于境外人民币清算开展机构试点,允许境外中央银行或货币当局,中国香港、澳门地区人民币业务清算行,以及跨境贸易人民币结算境外参加银行三类机构参与境外人民币结算。在政策支持和市场需求的合力推动下,跨境贸易人民币结算从无到有,试点范围不断扩大,跨境贸易人民币结算量迅猛发展,截至目前人民币已成为中国第二大跨境支付货币和全球第四大支付货币⑤。

二、多措并举促进人民币国际投融资功能的提升

虽然目前人民币还未实现资本项目的可自由兑换,但人民币在迈出"国际化"的步伐后,国家在人民币国际投融资(主要是针对香港金融市场)功能上采取了一系列尝试,资本项目开放程度不断提升。

---

① 中国人民银行、财政部、商务部、海关总署、国家税务总局和中国银行业监督管理委员会。
② 中国人民银行、财政部、商务部、海关总署、税务总局和银监会。
③ 广东的试点范围由4个城市扩大到全省,其他增加的试点地区为北京、天津、内蒙古、辽宁、吉林、黑龙江、江苏、浙江、福建、山东、湖北、广西、海南、重庆、四川、云南、西藏和新疆。
④ 跨境贸易人民币结算地区增加的省份为:河北、山西、安徽、江西、河南、湖南、贵州、陕西、甘肃、宁夏、青海省(自治区)。
⑤ 2021年,人民币在全球支付交易中的排名取得新的突破,六年来首次跻身全球四大活跃货币之列。据SWIFT统计,2021年12月,人民币在全球支付交易中的份额为2.70%,超过日元0.12个百分点,成为全球第四大支付货币。

（一）人民币合格境外机构投资者和人民币合格境内机构投资者

人民币合格境外机构投资者（RMB Qualified Foreign Institutional Investors，简称 RQFII），是指经中国证监会批准，并取得国家外汇管理局额度批准，运用来自境外的人民币资金进行境内证券投资的境外法人。2011 年 12 月，中国证监会、中国人民银行和外汇管理局联合发布《基金管理公司、证券公司人民币合格境外机构投资者境内证券投资试点办法》，允许符合条件的境内基金管理公司、证券公司的中国香港子公司作为试点机构开展 RQFII 业务，初期试点额度为 200 亿元人民币。RQFII 由中国证监会、中国人民银行、国家外汇管理局（简称外管局）三个部门共同监管，其中证监会对试点机构的境内证券投资实施监督管理；央行依法对试点机构在境内开立人民币银行账户进行管理；外管局依法对 RQFII 的投资额度实施管理，央行会同外管局依法对资金汇出入进行监测和管理。2013 年 3 月份，中国证监会、中国人民银行和国家外汇管理局发布修订后的《人民币合格境外机构投资者境内证券投资试点办法》，进一步扩大 RQFII 试点范围，允许更多境外金融机构将离岸筹集的人民币资金投资境内资本市场[①]。2019 年 9 月，国家外汇管理局正式取消合格境外机构投资者（QFII）和人民币合格境外机构投资者（RQFII）投资额度限制，同时也一并取消 RQFII 试点国家和地区的限制。2020 年 9 月，中国证监会、中国人民银行、国家外汇管理局发布《合格境外机构投资者和人民币合格境外机构投资者境内证券期货投资管理办法》，进一步完善了对 RQFII 的管理[②]。

人民币合格境内投资者（RMB Qualified Domestic Institutional Investor，简称 RQDII），是指取得国务院金融监督管理机构许可的境内金融机构，以自有人民币资金或募集境内机构和个人人民币资金，投资于境外金融市场的人民币计价产品（银行自有资金境外运用除外）。2014 年 11 月，中国人民银行发布《关于人民币合格境内机构投资者境外证券投资有关事项的通

---

① 第一，扩大试点机构类型，境内商业银行、保险公司等的境外子公司可以参与试点。第二，放宽投资范围限制，允许机构根据市场情况自主决定产品类型，RQFII 在经批准投资额度内投资，不再限定用于股票及股票类基金投资的比例。

② 第一，降低准入门槛，便利投资运作。将 QFII、RQFII 资格和制度规则合二为一，放宽准入条件，简化申请文件，缩短审批时限，实施行政许可简易程序。第二，稳步有序扩大投资范围。允许 QFII、RQFII 投资全国中小企业股份转让系统挂牌证券、私募投资基金、金融期货、商品期货、期权等，允许参与债券回购、证券交易所融资融券、转融通证券出借交易。第三，加强持续监管。加强跨市场监管、跨境监管和穿透式监管，强化违规惩处，细化具体违规情形适用的监管措施等。

知》，RQDII 机制正式推出。根据通知要求，RQDII 境外投资资金汇出规模应以实际募资规模为准，且不得超过其向国务院金融监督管理机构报送的产品最大发行规模。2015 年，由于跨境资金净流出压力陡增，为缩减离岸人民币市场的流动性，抬高空头离岸做空人民币的成本，央行通过窗口指导暂停机构申请新的 RQDII 相关业务。2018 年 5 月，中国人民银行发布《关于进一步明确人民币合格境内机构投资者境外证券投资管理有关事项的通知》，重启 RQDII，并进一步明确其境外证券投资管理的有关事项①。

(二) 金融市场交易互联互通机制

1. "沪港通"开展试点

2014 年 10 月，中国证监会正式批复开展沪港通试点，建立上海与香港股票市场交易互联互通机制（简称沪港通），进一步促进中国内地与香港资本市场双向开放和健康发展。沪港通由沪股通和港股通两部分构成，其中，沪股通是指投资者委托联交所参与者，通过联交所证券交易服务公司，向上交所进行申报，买卖规定范围内的上交所上市股票。港股通是指投资者委托上交所会员，通过上交所证券交易服务公司，向联交所进行申报，买卖规定范围内的联交所上市股票。沪港通业务实行双向人民币交收制度，内地投资者买卖以港币报价的港股通股票并以人民币交收，香港地区投资者买卖沪股通股票以人民币报价和交易。沪港通既可方便内地投资者直接使用人民币投资香港市场，也可增加境外人民币资金的投资渠道，便利人民币在两地的有序流动。

2. "深港通"正式启动

在沪港通积累一定试点经验的基础上，2016 年 8 月，国务院批准《深港通实施方案》，并于同年 12 月正式启动深港通。与沪港通一样，深港通由深股通和港股通两部分构成，实行双向人民币交收制度，两者的港股通都是市值 50 亿港币及以上的恒生综合小型股指数成分股，但最大的区别在于深市有中小板和创业板，深市的成长股是沪港通和港股市场的补充。深

---

① 第一，RQDII 投资于境外金融市场的人民币计价产品（银行自有资金境外运用除外）。第二，RQDII 开展境外投资，不得将人民币资金汇出境外购汇。第三，应当按照规定向中国人民银行上海总部报送人民币合格投资者基本情况、托管银行、资金来源及规模、投资计划、资金汇出入、境外持仓情况等信息。第四，中国人民银行对 RQDII 实施宏观审慎管理。第五，境内托管银行应当加强真实性、合规性审核，确保相关业务依法依规开展，并向中国人民银行报送相关信息。第六，中国人民银行上海总部做好信息监测工作，加强人民币合格投资者的事中事后监督管理。第七，对违反相关规定，中国人民银行采取通报、限期整改等监管措施。

港通的标的就不局限于 AH 股同时上市,而还包含深市成分股,由于深市成分股与沪市有很大区别,因此这会使香港市场的投资范围扩大,有利于进一步深化内地与香港地区的金融合作,发挥深港区位优势,促进内地与香港经济、金融的有序发展。

3. "沪伦通"深入发展

2020 年 6 月,中国证监会和英国金融行为监管局 17 日发布联合公告,正式启动"沪伦通"业务,中国资本市场双向开放的广度深度不断提升。"沪伦通"是上海证券交易所与伦敦证券交易所互联互通机制,是指符合条件的两地上市公司,依照对方市场的法律法规,发行存托凭证(DR)并在对方市场上市交易。同时,"沪伦通"通过存托凭证与基础证券之间的跨境转换机制安排,实现两地市场的互联互通。"沪伦通"包括东西两个业务方向(东向业务和西向业务)。东向业务是指伦交所上市公司在上交所挂牌中国存托凭证(CDR),即由存托人签发、以境外证券为基础在中国境内发行、代表境外基础证券权益的证券。西向业务是指上交所 A 股上市公司在伦交所挂牌全球存托凭证(GDR),即由存托人签发、以沪市 A 股为基础在英国发行、代表中国境内基础证券权益的证券。

4. "熊猫债"首次注册

2013 年 12 月,中国银行间交易协会(NAFMII)[①] 接受德国戴姆勒股份公司在我国银行间债券市场发行 50 亿元人民币定向债券融资工具的注册,这是境外非金融企业首次注册熊猫债[②]。2015 年 9 月,人民银行批复同意香港上海汇丰银行有限公司和中国银行(香港)有限公司在银行间债券市场分别发行 10 亿元人民币和 100 亿元人民币金融债券,这是国际性商业银行首次获准在银行间债券市场发行人民币债券。2015 年 11 月和 12 月,NAFMII 先后接受加拿大不列颠哥伦比亚省和韩国政府在我国银行间债券市场发行 60 亿元人民币和 30 亿元人民币主权债券的注册。从此,熊猫债注册进入快车道[③]。截至 2021 年年末,熊猫债发行主体已涵盖政府类机构、国际开发机构、金融机构和非金融企业等,累计发行规模 5 401.70

---

① 中国银行间市场交易商协会(National Association of Financial Market Institutional Investors,简称 NAFMII)是由市场参与者自愿组成的,包括银行间债券市场、同业拆借市场、外汇市场、票据市场和黄金市场在内的银行间市场的自律组织,会址设在北京。

② 熊猫债,境外机构(含中国香港、澳门和台湾地区)在中国境内发行的以人民币计价的债券,它与日本的"武士债券"、美国的"扬基债券"统属于外国债券的一种。

③ 中国人民银行. 2016 年人民币国际化报告 [M]. 北京:中国金融出版社,2016.

亿元人民币[①]。

5. "债券通"上线

为创新中国内地银行间债券市场与香港债券市场之间的合作机制，进一步激发境外中小机构投资者投资境内人民币债券市场的潜力，2017年7月，中国人民银行与香港金融管理局发布公告，决定批准香港与内地"债券通"上线，首先开通的是"北向通"，指境外投资者经由香港与内地金融基础设施机构在交易、结算、托管等方面互联互通，买卖境内银行间市场债券的交易制度安排[②]。2021年9月，"南向通"上线，为境内机构投资者投资境外债券提供了一个全新渠道。"南向通"采用基础设施互联互通及境内外托管行"双托管"两种模式[③]。其与"北向通"不同，一是由于"南向通"涉及跨境资本流动监管，境内监管机构对"南向通"实施额度限制和宏观审慎监管[④]。二是"北向通"以人民币为债券成交后唯一跨境结算货币、兑换环节置于境外，"南向通"允许境内投资者使用人民币或外汇参与交易。若境内投资者以人民币购买境外人民币债券，则达成交易后，其应通过人民币跨境支付系统（CIPS）[⑤] 办理债券交易的人民币支付。

6. "跨境理财通"业务试点

2020年6月29日，中国人民银行会同香港金管局、澳门金管局发布公告，在粤港澳大湾区[⑥]开展"跨境理财通"业务试点。粤港澳大湾区居

---

① 中国人民银行. 2022年人民币国际化报告［M］. 北京：中国金融出版社，2016.

② 汪昌云. 债券通：中国债券市场开放的主力军［J］. 金融市场研究，2022（11）：1-6.

③ 一是由境内金融监管部门认可的境内债券登记结算机构，在香港金融监管部门认可的香港债券登记结算机构开设名义持有人账户，登记代境内投资者名义持有的债券余额。二是由境内托管清算行和香港金管局认可的境外托管清算行建立托管关系，将债券名义托管在境外托管行开立在香港债务工具中央结算系统（CMU）的托管账户。投资者可以自由选择两种模式中的一种。

④ "南向通"目前规定每年净流出规模5 000亿元人民币，投资范围仅限于香港市场流通的债券基金数量，但是其中很大一部分流入香港离岸人民币市场，直接增加离岸人民币债券发行规模和交易规模。

⑤ 人民币跨境支付系统（Cross-Border Inter-Bank Payments System，简称CIPS），是由中国人民银行开发的、为其成员进行跨境人民币支付与贸易提供清算和结算的支付系统，是中国一个重要的金融市场系统。截至2022年年末，CIPS系统已有参与者1 360家，其中直接参与者77家，间接参与者1 283家，覆盖全球6大洲，103个国家和地区，实际业务覆盖175个国家的超过3 500家法人机构。

⑥ 粤港澳大湾区是指由广州、佛山、肇庆、深圳、东莞、惠州、珠海、中山、江门9市和香港、澳门两个特别行政区形成的城市群。粤港澳大湾区是继美国纽约湾区、美国旧金山湾区、日本东京湾区之后，世界第四大湾区，是国家建设世界级城市群和参与全球竞争的重要空间载体。

民个人可以跨境投资粤港澳大湾区银行销售的理财产品。与"债券通"一样,"跨境理财通"也分为"南向通"和"北向通"。其中,"南向通"指粤港澳大湾区内地居民通过在港澳银行开立投资专户,购买港澳地区银行销售的合资格理财产品;"北向通"是指港澳地区居民通过在粤港澳大湾区内地银行开立投资专户,购买内地银行销售的合资格理财产品。截至2021年年末,参与"跨境理财通"试点的大湾区居民已超2万人次,参与试点银行共68家,"跨境理财通"收付金额合计为4.86亿元人民币。"北向通"累计净汇入额1.76亿元人民币,"南向通"累计净汇出额1.06亿元人民币。"跨境理财通"是国家支持粤港澳大湾区建设,推进内地与香港澳门金融合作的重要举措,不仅促进了我国金融市场对外开放,更促进了内地与港澳社会经济共同发展。

(三)人民币离岸市场稳健发展

人民币离岸市场,是指在人民币发行境内或境外,能够进行以人民币为交易媒介的借贷、结算、资本流动、信托、保险和期货、证券、衍生工具交易等金融服务,而不受市场所在地和中国金融市场法规和法律限制的市场。目前主要的人民币离岸市场有香港人民币离岸市场、伦敦人民币离岸市场、新加坡人民币离岸市场以及俄罗斯人民币离岸市场。

2009年1月,中国人民银行与香港金融管理局签署双边本币互换协议,规模为2 000亿元人民币[①]。2010年7月,双方再次签署《香港银行人民币业务的清算协议》并发布联合公告,人民币自2010年7月19日起可在香港交割,允许人民币存款在香港的银行间往来转账,香港的银行为金融机构开设人民币账户和提供各类服务不再有限制,企业兑换人民币的上限被取消,个人和企业相互之间也可以通过银行自由进行人民币资金的支付和转账。香港自此踏出了人民币离岸金融市场建设的第一步。香港离岸人民币市场是在中国政府政策主导下逐步形成的,属于政策推动型的离岸市场。凭借优越的国际金融中心地位和背靠内地的独有经贸优势,作为内地与境外沟通的重要桥梁,香港人民币离岸市场在近十年的发展过程中一直是全球最大的人民币离岸交易中心。

2012年4月,伦敦金融城正式发布"人民币离岸中心计划",同时汇丰银行在伦敦发行第一只离岸人民币债券,标志着伦敦人民币离岸市场正

---

① 该协议2011年续签,规模增至4 000亿元人民币,最近一次续签是2020年,规模增至5 000亿元人民币。

式启动，成为继香港之后全球第二大人民币离岸交易中心。伦敦人民币离岸市场作为第一家真正踏出中国本土的离岸市场，它的建设启动更加体现出人民币被国际认知并接受的程度不断加深，具有举足轻重的意义。同时，英国官方一直积极地将伦敦打造为除香港以外的第二大人民币离岸市场。2013年6月，英国央行与中国央行签署为期三年的，规模为2 000亿元人民币的中英双边本币互换协议，为伦敦人民币离岸市场发展提供助力[1]。2014年6月18日中国人民银行宣布授权中国建设银行（伦敦）有限公司担任伦敦人民币业务清算行，并于2014年7月29日正式启动中国与伦敦的清算服务。

2010年7月，中国人民银行和新加坡金管局签署双边货币互换协议，规模为1 500亿元人民币[2]。2013年3月，央行授权中国工商银行新加坡分行担任新加坡人民币业务清算银行，并于同年5月正式启动离岸人民币清算业务，新加坡人民币离岸金融中心建设取得了历史性进展。作为在国际上的地位仅次于伦敦、纽约和东京的传统国际金融中心，新加坡人民币离岸中心具有明显的地缘优势、制度优势和市场优势。

2013年至2015年，受地缘政治冲突、美欧制裁及国际油价暴跌等多方面因素影响，莫斯科交易所人民币交易量呈现井喷式增长，人民币/卢布外汇交易量从2013年的360亿卢布攀升至2018年的10 810亿卢布，同比增长119.7%。随着俄乌战争的爆发，2022年2月26日，美国与欧盟、英国和加拿大发表共同声明，宣布禁止俄罗斯使用环球同业银行金融电讯协会（SWIFT）[3]国际结算系统。随着中俄经贸合作的不断深化，越来越多企业倾向于使用人民币和卢布签订贸易合同，莫交所人民币/卢布交易量激增，俄银行广泛开展人民币业务。如能源巨头俄罗斯石油公司（Rosneft），也发行了以人民币计价的债券来筹集资金。俄罗斯央行数据显示，截至2022年9月，俄罗斯出口贸易中以人民币支付的货款占比由俄乌冲突前的0.4%上升至14%。

此外，加拿大、澳大利亚、巴黎、卢森堡、法兰克福等离岸中心也相

---

[1] 在2021年11月12日最后一次续签后，货币互换规模增至3 500亿元人民币。
[2] 该协议2013年3月续签，规模从1 500亿元人民币增至3 000亿元人民币。
[3] SWIFT是全球最安全、最便捷、最重要的跨境支付系统，不同国家的银行之间进行跨境转账都需要通过SWIFT来进行。全世界几乎所有的重要金融机构都是该系统的成员，其中包括近300家俄罗斯银行。

继建立。截至 2021 年年末，中国人民银行在中国大陆以外的 25 个国家和地区共设立了 27 家人民币清算行，覆盖港澳台地区、东南亚、欧洲、南北美洲、大洋洲、中东和非洲。

三、以货币互换为突破口发挥人民币国际储备货币职能

在人民币国际化的初期阶段，人民币的官方使用主要是通过与周边的一些国家和地区签署双边货币互换协议来实现。从 2008 年 12 月与韩国签署的货币互换协议开始，先后共有 40 个国家和地区与中国签署了货币互换协议[①]，总金额超过 4 万亿元人民币，覆盖了全球主要发达经济体和新兴经济体，以及主要离岸人民币市场所在地。同时还有少数的国家和地区将人民币作为官方储备。

随着中国金融体系几十年改革开放不懈努力，以及人民币国际化进程的不断推进，2016 年 10 月 1 日，IMF 宣布将人民币纳入 SDR 新货币篮子，人民币正式成为 SDR 货币篮子继美元、欧元、日元和英镑后的第五种货币，权重为 10.92%，一举超过日元的 8.33% 和英镑的 8.09%。这是中国经济融入全球金融体系的一个重要里程碑，是世界各国对中国改革开放，特别是对中国在货币政策和金融体系方面取得成就的认可。一方面，人民币成为 IMF 的官方交易货币，IMF 可以使用人民币向成员拨款，IMF 成员可以使用人民币向 IMF 缴纳份额或还款。另一方面，人民币作为国际储备货币的地位被正式认定。人民币加入 SDR 新货币篮子后，其他国家和地区中央银行或货币当局持有的人民币资产将无可争议地被统一认定为外汇储备。同时，IMF 也相应修改了 COFER[②] 的统计报表，将之前统计的七种货币增加至八种，人民币被纳入并单独列出。参与 COFER 的各国都需要向 IMF 报送官方持有人民币资产的情况，IMF 也会定期公布各国将人民币作为外汇储备的汇总情况。自加入 SDR 新货币篮子以来，人民币在 COFER 中的比重呈现快速上升的势头，其作为国际储备货币的职能也初步显现。

---

① 双边本币互换协议（bilateral swap agreements）是一种债务保值工具，用以减轻协议期间双方汇率波动造成的影响，或应对可能的流动性危机。
② 官方外汇储备货币构成（currency composition of official foreign exchange reserves，简称 COFER），是 IMF 统计部管理的一个数据库，其中包含报告国/辖区的期末季度数据。数据在汇总之后进行公布；个别国家的数据不予公布。COFER 数据中区分八种货币：美元、欧元、人民币、英镑、日元、瑞士法郎、澳元和加元。所有其他货币不加区分，归为"其他货币"一类。在人民币加入 SDR 新货币篮子之前，人民币就归为"其他货币"。

第二节 人民币国际化的现状

在过去近十年中，中国经济持续保持高速增长，金融体系改革纵深推进，人民币愈发受到全球各个国家的认可。跨境人民币结算功能进一步巩固，国际金融计价交易职能基本稳定，国际储备职能不断增强。人民币国际化程度不断提高，与中国的经济地位、贸易地位和政治地位的差距日趋缩小。

一、人民币跨境使用延续稳步增长态势

2015—2021 年，人民币在跨境使用上呈现稳步增长态势，跨境收付金额在 2015—2018 年呈现波动状态，2019—2021 年呈现快速增长态势。2021 年，人民币跨境收付金额合计为 36.61 万亿元（人民币，下同），同比增长 28.95%，是 2017 年的低位的近 4 倍。

（一）人民币跨境收付比

2021 年，人民币跨境实收金额 18.51 万亿元，实付金额 18.10 万亿元，同比分别增长 31.28% 和 26.57%，人民币净流入 4 045 亿元，收付比 1∶0.98。从 2015—2021 年数据看（见图 8-1），除 2016 年收付比达到 1∶1.60，资金净流出 2.27 万亿元外，其余年份人民币每年跨境流入和流出的金额总体较为平衡，表现为少量的净流出或者净流入。近几年，人民币跨境收付在同期本外币跨境收付总额中的占比基本维持在 45% 以上。

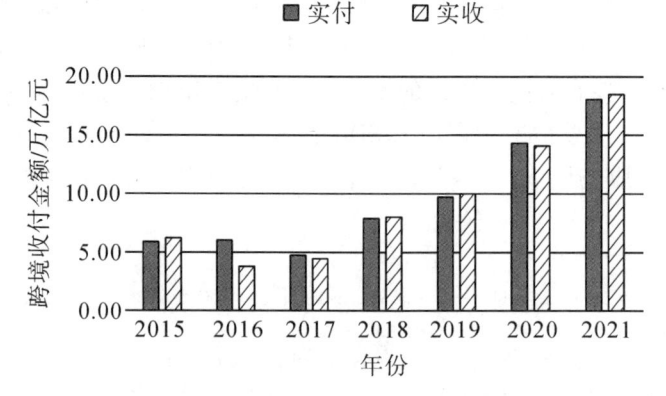

图 8-1 2015—2021 年人民币跨境收付数据

（资料来源：根据中国人民银行每年人民币国际化报告数据整理）

（二）人民币跨境收付中经常项目与资本项目的比重

2021年，经常项目人民币跨境收付金额7.95万亿元，资本项目人民币跨境收付28.66万亿元，同比分别增长20.71%和56.19%。从2015—2021年数据看，经常项目下人民币跨境收付呈现先降后升状态，主要是2015年"8·11汇改"后，人民币有一定的贬值预期，跨境贸易中人民币结算使用比例相对下降，2017年经常项目下人民币跨境收付最低降到4.36万亿元后，逐步回归上升通道，到了2021年才回到超过2015年的水平。2021年经常项目人民币跨境收付金额同比大幅增长，主要是受汇率波动风险上升的影响，更多市场主体在跨境贸易中优先使用人民币结算。

资本项目人民币跨境收付呈现快速增长趋势，2021年收付金额28.66万元，是2015年的5.89倍，年均增速34.37%。2021年资本项目人民币跨境收付占比78.28%，较2015年提高了38.04个百分点。可见，资本项目下的人民币跨境收付是人民币跨境支付快速增长的主要原因，这也说明了中国资本市场开放程度正在不断提升，人民币越来越受到其他国家和地区的欢迎。"人民币出海"顺应货币体系"去美元化""一带一路"协同发展的国际趋势，加深了与周边经济体的金融合作，提升了人民币国际化水平。

资本项目人民币跨境收付的大幅增长，主要得益于证券投资收付资金的迅猛增长，2021年证券投资收付21.21万亿元，较2017年[①]1.90万亿元增加了19.34万亿元，年均增速82.86%，增量占同期资本项目人民币跨境收付增量的81.16%。截至2021年年末，境外主体持有境内人民币金融资产金额10.83万亿元，仅2021年当年就净增1.84万亿元，增速达到20.53%。其中，债券资产4.09万亿元，股票资产3.95万亿元，贷款1.14万亿元，存款1.66万亿元。这些数据足以说明人民币推进国际化进程后，优化债券通、RQDII、RQFII、沪港通、深港通、沪伦通、跨境理财通等措施落到实处，促进了人民币跨境收付金额的快速增长，如图8-2所示。

---

① 2015年、2016年数据缺失。

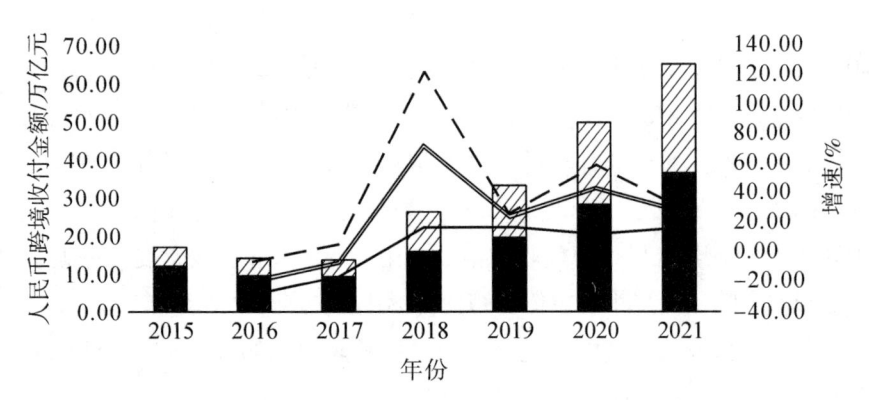

图 8-2　2015—2021 年经常项目与资本项目人民币跨境收付数据
（资料来源：根据中国人民银行每年人民币国际化报告数据整理）

二、人民币的大宗商品计价能力相对较弱

国际计价单位是国际货币的重要职能，主要体现在全球贸易商品，特别是大宗商品定价，意味着"国际话语权"。目前全球贸易商品计价和定价还是以美元为主。根据联合国贸易和发展会议（UNCTAD）[1] 发布的全球商品序列，截至 2022 年 10 月末的 49 种主要出口商品中，35 种以美元计价，12 种以欧元计价，其他以指数计价。

人民币国际化在国际结算领域已经取得了丰硕成果和重大突破，但在国际计价单位方面尚处于起步阶段。截至 2021 年年末，中国先后有原油、精对苯二甲酸（PTA）、20 号胶、铁矿石等 7 个期货特定品种[2]对外开放，人民币计价功能有了重大突破。目前，上海原油期货已成为仅次于 WTI 和布伦特的第三大原油期货，其境外客户占比从起初的 10% 提升至 25%；20 号胶期货市场规模跃居全球首位，成为我国近三成天然橡胶实物贸易的定

---

[1] 联合国贸易和发展会议（United Nations Conference on Trade and Development，简称 UNCTAD）是联合国大会常设机构之一，成立于 1964 年，总部设在瑞士日内瓦，目前有成员 195 个。它是审议有关国家贸易与经济发展问题的国际经济组织，是联合国系统内唯一综合处理发展和贸易、资金、技术、投资和可持续发展领域相关问题的政府间机构。贸发会议每 4 年举行一届大会，大会是贸发会议的最高权力机构。

[2] 期货特定品种是指经证监会批准，允许境外投资者投资的期货品种。

价基准①。出于"汇率风险中性"②考虑，2021年坚持人民币计价的境内企业占比达20.9%，较2015年增加了近5个百分点。以上措施虽然在大宗商品交易人民币计价结算提供定价基准方面发挥了一定作用，但在大宗商品计价方面，人民币尚未形成具有国际影响力的大宗商品期货交易价格，对国际大宗商品定价议价能力仍然较小。

随着"去美元化"进程的加快，人民币结算其他资源类商品的进程也在不断加速，人民币在国际计价单位中的地位有望得到进一步提升。2022年6月，印度最大水泥厂商超科集团从俄罗斯西伯利亚煤炭能源公司购买了价值约1.72亿元人民币的煤炭，此次交易是以人民币计价和支付的。2022年9月，俄罗斯宣布俄罗斯天然气工业股份公司和中国合作伙伴（中石油）决定以卢布和人民币50∶50的比例支付天然气供应费用，使用两国本币直接结算实现"去美元化"。2022年12月，在中国—海湾阿拉伯国家合作委员会峰会期间，中国与沙特签署34项投资协议，由于石油贸易深受地缘政治影响，采用人民币结算扩大两国贸易将挑战美元地位。在当前复杂的地缘政治形势下，即使中国提出了就部分原油贸易采用人民币结算，也暂未能达成最终协议，想要取得突破并不容易。

三、全球外汇储备中人民币的规模显著扩大

自2015年11月获准，2016年10月1日正式加入SDR货币篮子并成为第三大货币，人民币在全球外汇储备中的地位正式确立。"入篮"后，人民币作为储备货币的功能逐渐显现，在外汇储备、国际债券、国际外汇市场现汇交易、外汇市场衍生品交易等方面表现不凡，占比也在不断攀升。2016年年末，人民币外汇储备规模为907.77亿美元，从2017年一季度到2021年四季度的20个季度中，人民币外汇储备除2018年三季度环比略微下降了1.14亿美元外，其余19个季度环比均实现增长，到2021年年末规模为3 372.60亿美元，年均增速为30.02%。2016年年末，人民币在官方外汇储备中的占比为1.08%，除2018年三季度、2019年二季度、2019年四季度3个季度略有下降外，其余17个季度环比均为上升，到

---

① 钟红，赵雪情. 后疫情时代人民币国际化：机遇与前景［J］. 银行家，2022（8）：15-19.
② 汇率风险中性，是指企业把汇率波动纳入日常财务决策，尽可能降低汇率波动对企业主营业务以及企业财务的负面影响，以实现预算达成、提升经营的可预测性，最终达到主营业务目标，以保值而非增值为核心开展汇率风险管理。

2021年年末，人民币在官方外汇储备中的占比为2.80%，如图8-3所示。官方外汇储备中人民币占比的稳步提升体现了人民币资产的开放性、安全性和便利性的提高。据中国人民银行的不完全统计，目前已有70多个国家和地区将人民币纳入外汇储备[①]。

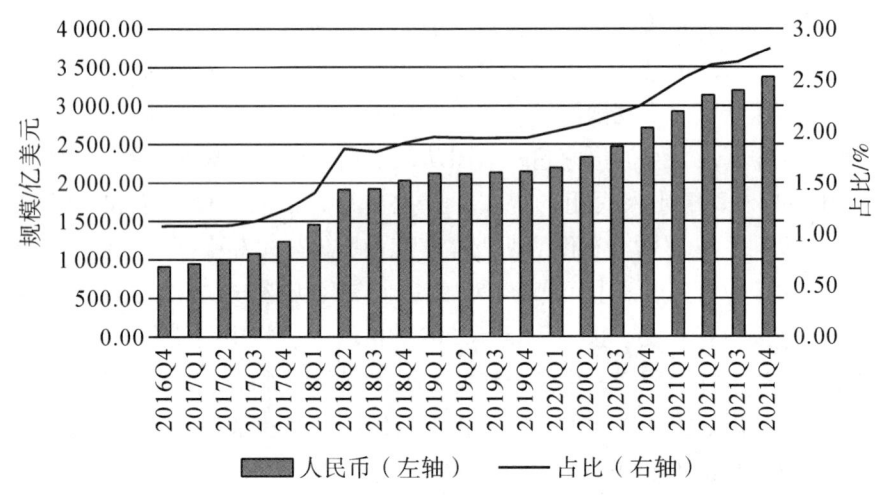

图8-3 2016—2021年官方外汇储备中人民币的规模及占比

（资料来源：COFER）

2022年5月，IMF公布了最新的SDR定值审查结果，将人民币份额从2016年的10.92%上调到12.28%（见表8-1），可以预期人民币在今后全球外汇储备中的规模和占比将继续提升。

表8-1 SDR货币篮子份额变动情况

货币	2016年权重/%	2022年权重/%	权重变化/百分点
美元	41.73	43.38	1.65
欧元	30.93	29.31	-1.62
人民币	10.92	12.28	1.36
日元	8.33	7.59	-0.74
英镑	8.09	7.44	-0.65

资料来源：IMF。

---

① 中国人民大学国际货币研究所.人民币国际化报告2022［M］.北京：中国人民大学出版社，2022.

2008年以来中国人民银行与39个国家和地区中央银行或货币当局签署的双边本币互换协议中（含续签），截至2021年年末，存量的有效协议为31份，总金额为3.67万亿元人民币（见表8-2）。

表8-2 中国人民银行与境外货币当局签署的双边本币互换协议一览表

国家/地区	协议签署时间	协议续签时间（最新）	互换规模/亿元人民币
韩国	2008年12月12日	2020年10月22日	4 000
中国香港	2009年1月20日	2020年11月25日	5 000
马来西亚	2009年2月8日	2021年7月12日	1 800
白俄罗斯	2009年3月11日	2018年5月10日	70
印度尼西亚	2009年3月23日	2018年11月16日	2 000
阿根廷	2009年4月2日	2017年7月18日	700
新加坡	2010年7月23日	2019年5月10日	3 000
新西兰	2011年4月18日	2017年5月19日	250
蒙古	2011年5月6日	2017年7月6日	150
哈萨克斯坦	2011年6月13日	2018年5月28日	70
泰国	2011年12月22日	2021年1月8日	700
巴基斯坦	2011年12月23日	2021年7月13日	300
澳大利亚	2012年3月22日	2021年7月6日	2 000
阿联酋	2012年1月17日	2015年12月14日	350
乌克兰	2012年6月26日	2018年12月10日	150
英国	2013年6月22日	2021年11月12日	3 500
匈牙利	2013年9月9日	2019年12月10日	100
阿尔巴尼亚	2013年9月12日	2018年4月3日	20
欧洲中央银行	2013年10月8日	2019年10月8日	3 500
瑞士	2014年7月21日	2017年7月21日	1 500
俄罗斯	2014年10月13日	2017年11月22日	1 500
加拿大	2014年11月8日	2021年1月7日	2 000
南非	2015年4月10日	2021年9月13日	300
智利	2015年5月25日	2021年8月20日	500
尼日利亚	2018年4月27日	2021年6月9日	150

表8-2(续)

国家/地区	协议签署时间	协议续签时间（最新）	互换规模/亿元人民币
日本	2018年10月26日	2021年10月25日	2 000
中国澳门	2019年12月5日	—	300
卡塔尔	2014年11月3日	2021年1月6日	350
土耳其	2015年11月16日	2021年6月4日	350
苏里南	2015年3月18日	2019年2月11日	10
斯里兰卡	2014年9月16日	2021年3月19日	100
总计			36 720

注：截至2021年12月31日仍在有效期内。

资料来源：中国人民大学国际货币研究所.人民币国际化报告2022［M］.北京：中国人民大学出版社，2022.

第三节 人民币国际化评价指标

为衡量人民币国际化的程度，我们还需要有相关的评价指标。从目前的理论研究看，这些指标通常选取与支付货币、投资货币、融资货币和储备货币等国际货币功能相关的关键指标，全面地对人民币国际化进行纵向和横向比较。目前比较成熟的综合评价指标有中国人民大学的人民币国际化指数，中国银行的人民币国际化综合指数，以及针对跨境人民币和离岸人民币的跨境人民币指数和离岸人民币指数。

一、人民币国际化指数

为满足国际社会对人民币国际化的认知需要，客观反映人民币执行国际货币职能的程度，衡量人民币国际化的真实水平，中国人民大学国际货币研究所从2012年起开始每年定期发布《人民币国际化报告》，首创了人民币国际化指数（RMB internationalization index，简称RII）。RII的构建，一是立足国际货币的基本职能，强调人民币作为贸易计价结算和直接投资、国际债券交易货币的职能，突出人民币作为实体经济交易手段的功能。二是综合考虑可比性和可操作性，既要确保指标数据采集的可行性，还要考虑不同国际货币之间的横向可比性和动态可比性。三是兼顾稳定性和灵活性，指标的选择及权重在短期内不宜频繁变动，但同时又能根据人民币国际化的战略目标进行适当调整①。RII 作为一个简便、有效的管理工具，不仅有助于认识和把握复杂的人民币国际化进程，了解人民币国际化动态发展中的推动力量和障碍，进行主要货币的国际化程度的比较，还能为管理层提供简明直观的决策依据，是学术界研究相关问题的实用量化指标。

RII 指标体系包括国际计价支付功能和国际储备功能两大一级指标，其中国际计价支付功能体现在贸易与金融两大方面。在二级指标中，贸易计价、金融计价与官方外汇储备功能并行，所占权重各为 1/3（见表8-3）。RII 主要数据来源于中国人民银行、国际货币基金组织、国际清算银行、世界银行、联合国贸易和发展会议、经合组织。RII 取值在 0~100，数值越大，表示该货币的国际化程度越高。

表8-3 人民币国际化指数指标体系

一级指标	二级指标	三级指标
国际计价支付功能	贸易	世界贸易总额中人民币结算比重②
	金融	全球对外信贷总额中人民币信贷比重③
		全球国际债券和票据发行额中人民币债券和票据比重④
		全球国际债券和票据余额中人民币债券和票据比重⑤
		全球直接投资中人民币直接投资比重⑥
国际储备功能	官方外汇储备	全球外汇储备中人民币储备比重⑦

---

① 中国人民大学国际货币研究所.人民币国际化报告 2015 [M].北京：中国人民大学出版社，2015.
② 世界贸易总额中人民币结算比重＝人民币跨境贸易金额/世界贸易进出口总额
③ 全球对外信贷总额中人民币信贷比重＝人民币境外信贷金额/全球对外信贷总额
④ 全球国际债券和票据发行额中人民币债券和票据比重＝人民币国际债券和票据发行额/全球国际债券和票据发行额
⑤ 全球国际债券和票据余额中人民币债券和票据比重＝人民币国际债券和票据余额/全球国际债券和票据余额
⑥ 全球直接投资中人民币直接投资比重＝人民币直接投资额/全球直接投资额
⑦ 全球外汇储备中人民币储备比重＝人民币官方储备余额/全球外汇储备余额

2011—2021年，RII数值逐年攀升，从2011年年末的0.45到2021年年末的5.05，20年间增长逾10倍（见图8-4），反映出中国启动人民币国际化进程之后，人民币发挥国际货币职能的作用日趋凸显。RII数值的不断变大，主要是因为人民币在跨境贸易结算方面的比重不断提升，以及人民币的国际储备职能不断增强。横向对比看，2021年年末美元国际化指数51.80，较2013年年末下降1.61；欧元国际化指数23.13，较2013年年末下降8.89；英镑国际化指数4.06，较2013年年末下降0.23；日元国际化指数4.20，较2013年年末下降0.04（见表8-4）。以上数据表明：第一，在该指标体系下，人民币已经超越英镑和日元，成为美元、欧元之后的第三大国际货币。第二，当前国际货币体系中美元的主导地位仍然较为显著，国际化指数长期保持在50以上。第三，当前国际化货币体系中主要国际货币的地位日渐式微，其国际化指数都有一定程度的下降，其中以欧元国际化指数的下降尤为明显。反而以人民币为代表的新兴经济体国家货币，正逐步在国际货币体系中崭露头角。

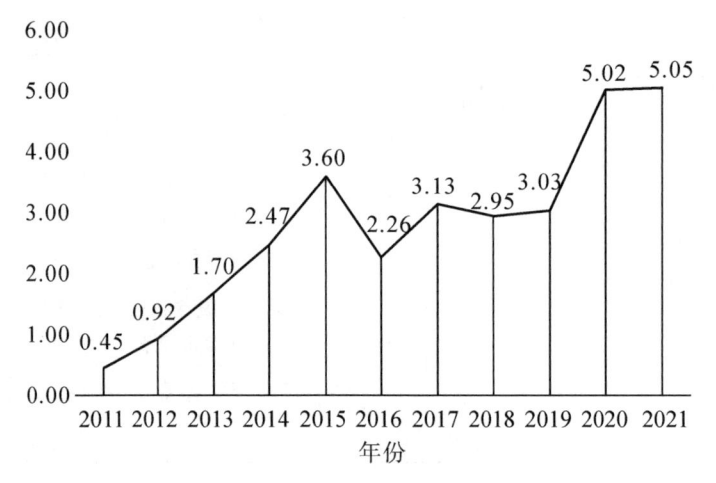

图 8-4　2011—2021 年 RII 数据

（资料来源：根据中国人民大学历年人民币国际化报告整理）

表 8-4　2013 年年末和 2021 年年末主要国际货币国际化指数对比

	美元	欧元	日元	英镑	人民币
2021 年年末	51.80	23.13	4.20	4.06	5.05
2013 年年末	53.41	32.02	4.24	4.39	1.70
变动	-1.61	-8.89	-0.04	-0.23	3.35

资料来源：根据中国人民大学历年人民币国际化报告整理。

二、人民币国际化综合指数

为衡量人民币国际化发展程度，在参考相关货币国际化指数和 SDR 审查指标的基础上，中国人民银行在《2022 年人民币国际化报告》中构建了货币国际化综合指数。指数包含四个一级指标，分别反映支付货币、投资货币、融资货币和储备货币功能。在二级指标中，用全球支付货币份额指标衡量支付货币功能；用国际银行业对外负债、外汇交易市场份额、外汇即期交易使用份额、利率衍生品市场份额等指标衡量投资货币功能；用全球贸易融资货币份额、国际银行业对外债权、国际债券发行比例等指标衡量融资货币功能；用全球外汇储备币种构成指标衡量储备货币功能，如表 8-5 所示。

表 8-5 中国人民银行人民币国际化指标体系

一级指标	二级指标	数据来源
支付货币	全球支付货币份额	环球银行金融电信协会
投资货币	国际银行业对外负债	国际清算银行（BIS）、国家外汇管理局
	外汇交易市场份额	国际清算银行（BIS）
	外汇即期交易使用份额	环球银行金融电信协会
	利率衍生品市场份额	国际清算银行（BIS）
融资货币	全球贸易融资货币份额	环球银行金融电信协会
	国际银行业对外债权	国际清算银行（BIS）、国家外汇管理局
	国际债权发行比例	国际清算银行（BIS）
储备货币	全球外汇储备币种构成	国际货币基金组织

资料来源：中国人民银行《2022 年人民币国际化报告》。

根据中国人民银行的测算，近年来人民币国际化综合指数总体呈上升态势。该指数 2021 年年末为 2.80，同比上升 17%。同期，美元、欧元、英镑和日元等主要国际货币国际化综合指数分别为 58.13、21.81、8.77 和 4.93[①]。人民币国际化综合指数的提升主要来自美元和日元的下降，这在一定程度上说明了中国的发展以及中国推动人民币成为储备货币的努力在全球范围内对美元地位的影响，以及在亚洲范围内对日元地位形成了强有力的冲击。

通过对比中国人民银行的货币国际化综合指数和中国人民大学的货币国

---

① 中国人民银行：《2022 年人民币国际化报告》。

际化指数发现：人民币与英镑、日元的国际化程度不一致，主要是由于货币国际化综合指数考量的指标更为全面，而货币国际化指数更加看重货币在实体经济交易流通上的功能。但从纵向数据看，两个指标都反映出近几年人民币国际化水平的不断提升以及人民币在国际货币体系中的地位的稳步推进。

三、跨境人民币指数

2013年9月，中国银行正式推出其独立研发编制的跨境人民币指数（BOC Cross-border RMB Index，CRI）。CRI从货币流转过程的维度编制指数，揭示人民币跨境流转和使用的动态情况。该指标由人民币跨境流出、境外流转、跨境回流三个紧密衔接的部分构成，全部采用流量指标来反映，保证指数架构在逻辑上高度一致。内容涵盖所有经常项目和有代表性的资本项目和境外流转项目，覆盖面较广，综合反映了人民币跨境及境外使用的活跃程度，也是侧面体现人民币国际化发展状况的指示性指数。

中国银行公布的2011—2021年指数结果显示，人民币跨境使用呈稳步增长态势，虽然在2016年出现短期小幅调整和波动，但总体较为平稳（见图8-5）。随着建设"丝绸之路经济带"、建设更加紧密的"中国—东盟命运共同体"等倡议的提出和落实，以及中国央行与欧洲央行、英国央行分别签订人民币与欧元、英镑互换协议后，人民币拓展欧洲地区流转使用水平的外部环境变得更加有利，人民币在境外的流转使用水平将进一步提升，指数将延续增长态势，跨境人民币业务将形成"出、转、回"相互促进、协调增长更加积极的发展格局。

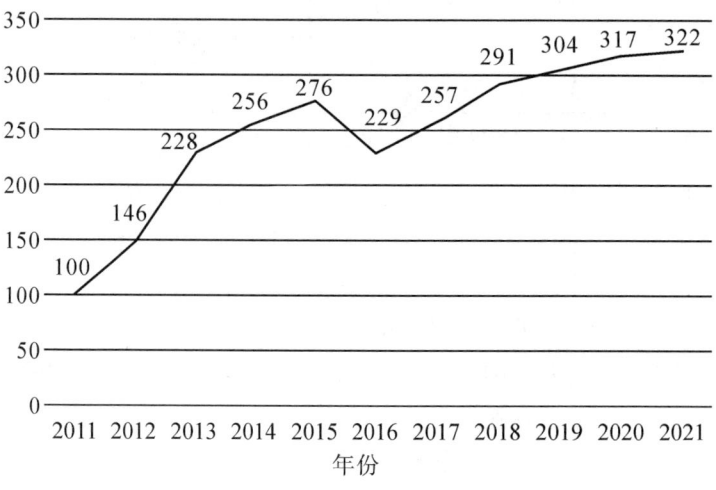

图8-5 2021—2021年CRI数据

（资料来源：中国银行网站）

四、离岸人民币指数

2014年3月,中国银行继CRI后又正式推出其独立研发编制的离岸人民币指数(BOC Off-shore RMB Index,ORI)。ORI是对人民币在离岸金融市场上资金存量规模、资金运用状况、金融工具使用等方面发展水平的综合评价。指数共设置五类指标,包括离岸人民币存款在所有货币离岸存款中的比重、离岸人民币贷款在所有货币离岸贷款中的比重、以人民币计价的国际债券和权益投资余额在所有币种中的占比、全球外汇储备中人民币的占比、人民币外汇交易量在所有币种外汇交易量中的占比,分别对应于人民币行使价值储藏货币、融资货币、投资货币、储备货币、交易货币等五项国际货币职能(见图8-6)。ORI指数对这五类指标中人民币占所有货币的比重进行综合加权计算,反映了人民币在国际金融市场上的发展水平。

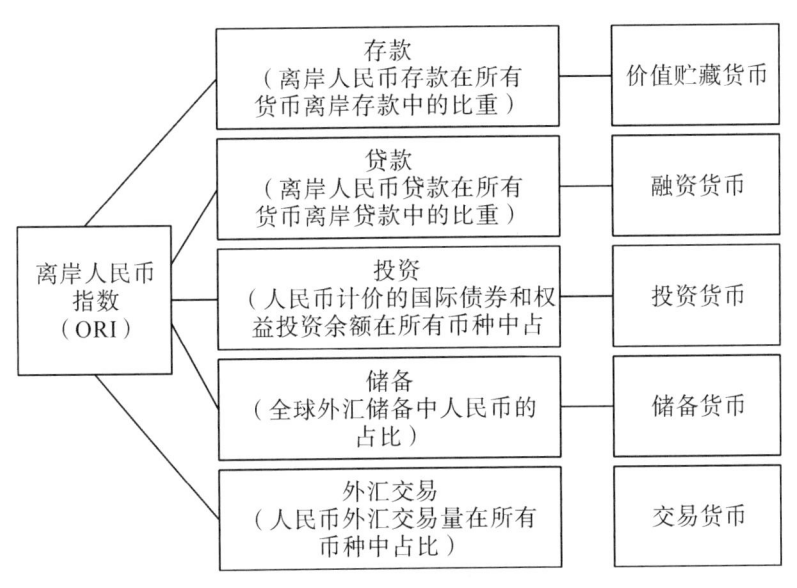

图8-6 离岸人民币指数指标体系

(资料来源:中国银行网站)

中国银行公布的2011—2021年ORI测算结果显示,得益于中国跨境经贸的快速恢复,人民币在离岸市场的使用份额呈上升态势,虽在2016年和2019年出现小幅波动,但总体较为平稳,离岸人民币市场继续保持积极的发展势头(见图8-7)。近两年,该指数升幅进一步提高,表明近两年在境外市场各项金融活动中使用人民币的份额快速上升。随着人民币跨境使用进程的加快，境外人民币存量越来越多，使用渠道趋于丰富，各种人民币金融市场产品不断涌现。人民币在国际金融市场的地位越来越重要。

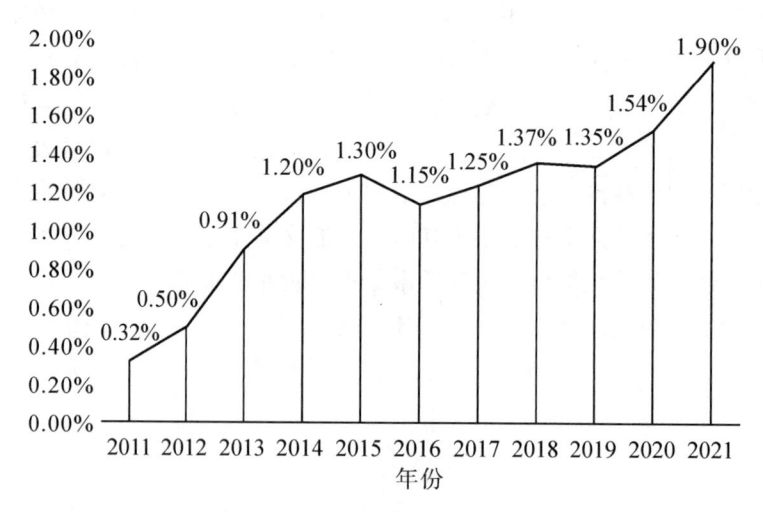

图 8-7　2021—2021 年 ORI 数据

（资料来源：中国银行网站）

第九章　人民币国际化的综合分析

本书在第五章指出，货币国际化需要具备经济条件、政治条件以及历史条件，而在经济条件方面，一国必须具备强大的经济实力（经济总量与贸易规模）、完善的金融结构以及稳定的币值。第八章阐述人民币国际化现状，指出了过去近十年时间，人民币国际化取得了令人瞩目的成绩。本章则主要立足于当前这个时间节点，分析进一步推进人民币国际化的条件、收益与成本、机遇和挑战。

第一节　人民币国际化的条件

虽然人民币国际化当前只走过短短近十年的路程，但也取得了举世瞩目的成绩。在当前探讨人民币国际化的条件，与人民币国际化进程刚启动时，探讨人民币国际化是否具备启动条件不可同日而语，而是基于人民币国际化发展现状，分析探讨人民币国际化是否具备进一步推向深入的条件。党的十八大以来，我国经济已转向高质量发展阶段，与国际经济社会的融入更加密切，金融体制改革持续深化，人民币币值保持稳定，外汇储备维持在充足水平。人民币完全具备进一步推进国际化进程、进一步强化国际影响力的条件。

一、高质量发展格局下的经济动力

习近平总书记在党的二十大报告中强调，"高质量发展是全面建设社会主义现代化国家的首要任务。"这意味着经济高质量发展能够积累起丰厚的物质财富，为有序推进人民币国际化、全面建成现代化强国奠定坚实的基础。在新发展格局下，我国产业结构不断优化，对外贸易水平持续提升，利用外资和对外投资规模持续扩大，科技创新能力全面提升了经济质量。相较于人民币国际化启动初期，当前中国的经济地位已经有了更为显著的提升，高增速与高质量的经济发展态势，为人民币国际化进程的稳步推进提供了坚实的基础。

（一）GDP持续快速增长，在世界GDP中的比重不断攀升

改革开放以来，中国经济一直维持高速增长态势，世界影响力不断提高，在世界经济中的"分量"也是与日俱增。从2009—2021年全球主要国家和经济体的GDP数据看，2009年中国GDP为5.10万亿美元，在经历了多年的高速增长后，仍低于日本，为美国的三分之一左右，仅占世界GDP的8.39%；2010年，中国GDP为6.09万亿美元，超越日本，成为世界第二大经济体。在保持高增速后（这一期间中国GDP年均增速10.94%，高出全球GDP平均增速7.02个百分点，高出美国GDP平均增速6.89个百分点），2021年，中国GDP达到17.18万亿美元，超过了整个欧盟地区经济总量，占全世界GDP比重的18.37%，仅比美国少5.79个百分点。截至2021年年底，中国的GDP已经是日本的3.59倍。

从人均GDP来看，中国人均GDP也实现了新突破。2009年，中国人均GDP仅为3 832美元，仅为世界平均水平（8 830美元）的43.40%，美国平均水平（47 194美元）的8.12%，位列世界第121位；2021年，中国人均GDP达到12 556美元，首次超过世界平均水平（12 234美元），为美国平均水平（70 248美元）的17.87%，位列世界第69位，较2009年提高了52位[①]。

（二）产业结构持续优化升级

党的十八大以来，中国坚持以供给侧结构性改革为主线，着力构建现代化经济体系，产业结构不断优化。第一产业保持平稳增长，粮食安全基础巩固。在中央对"三农"的政策支持和工作推动下，第一产业生产布局不断优化，增加值稳步提高，粮食安全得到有力保障。随着乡村振兴战略的全面实施，乡村基础建设持续强化，支农惠农政策不断优化调整，农业现代化取得长足进展。第二产业加快转型升级，创新驱动持续深化。在供给侧结构性改革、创新驱动发展等国家重大战略措施推动下，第二产业由

---

① 数据来源：快易数据（kylc.com）。

高速增长向高质量发展转变，装备制造业、高技术制造业迅速发展，成为第二产业的新生力量。随着服务领域改革持续深化，第三产业规模日益壮大，新兴产业蓬勃发展，同时发展质量不断提升，信息通信、互联网、大数据等新一代技术逐渐崛起，现代服务业、新兴服务业迅猛发展。2021年年末，第三产业GDP为31.18万亿元，是2009年的3.27倍；第三产业占比51.62%，较2009年提高11.70个百分点，第三产业占比从2019年开始稳定在50%以上（见图9-1）。在研发投入增加的背景下，科技产业对GDP的贡献率也在稳定提升，已经从2009年的39%上升到2021年的60%，科技进步成为中国GDP增长的主要引擎。

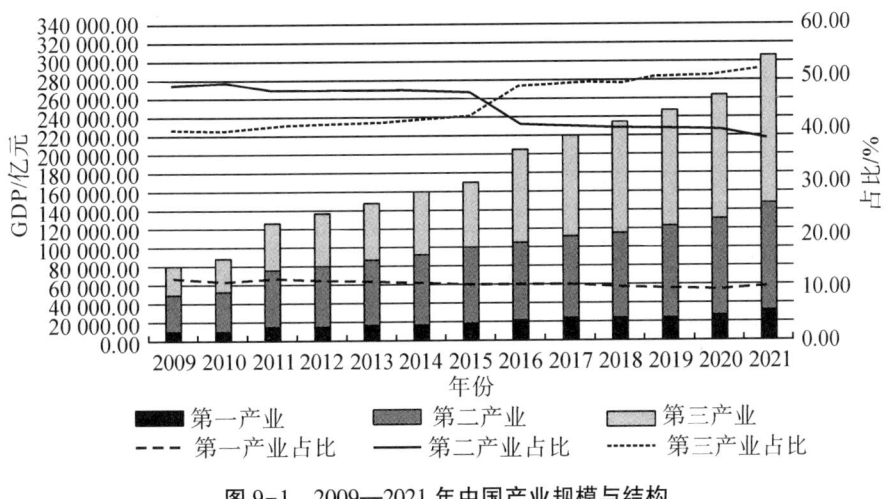

图9-1 2009—2021年中国产业规模与结构

（数据来源：WIND）

（三）国际贸易与国际投资的规模持续扩大

第一，进出口贸易规模快速增长，中国作为世界最大货物贸易国的地位进一步巩固。如图9-2所示，中国进出口总额总体保持平稳增长。2021年，中国已经连续五年保持全球最大的进出口贸易国地位（出口总额位居全球第一，进口总额位居全球第二），全年货物进出口总额60 514.88亿美元（其中，出口总额33 639.59亿美元，进口总额26 875.29亿美元，贸易顺差6 764.3亿美元），占全球贸易总额的21%，紧随其后的是美国，占比为16.5%，欧盟以微弱的差距排名第三，占比为14%。中国2021年的出口总额、进口总额和进出口总额分别是2009年的2.80倍、2.67倍和2.74倍，年均增速分别是8.96%、8.53%和8.77%。

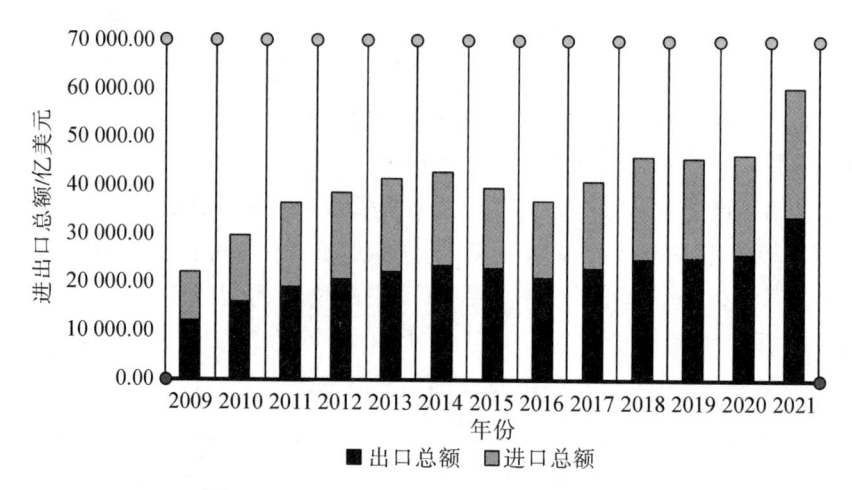

图 9-2　2009—2021 年中国货物进出口总额

（资料来源：WTO）

第二，对外直接投资（ODI）① 规模不断扩大。2009—2021 年，中国 ODI 规模迅猛增长，如图 9-3 所示，2021 年中国 ODI 净额（流量）1 788.2 亿美元，是 2009 年的 3.16 倍。全年 ODI 净额占全球 ODI 净额的 10.5%，从 2009 年的第五位上升到 2021 年的第二位②，仅次于美国。截至 2021 年年末，中国 2.86 万家境内投资者在国（境）外共设立对外直接投资企业 4.6 万家，分布在全球 190 个国家（地区），年末境外企业资产总额 8.5 万亿美元。中国 ODI 累计净额（存量）27 851.5 亿美元，占全球 ODI 存量的 6.7%，由 2009 年的第十六位攀升到第三位③。

---

① 对外直接投资（outbound direct investment，简称 ODI）是指本国企业、团体在其他国家和地区以现金、实物、无形资产等方式投资，并以控制国（境）外企业的经营管理权为核心的经济活动。

② 2020 年，因全球疫情影响，中国依靠自身强有力的疫情管控措施，对外直接投资保持两位数的增速，全年对外直接投资净额超过美国，位居第一位。

③ 中华人民共和国商务部，国家统计局，国家外汇管理局. 2021 年度中国对外直接投资统计公报 [M]. 北京：中国商务出版社，2022：4.

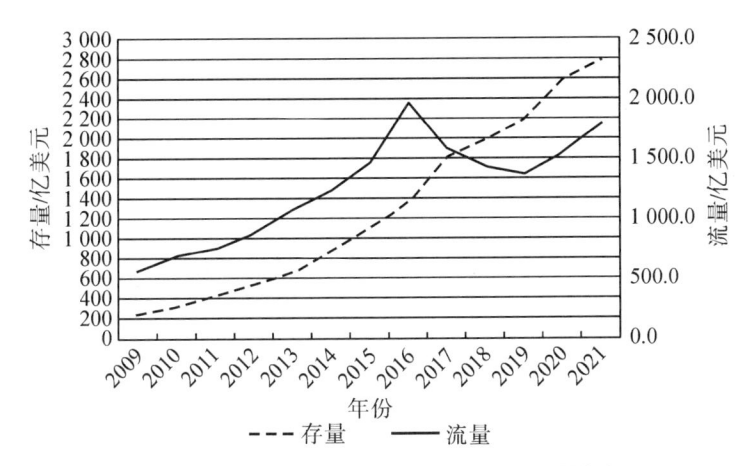

图 9-3　2009—2021 年中国 ODI 存量和流量数据

（资料来源：中华人民共和国商务部，国家统计局，国家外汇管理局. 2021 年度中国对外直接投资统计公报［M］. 北京：中国商务出版社，2022.）

第三，利用外资规模平稳增长。2009—2021 年，中国外商直接投资（FDI）[①] 规模总体保持平稳增长，2021 年中国 FDI 净额 1 809.6 亿美元，是 2009 年的 1.92 倍（如图 9-4 所示）。全年 FDI 净额占全球 FDI 净额的 11.4%，仅次于美国，位居全球第二位。全年新设外商投资企业 47 647 家，同比增长 23.5%，吸收外资快速增长，实现引资规模和质量"双提升"[②]。

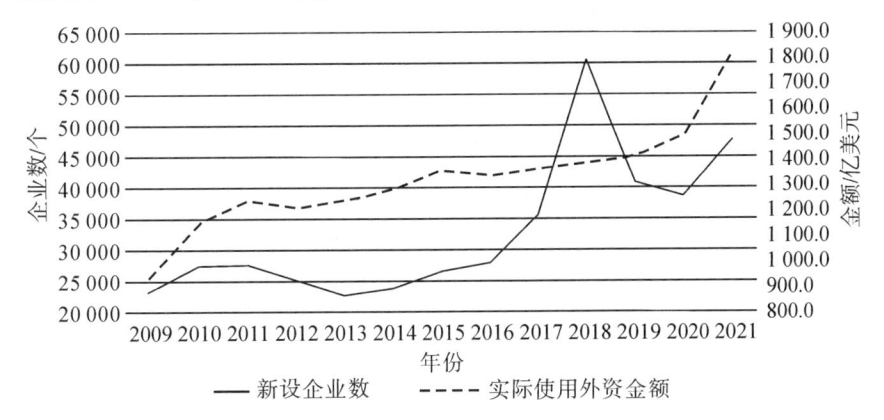

图 9-4　2009—2021 年中国 FDI 和外商投资企业数据

（资料来源：商务部《中国外资统计公报》）

---

① 外商直接投资（foreign direct investment，简称 FDI），是现代的资本国际化的主要形式之一，按照 IMF 的定义，FDI 是指一国的投资者将资本用于他国的生产或经营，并掌握一定经营控制权的投资行为。

② 中华人民共和国商务部：《中国外资统计公报 2022》。

二、金融体系日臻成熟

完善的金融体系是货币国际化的重要支撑。2009年中国启动人民币跨境贸易结算试点，这标志着人民币国际化进程正式开启。截止到目前，虽然只是历经了短短的十几年时间，但是新中国成立以来的金融体制改革得到进一步深化，在多个领域取得突破性进展，中国的金融体系也日趋完善和成熟，为人民币国际化提供了坚实的后盾。

为履行加入WTO的承诺①，中国逐步取消对境外资本的非审慎性限制，各类金融部门（包括人民币）在经历过渡调整期后，开始全面参与全球金融体系。2002年后，中国先后推出合格境外机构投资者（QFII）制度和合格境内机构投资者（QDII）制度，促进资本有序在境内外流动，并颁布了《境外金融机构投资入股中资金融机构管理办法》《中华人民共和国外资银行管理条例》《中华人民共和国外资银行管理条例实施细则》等一系列法律法规。外资金融机构逐步进入中国金融市场，中外合资的金融机构培养了大批金融专业人才，对我国金融行业的快速、健康发展发挥了重要作用。

中国人民银行于2013年放开贷款利率下限管制和票据贴现利率管制，建立贷款市场报价利率（LPR）②，并于2020年1月1日起，要求各金融机构不再签订参考贷款基准利率的贷款合同，浮动利率贷款合同应以LPR为定价基准加点形成（加点可为负值）。2015年央行进一步取消存款利率上限限制，中国利率市场化改革走完了"最后一公里"。与此同时，中国人民银行在传统货币政策框架内嵌入"结构性"因素，如定向降准、借贷

---

① 在加入世界贸易组织的议定书中明确："政府承诺逐步取消外资银行经营人民币业务的地域限制，并且在加入世界贸易组织后5年内取消所有地域限制；2年内允许外资银行对中国的企业办理人民币业务，5年内允许外资银行对所有中国的客户提供服务；允许外资银行设立同城营业网点，5年后取消包括对分支机构和经营许可在内的所有非审慎性限制，外资银行在中国加入世贸组织5年后可以向中国居民个人提供汽车信贷业务。"

② 贷款市场报价利率（loan prime rate，简称LPR）由各报价行于每月20日（遇节假日顺延），以0.05个百分点为步长，向全国银行间同业拆借中心提交报价，全国银行间同业拆借中心按去掉最高和最低报价后算术平均，向0.05%的整数倍就近取整计算得出LPR，于当日9时15分公布，公众可在全国银行间同业拆借中心和中国人民银行网站查询。现行的LPR包括1年期和5年期以上两个品种。

便利（常备借贷便利①、中期借贷便利②、定向中期借贷便利③、抵押补充贷款④）。

　　随着大数据、区块链等技术的快速发展，金融业改革创新层出不穷。2015年1月，银监会进行了首次组织架构改革，明确了P2P行业监管工作将由新成立的普惠金融部来执行。2015年7月，中国人民银行等十部门发布《关于促进互联网金融健康发展的指导意见》，意味着"互联网金融监管元年"的到来。2016年，在杭州G20峰会上通过《G20数字普惠金融高级原则》，开始大力发展数字普惠金融。金融改革开放不断加速，2014年11月和2016年12月，中国分别启动"沪港通"和"深港通"，实现沪深交易所和香港证券交易所的互联互通。银行业、保险业、证券和基金业的外资投资比例限额放宽至51%，全面执行"市场准入+负面清单"。2019年7月，国务院金融稳定发展委员会颁布《关于进一步扩大金融业对外开放的有关举措》，多个领域的外资投资比例限额提前解绑。

　　在金融业加速开放的大环境下，金融风险管理变得愈加重要。2015年12月，中国人民银行将差别准备金动态调整机制转换为宏观审慎评估（MPA）机制，为形成"货币政策+宏观审慎政策"双支柱金融调控监管框架提供必要基础。2017年11月，国务院设立"金融稳定发展委员会"，由此形成了"一行一委一局两会"的监管体系。2018年3月，中国银行业监督管理委员会和中国保险监督管理委员会合并，形成中国银行保险监督

---

①　常备借贷便利（standing lending facility，简称SLF），是中国人民银行正常的流动性供给渠道，主要功能是满足金融机构期限较长的大额流动性需求，在银行体系流动性出现临时性波动时运用。SLF主要面对的是政策性银行和全国性商业银行，期限为1~3个月，利率水平则根据货币政策调控、引导市场利率的需要等因素综合确定。央行运用SLF的方式是用抵押的方式发放，银行需要提供合格的抵押品，如高信用评级的债券类资产及优质信贷资产等。

②　中期借贷便利（medium-term lending facility，简称MLF），是中央银行提供中期基础货币的货币政策工具，于2014年9月由中国人民银行创设。对象为符合宏观审慎管理要求的商业银行、政策性银行，可通过招标方式开展。发放方式为质押方式，并需提供国债、央行票据、政策性金融债、高等级信用债等优质债券作为合格质押品。

③　2018年12月19日，中国人民银行发布消息称，为加大对小微企业、民营企业的金融支持力度，决定创设定向中期借贷便利（targeted medium-term lending facility，简称TMLF），根据金融机构对小微企业、民营企业贷款增长情况，向其提供长期稳定资金来源。

④　抵押补充贷款（pledged supplementary lending，简称PSL），是2014年4月中国人民银行创设的，主要功能是支持国民经济重点领域、薄弱环节和社会事业发展而对金融机构提供的期限较长的大额融资。抵押补充贷款采取质押方式发放，合格抵押品包括高等级债券资产和优质信贷资产。PSL是央行为了支持一些特定项目的建设向政策性银行提供的成本较低的抵押贷款，期限一般在3~5年。此外，它还可以用于向市场投放货币，调节中期市场利率。

管理委员会，调整中央银行部分监管职能，对"双支柱"功能监管进行尝试。从最初中国人民银行的"大一统"到"一行三会"，再到"一委一行两会"的新金融监管格局，中国金融监管经历了从统一监管走向分业监管再走向统一监管的循环，并在维护金融稳定和安全、促进金融业发展壮大和改革创新中逐渐走向完善，具有中国特色的现代金融监管框架逐渐成形。

三、人民币币值总体保持稳定

2021年，全球新型冠状病毒感染疫情变化继续主导外汇市场走势，海外疫情反复，中国疫情防控得当令国内经济基本面对人民币汇率的支撑作用得到延续，人民币即期汇率以市场供求为基础双向波动，弹性增强，总体呈现小幅升值的态势，走出了相对独立的行情，相较于美元及其他主要国家和地区货币延续强势表现。2021年最后一个交易日，银行间外汇市场人民币汇率中间价为：1美元对人民币6.3757元，较2020年最后一个交易日升值了2.3%。同样以2021年和2020年最后一个交易日的中间价为基准，人民币对欧元、英镑和日元分别升值了10.0%、3.2%和12.4%。在新兴市场国家中，多国货币出现暴跌。人民币兑韩元、南非兰特、波兰兹罗提、匈牙利福林的升值幅度都在12%左右[①]。

受"8·11"汇改[②]影响人民币汇率的国际影响呈下降趋势，人民币汇率指数从2016年到2020年上半年呈波动下降状态，2020年下半年到2021年年末呈强势升值状态。2021年年末，CFETS人民币汇率指数[③]、BIS货

[①] 中国人民大学国际货币研究所.人民币国际化报告2022 [M].北京：中国人民大学出版社，2022.

[②] 2015年8月11日，中国人民银行宣布调整人民币对美元汇率中间价报价机制。做市商参考上日银行间外汇市场收盘汇率，向中国外汇交易中心提供中间价报价。这一调整使得人民币兑美元汇率中间价机制进一步市场化，更加真实地反映了当前外汇市场的供求关系。"8·11"汇改的影响主要有以下四个方面：第一，人民币双向浮动弹性明显增强，不再单边升值。2015年8月11日至2016年8月11日，人民币对美元汇率中间价最高为6.2298元，最低为6.6971元，降幅为8.3%，终结了此前十年人民币兑美元累计33%的升值。第二，人民币不再紧盯美元，逐步转向参考一篮子货币，由"单锚"机制转向"双锚"机制。第三，人民币中间价形成的规则性、透明度和市场化水平显著提升。第四，跨境资金流出压力逐步缓解。

[③] CFETS人民币汇率指数参考CFETS货币篮子，具体包括中国外汇交易中心（China Foreign Exchange Trade System，简称CFETS）挂牌的各人民币对外汇交易币种，样本货币权重采用转口贸易因素的贸易权重法计算而得。篮子货币取价是当日人民币外汇汇率中间价。指数基期是2014年12月31日，基期指数是100点。指数计算方法是几何平均法。

币篮子人民币汇率指数①、SDR 货币篮子人民币汇率指数②分别为 102.47、106.66、100.34，分别较 2015 年年末上升 1.52%、4.87%、1.52%，较 2019 年年末的最低点上升 12.12%、4.87%、9.29%，如图 9-5 所示。

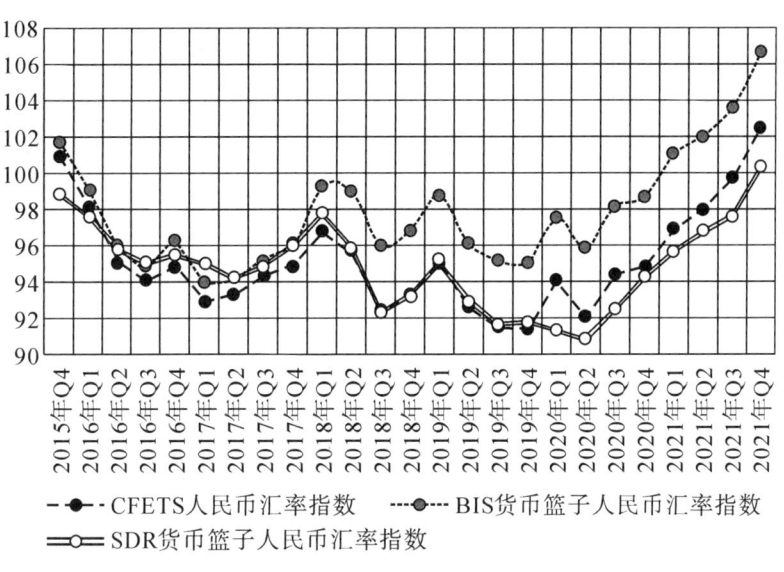

注：数据为季末最后一个交易日数据。

图 9-5　2015—2021 年人民币汇率指数

（资料来源：中国外汇交易中心）

四、外汇储备总体保持充足

2009 年以来，中国外汇储备呈现"先升再降后稳"的趋势。如图 9-6 所示，2009—2014 年，中国延续之前贸易顺差，且顺差规模逐年递增，同时人民币对美元汇率的升值，加速了外资的"进场"，这一阶段外汇储备依旧呈快速上升的趋势，人民币资产在全球资产配置中的优势进一步凸

---

① BIS 货币篮子人民币汇率指数参考 BIS 货币篮子，样本货币权重采用 BIS 货币篮子权重。对于中国外汇交易中心挂牌交易人民币外汇币种，样本货币取价是当日人民币外汇汇率中间价和交易参考价；对于非中国外汇交易中心挂牌交易人民币外汇币种，样本货币取价是根据当日人民币对美元汇率中间价和该币种对美元汇率套算形成。指数基期是 2014 年 12 月 31 日，基期指数是 100 点。指数计算方法是几何平均法。

② SDR 货币篮子人民币汇率指数参考 SDR 货币篮子，样本货币权重由各样本货币在 SDR 货币篮子的相对权重计算而得。样本货币取价是当日人民币外汇汇率中间价。指数基期是 2014 年 12 月 31 日，基期指数是 100 点。指数计算方法是几何平均法。

显。2015—2018 年，由于汇改后人民币兑美元有所贬值带来的资本外流，以及美国开启加息路径，加之中国对外投资明显增加，贸易顺差规模逐渐收窄，使得外汇储备在这一阶段快速下降，特别是 2015 年下降了 13.34%。2019—2021 年，中国外汇储备总体保持稳定，略有增长。截至 2021 年年末，中国外汇储备 3.25 万亿美元，较 2020 年年末增长 1.05%。综上，中国的外汇储备规模始终稳定在 3 万亿美元关口，保持在一个合理充足的水平，并且是"名减实增"，反映了经常项目较大顺差、直接投资净流入，基础国际收支顺差强劲，起到对冲资本外流特别是短期资本流动冲击的"防火墙"作用，彰显了中国经济的强大韧性和活力。同时，充足的外汇储备还有助于提升境外持有者对人民币的信心，从而保障人民币国际化目标得以实现。

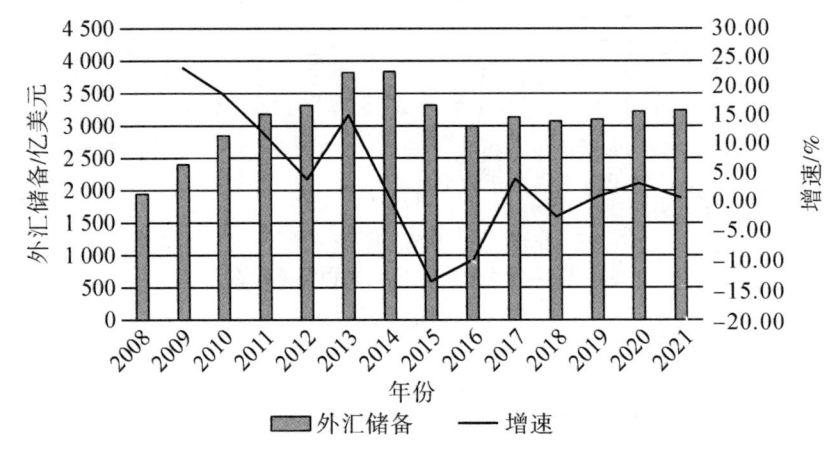

图 9-6　2009—2021 年中国官方外汇储备（年底数据）

（资料来源：国家外汇管理局）

第二节　人民币国际化的收益与成本

货币国际化具有收益和成本，人民币国际化也不例外，但因人民币还远远达不到主要储备货币的地位，其成本和收益的考量显然不能生搬硬套国际货币的标准。并且因中国特殊国情及在国际政治格局中的地位，人民币国际化的收益和成本还有其特殊性。为厘清人民币国际化的风险与收益，我们需要正确认识人民币演化为国际货币这一动态过程中的普遍性、特殊性和阶段性的收益与成本①。

一、人民币国际化的收益

本书第五章的论述中，将货币国际化的收益总结为以下几点：国际铸币税收益、贸易条件的改善、享有非对称的政策优势、完善本国金融体系以及政治方面的效益。人民币国际化进程中，中国同样可以改善贸易条件、完善金融体系、通过自身的经济政策对其他国家产生影响，这在前面已有详细论述，在此章节不再作赘述，这里主要从两个方面分析人民币国际化的收益。

（一）国际铸币税收益

人民币国际化可以使中国获得国际铸币税收入，但对于国际铸币税的测算，目前尚无精确的测算方法，大多是基于经验性论证或者假设性推断。国内一部分学者对人民币国际化可获得的国际铸币税收入的规模进行了定量分析。据陈雨露、王芳、杨明（2005）估算，如果人民币在2010年实现区域国际化，成为周边17个国家和地区的官方储备货币之一，那么十年内中国累计可获得广义铸币税收入7 400亿元人民币②。刘仁伍、刘华也对人民币国际化的国际铸币税进行了估计，假定1998年人民币成为国际货币储备货币之一，那么1998—2007年中国累计可以获得广义铸币税收入为15 700亿元人民币③。还有专家推算，人民币国际化给中国带来的每年铸币税的收益可能有25亿美元，预计到2020年铸币税的收益达300.2亿美元。

本书以中国人民银行公布的境外机构和个人持有的境内人民币资产，作为中国对外输出人民币铸币税收益的一个参考指标。2013—2021年境外机构和个人持有的境内人民币资产（见表9-1）急速攀升。截至2021年年末，境外机构和个人持有的境内人民币资产达10.83万亿元人民币，是2013年的3.76倍，年均增长18.01%。虽然境外机构和个人持有的境内人

---

① "人民币国际化"课题组. 人民币国际化的收益与风险 [M] //博源基金会. 人民币国际化：缘起与发展. 北京：社会科学文献出版社，2011：24.

② 包括7 100亿元人民币的狭义国际铸币税和300亿元人民币的金融剩余。详见：陈雨露，王芳，杨明. 作为国家竞争战略的货币国际化：美元的经验证据：兼论人民币的国际化 [J]. 经济研究，2005（2）：35-43.

③ 包括14 000亿元人民币的狭义铸币税收入和1 700亿元人民币的金融剩余。详见：刘仁伍，刘华. 人民币国际化风险评估与控制 [M]. 北京：社会科学出版社，2009：116-118.

民币资产不是人民币国际化铸币税的真实反映，但通过对数据的纵向对比，可以看出随着人民币国际化进程的启动和推进，国际铸币税收入经历了"从无到有、逐步递增"的过程，人民币国际化实实在在给中国带来了铸币税收入。

表9-1　2013—2021年境外机构和个人持有的境内人民币资产

单位：亿元人民币

项目	2013年	2014年	2015年	2016年	2017年	2018年	2019年	2020年	2021年
股票	3 448.4	5 555.4	4 601.3	6 491.9	11 746.7	11 517.4	21 018.8	34 065.6	39 419.9
债券	3 989.8	6 715.8	7 625.8	8 526.2	12 275.6	17 853.6	22 629.3	33 350.8	40 904.5
贷款	5 309.8	8 190.5	9 021.5	6 164.4	7 390.0	9 246.5	8 331.6	9 630.2	11 372.3
存款	16 049.1	23 721.8	14 841.6	9 154.7	11 734.7	10 591.6	12 148.7	12 803.3	16 600.2
合计	28 797.1	44 183.5	36 090.1	30 337.2	43 147.0	49 209.0	64 128.4	89 849.9	108 296.9

资料来源：中国人民银行官网。

推动人民币的国际化，能使国内企业进出口、国际资本市场投资和境外旅游消费倾向于直接使用人民币进行结算，降低对美元、欧元等其他国际货币的依赖程度，从而优化外汇储备结构，减少汇率风险。因为外汇储备事实上是中国持有的其他国际货币资产，那么根据铸币税的定义，其他国家也征收了中国的铸币税。因此，人民币国际化在给中国带来铸币税收入的同时，也有助于缓解过多持有外汇储备的损失，即减少被其他国际货币发行国征收铸币税的规模。2013年至今，中国的GDP、进出口规模，资本流入流出都有了较大幅度的增长，但中国的外汇储备不增反降，最终维持在略高于3万亿美元的合理规模，一定程度也是源于人民币国际化产生的积极作用。

（二）提升中国的国际地位和国际影响力

相对于国际铸币税收入的可计量性，人民币国际化对于中国国际地位和国际影响力的提升，所带来的政治收益可以说是无限的。本书第七章指出，当前的国际货币体系是美元霸权下的"无体系的体系"，是一种不稳定的、过渡性质的国际货币体系。美元、欧元、英镑、日元的主要国际货币凭借其自身的地位，左右着国际货币体系的运行，也获取了大量的收益。尽管中国已经成为世界第二大经济体，但在国际政治经济中的话语权和影响力还远远不够，这与人民币国际地位的缺失有很大关系。

随着国际经济地位的显著提升，中国有义务、也有能力代表新兴经济体国家，在全球宏观经济政策对话和协调中发挥更重要的作用。一方面，推进人民币国际化进程，将有利于削弱美国对国际货币体系的绝对主导权。作为储备货币发行国，中国不仅可以增强自身在国际货币体系改革中的话语权，促进国际货币体系的多元化，也可以让人民币成为未来国际货币体系"多极"中的"一极"。这样，在维护国家自身经济利益的同时，也有助于解决全球经济的失衡。另一方面，从政治学角度看，人民币国际化的有序推进对实现一定的货币发行权和调节权的自主性以及与进一步提升中国的国际地位也有着显著作用。当今人民币汇率制度是参考一篮子货币的有管理的浮动汇率制，人民币的发行受到其他国际货币的制约，如果人民币成为国际货币，拥有发行的自主权，在发生紧急情况时才可以自主地获得流动性支持，从而保证了政治上的自主权。同时，通过跨境贸易结算以及本币互换协议，人民币在周边一些国家和地区流通并获得"硬通货"的美誉，这也是人民币作为储备货币普及度上升的具体体现。

二、人民币国际化的成本

人民币国际化在带来不仅是收益，同样也伴随着挑战，也将会面临"特里芬难题"、削弱我国的宏观调控能力、加剧我国金融市场波动以及汇率调整方面的非对称性。对于人民币国际化成本的共性本章节不再赘述，这里主要分析人民币国际化成本的特殊性。

（一）"特里芬难题"在人民币国际化中的特殊性

"特里芬难题"本质上是指一国主权信用货币作为国际储备货币无法在为世界提供流动性的同时确保币值的稳定与坚挺。从历史经验来看，纵观英镑、美元、欧元的国际化进程，"特里芬难题"主要表现为国际收支逆差与币值稳定之间的矛盾。而对于人民币而言，长期的国际收支"双顺差"使中国积累了巨额的外汇储备，推进人民币国际化意味着中国需要大量输出人民币，从对外商品输出为主转变为对外资本输出为主，这样中国国际收支也将从"双顺差"到基本平衡，最后迈向逆差常态，这不仅不会威胁到人民币币值的稳定，反倒有助于中国降低外汇储备带来的风险。因此，人民币国际化面临的"特里芬困境"恰好与其他国际货币相反——人民币币值具有稳定的基础，却无法通过国际收支逆差为国际市场提供长期稳定的人民币流动性。人民币要向境外输出，只有通过经常项目逆差或者资本项目逆差两种途径。目前，中国现在正处在一个现代化新型工业化和城市化同步发展阶段，既需要通过出口贸易解决就业问题，又需要国内外的资本投资于经济建设，这在客观上增加了外汇流入，减少了外汇流出，这一出一进、一低一高之间，反而形成了中国对别国的利益输送，加剧了国际收支的失衡。因此，不同于其他主权信用货币的国际化进程中表现为难以维持币值的稳定，"特里芬难题"在人民币国际化进程中表现为中国难以为国际市场提供充足的人民币流动性。

（二）"不可能三角"在人民币国际化中的特殊性

本书第二章关于"三元悖论"的讨论中指出，在"不可能三角"中，货币政策的独立性是必须坚持的"一角"。目前，主要国际货币发行国均是在坚持货币政策独立的基础上，更多地开放资本项目，允许本国货币自由浮动，维护币值稳定的手段更多的是依赖财政货币政策而非资本管制。对于人民币国际化而言，人民币至今仍坚持有管理的浮动汇率制，不能灵活调整的汇率必然伴随着一系列的管制，这就意味着资本项目只能有限开放，否则货币政策的独立性将会受到挑战。然而，当货币国际化走向深入和更高层次的时候，实现资本账户下的货币自由兑换将是必不可少的重要条件。近年来，美国因多次实施或延续大力度宽松货币政策造成了美元国际信用地位下降，利用这样的"时间窗口期"加速人民币国际化进程似乎只有人民币升值才是必要条件。但从长远和实际来看，随着人民币国际化进程的进一步推进，稳步推进资本项目高水平开放，实现汇率自由浮动，这无疑要求中国必须具有准确的研判，适时的调整汇率政策开放资本项目。总之，"不可能三角"在人民币国际化中的特殊性表现不同于其他主要国际货币发行国，人民币国际化过程中面临的是在保持人民币市场"厚度"的基础上，更大程度地开放资本账户和金融市场的问题。

第三节 人民币国际化的机遇和挑战

国家"十四五"规划和2035年远景目标纲要提出，中国要稳慎推进人民币国际化，坚持市场驱动和企业自主选择，营造以人民币自由使用为基础的新型互利合作关系。在"双循环"背景下中国要进一步提高主权信用货币的国际化水平，关键在"稳"和"慎"。"稳"是因为当前国际货币格局调整的大环境为人民币国际化提供了市场驱动力和新的机遇，与此同时，中国庞大的贸易体量、产业基础和商业业态创新又为人民币国际化提供了坚实的基础；"慎"则是因为机遇与挑战并存，对于推进人民币国际化不应盲目乐观，还要充分考虑各种不利因素，并审慎应对。

一、人民币国际化的机遇

（一）"一带一路"① 倡议和区域全面经济伙伴关系协定（RCEP）② 的"双轮"驱动，进一步夯实了人民币国际化、亚洲化的地缘经济与地缘政治基础

2013 年，中国立足于国内经济发展坚持向西向东开放并重、坚持以周边国家为依托，进一步提出建设以亚洲为中心、联通中国与欧洲的"一带一路"倡议。2022 年 1 月 1 日，RCEP 对已提交核准书的 10 国正式生效。"一带一路"倡议的持续推进与 RCEP 合作深化，在覆盖地区、涵盖领域、合作内容等方面相互重叠、相互补充、相互影响，能够发挥"1+1>2"效能，特别是在亚洲地区形成"一带一路"与 RCEP 实现了的"双轮"驱动的经贸合作发展新格局，有助于吸引全球资源要素汇聚，逐步扩大面向全球的高标准自由贸易区网络，促进国际"外循环"，最终推动中国实现更高水平对外开放，同时也助力人民币国际化的进一步推进。

"一带一路"涵盖国家 65 个，约占全球人口的三分之二和经济总量的三分之一；RCEP 涵盖全球将近三分之一的人口、经济总量和出口额。中国既是"一带一路"的倡议国，又是 RCEP 的核心成员国，无论是经济实

---

① "一带一路"倡议（"丝绸之路经济带"和"21 世纪海上丝绸之路"）是中国国家主席习近平于 2013 年 9 月和 10 月分别提出的合作倡议。"一带一路"倡议充分依靠中国与有关国家既有的双多边机制，借助既有的、行之有效的区域合作平台，积极发展与沿线国家的经济合作伙伴关系，共同打造政治互信、经济融合、文化包容的利益共同体、命运共同体和责任共同体。"一带一路"贯穿亚欧非大陆，一头是活跃的东亚经济圈，一头是发达的欧洲经济圈，中间广大腹地国家经济发展潜力巨大。丝绸之路经济带重点畅通中国经中亚、俄罗斯至欧洲（波罗的海）；中国经中亚、西亚至波斯湾、地中海；中国至东南亚、南亚、印度洋。21 世纪海上丝绸之路重点方向是从中国沿海港口过南海到印度洋，延伸至欧洲；从中国沿海港口过南海到南太平洋。

② 《区域全面经济伙伴关系协定》（*Regional Comprehensive Economic Partnership*，简称 RCEP）是以发展中经济体为中心的区域自贸协定，也是全球规模最大的自贸协定，由东盟十国于 2012 年发起，成员包括东盟十国、中国、日本、韩国、澳大利亚、新西兰，于 2020 年 11 月 15 日正式签署。RCEP 的签署是地区国家以实际行动维护多边贸易体制、建设开放型世界经济的重要一步，对深化区域经济一体化、稳定全球经济具有标志性意义。2022 年后，韩国、马来西亚、菲律宾先后加入 RCEP。

力和政治实力都属于主导地位。绘制好更为精致细腻的"工笔画",中国推动共建"一带一路"和积极参与支持 RCEP 机制建设向高质量发展转变,不仅进一步促进了区域经济要素有序自由流动、资源高效配置、市场深度融合,睦邻友好关系更为巩固和经贸合作水平持续提升,也为人民币的国际结算使用提供了广阔的市场及应用场景,增强了人民币的网络外部效应。中国应当利用其自身的主导地位,在跨境结算、资金往来、金融服务等场景下更多地推动人民币的使用,进一步发挥人民币的国际结算和金融交易职能,推动人民币的周边化和区域化。同时,"一带一路"沿线国家和 RCEP 协议国大多数是发展中国家,这些国家的基础设施建设将产生大量的投融资需求。中国可以通过成立的多边金融机构,如亚洲基础设施投资银行(AIIB)①、金砖国家开发银行(NDB)② 与丝路基金③,发行人民币计价债券并开发人民币融资工具。由于基础设施建设贷款多为长期贷款,出于避免由美元结算带来的货币错配风险,贷款接受国倾向于选择币值稳定、汇率波动幅度小的人民币。随着人民币的持有使用场景与中国经济每年庞大的真实贸易体量真正关联起来,跨境人民币业务逐步得到发展,人民币结算和投资额不断扩大,人民币的国际公信力不断提升,国际影响力也逐步扩大,人民币的国际化进程也得到稳步推进。

(二)低碳发展将成为人民币国际化的突破口

纵观世界经济发展历史,每一次能源变迁都会带来货币国际化的变革,如煤炭之于英镑、石油之于美元。随着全球能源转型,新能源作为关键载体,将会推动国际货币体系产生新的发展变化。当前,"碳中和"无疑将掀起能源领域的一场革命。中国应当抓住这一机遇,实现人民币与非

---

① 亚洲基础设施投资银行(Asian Infrastructure Investment Bank,简称 AIIB),又名亚投行,是一个政府间性质的亚洲区域多边开发机构。其重点支持基础设施建设,成立宗旨是为了促进亚洲区域的建设互联互通化和经济一体化的进程,并且加强中国及其他亚洲国家和地区的合作,是首个由中国倡议设立的多边金融机构,总部设在北京,法定资本 1 000 亿美元。截至 2021 年 10 月,亚投行共有 104 个成员。

② 金砖国家新开发银行(New Development Bank,简称 NDB),又名金砖银行。2015 年 7 月 21 日正式开业,银行总部设在上海。NDB 的提出建立,目的是金融危机以来,金砖国家为避免在下一轮金融危机中受到货币不稳定的影响,计划构筑的一个共同的金融安全网,成员可以借助这个资金池兑换一部分外汇来应急。

③ 丝路基金是由中国外汇储备、中国投资有限责任公司、中国进出口银行、国家开发银行共同出资,依照《中华人民共和国公司法》,按照市场化、国际化、专业化原则设立的中长期开发投资基金,重点是在"一带一路"发展进程中寻找投资机会并提供相应的投融资服务。

碳能源价格挂钩、与碳排放价格挂钩，使人民币成为碳排放交易、非碳能源领域投融资的主要计价货币，在低碳发展的大环境下推动人民币国际化的进程。

第一，大力发展新能源成为全球重要共识，而全球新能源产业基本是同时起步，中国不仅没有落后于发达国家，甚至凭借后发优势，使得中国在整个新能源产业链的完整度、竞争力都处于世界前列。当前，中国太阳能发电和风力发电具有较大的成本优势①，光伏产业已经形成全球最完整的光伏产业链②；新能源汽车③彻底扭转了中国在汽车行业的短板，实现了弯道超车。中国可以充分依托自身现有新能源的成熟模式和抢抓新能源跨越发展有利契机，在新能源技术转移、项目建设中，进一步丰富国际贸易中人民币计价货币功能的应用场景，借助新能源金融推进人民币国际化快速发展。第二，"双碳"目标将有力促进中国经济结构转型，绿色低碳经济的高质量发展将促进绿色金融体系的完善和金融服务的不断创新，进而丰富以人民币计价的金融产品，这更便于优化和引导在中国极其丰富和极具有潜力的碳减排资源和碳减排市场所带来的巨大碳交易市场容量和无限发展空间的背景下，越来越多的境外投资者通过跨境人民币结算的高效、便利将大量的国际资本投入到环保投融资领域。据估计，实现全国"碳中和"所需要的投资约为100万亿元人民币~500万亿元人民币。截至2021年年末，中国全部金融机构绿色贷款余额为15.9万亿元人民币；境内外市场累积发行绿色债券约2.1万亿元人民币；以ESG④为主题的公募基金共有200只，基金规模合计达2 612.22亿元人民币；以ESG为主题的银行理

---

① 国际可再生能源署（IRENA）的统计数据显示，中国太阳能发电和风力发电的平均成本分别从2010年的0.30美元/千瓦时和0.07美元/千瓦时下降到2019年的0.05美元/千瓦时。

② 2020年中国生产的太阳能多晶硅料达39万吨，占全球生产总量的71%；光伏专用设备市场规模达250亿元人民币，占全球市场的七成；中国15个企业跻身全球光伏产业20强，拥有绝对的领先和规模优势。

③ 2022年中国新能源汽车全年销售688.7万辆，市场占有率提升至25.6%，高于2021年12.1个百分点，全球销量占比超过60%。全球新能源汽车销量排名前十的企业集团中，中国占据3席；动力电池装机量前十企业中，中国占据6席。

④ ESG是environmental（环境）、social（社会）和governance（治理）的缩写，是一种关注企业环境、社会、公司治理绩效而非传统财务绩效的投资理念和企业评价标准。环境是指考虑企业对环境的影响，例如企业环保政策、员工环保意识、生产废弃物排放措施等；社会是指考虑企业对社会的影响，例如企业社区关系、员工健康、职场性别平等等；治理是指考虑企业的公司治理，例如内部权力争夺、管理层的有效监督、高管腐败等。投资者可以通过观测企业ESG评级来评估投资对象在绿色环保、履行社会责任等方面的贡献，对企业是否符合长期投资做出判断。

财产品数量达到 98 只，规模达到 733.83 亿元人民币①。第三，低碳发展将促进碳交易市场的扩大，碳排放权的"准金融属性"日益凸显，构建碳排放交易货币将是中国作为 CDM 机制②的供给国推进人民币国际化的新机遇。目前，中国的碳排放量已占全球的三分之一，居世界第二。巨大的碳排放资源蕴藏的无限商机必将促进碳排放交易市场的发展壮大。2021 年 7 月，全国碳排放权交易市场在北京、上海、武汉三地同时正式启动上线交易，也标志着全球最大的碳市场鸣锣"开张"。未来，全球碳排放交易市场规模可能超过原油市场，中国有望凭借自身的碳排放资源，使人民币成为国际碳排放交易市场主要的计价和结算货币，从而掌握碳交易的定价权。

（三）数字货币开启人民币跨境支付结算的新赛道

近两年，货币支付体系数字化转型趋势愈发明显。根据 BIS 调查数据，截至 2021 年年末，约有 90% 的央行和货币当局参与了不同形式的 CBDC③开发，改进跨境支付效率日益成为 CBDC 开发的关键驱动因素。为更好地实现效率与安全双重目标，越来越多的央行与货币当局将加快 CBDC 开发，探索双边、区域支付系统互联。按照中国人民银行的规划，数字人民币的研发试点将持续推进，顶层设计和生态体系建设也将不断创新。中国应充分在数字化浪潮中抢占先机，利用数字人民币降低人民币跨境结算安全隐患。数字人民币的推出将有助于加快 CIPS 等金融基础设施建设，健全人民币的登记、托管、交易、支付、清算及结算等系统功能，将人民币交易系统的报价、成交、清算以及交易信息发布等功能延伸到各国的金融机构，加快形成支持多币种结算清算的人民币全球化支付体系，避免美国利用 SWIFT 系统进行"长臂管辖"④，有助于优化跨境投资和贸易中的货币

---

① 数据来源：WIND。

② 清洁发展机制（简称 CDM）是《京都议定书》中引入的灵活履约机制之一，核心内容是允许《联合国气候变化框架公约》缔约方（发达国家）与缔约方（发展中国家）进行项目级的减排抵消额的转让与获得，在发展中国家实施温室气体减排项目，即由工业化发达国家提供资金和技术，在发展中国家实施具有温室气体减排效果的项目，项目所产生的温室气体减排量则列入发达国家履行《京都议定书》的承诺。

③ 国家数字货币（central bank digital currency，简称 CBDC）是一种基于国家信用、由中央银行发行的法定数字货币，这种全新的货币形式本质上仍然是中央银行对公众发行的债务，具有法偿性，是一种主权货币。

④ SWIFT 即环球同业银行金融电讯协会，是银行同业间的国际合作组织，成立于 1973 年，目前全球大多数国家的银行都使用 SWIFT 系统。可以说它是世界上最重要的金融组织之一。SWIFT 曾先后对朝鲜、伊拉克、伊朗、利比亚等金融机构实施制裁，也曾被用来威胁过俄罗斯的金融机构。

格局，为优化跨境投资和贸易中的货币格局提供机遇[①]。2021年2月，中国人民银行数字货币研究所连同中国香港金融管理局、泰国中央银行、阿拉伯联合酋长国中央银行，宣布联合发起"多边央行数字货币桥研究项目"（m-CBDC Bridge），探索CBDC在跨境支付领域中的应用。该项目已从实验阶段迈向试行阶段，"货币桥"可以将支付成本降低50%，支付时间从几天缩短到几秒钟。

（四）"去美元化"趋势下人民币成为全球资产配置的重要选项

第一，纵观国际货币体系演进，当前美元霸权主导下的国际货币基本秩序并未发生根本改变。但该体系下美国货币政策外溢效应显著，随着大国博弈日趋激烈，各类市场主体不仅关注收益与流动性，更加注重安全考量，开始主动推进配置货币多元化。第二，从2008年发源于美国的"次贷危机"到2020年在美国全面肆虐的新型冠状病毒感染疫情，美国强化使用金融制裁实现"美国利益优先"，在政治上肆意践踏国际规则和奉行单边主义，滥用"美元特权"转嫁危机、以邻为壑，"去美元化"现象从过去美国的"敌人"逐步蔓延到美国的"亲密盟友"[②]，逐渐成为一种大趋势。第三，欧美国家频繁采取金融制裁的措施，特别是俄乌冲突以来，欧美国家首次将俄罗斯这一大国纳入制裁范围，逼迫受制裁国家采取"去美元化"措施。第四，欧元竞争实力相对下降。英国脱欧、欧元区债务危机等持续影响欧洲经济增长，也为欧元的国际化进程"铺满荆棘"。如果欧盟经济增长持续疲软，并且在欧元区改革上未能取得明显进步，欧元将失去挑战美元国际货币地位的潜在竞争优势。

在"去美元化"且欧元相对疲软的大趋势下，在当前的国际货币体系中，美元仍在当前的国际货币体系占据绝对主导地位，人民币想要拥有更高的地位，只能抓住用好新形势下的新机遇，通过采取更加积极主动的措施，逐步提高人民币在国际结算、国际支付和国际储备中的比例。特别是中国倡导利益共同体、安全共同体理念，被大多受制裁的国家接受并保持

[①] 沈悦, 李逸飞, 郭一平. 后疫情时代人民币国际化的机遇、挑战及对策[J]. 西安交通大学学报（社会科学版）, 2021 (5): 74-80.

[②] 为改变对SWIFT支付体系的依赖，欧盟委员会主席容克2018年9月在欧洲议会演讲中呼吁提升欧元的国际地位后，欧盟积极酝酿推动欧元支付体系形成，宣布实施SPV（Special purpose vehicle），该工具将赋予欧盟通过其控制的银行体系支持欧盟企业在受美制裁波及下开展贸易的能力。在欧盟的探索下，美元支付体系的垄断将会出现松动，这不仅给中国减轻对美元支付体系的依赖提供了机遇，也有利于推动人民币国际化。

友好关系，由此凝聚的"民心所向"，让受制裁国家、对华经贸往来紧密的新兴市场与发展中国家进一步降低了对美元的依赖，有助于引导和推动越来越多"去美元化"的主体阵营将外汇储备中的美元更换为人民币，扩大人民币在世界范围内的需求空间。

二、人民币国际化的挑战

（一）国际货币体系的既得利益者对人民币国际化的消极态度

人民币国际化必然会对当前国际货币体系产生一定的影响，也必然会影响国际货币体系中其他国际货币发行国的既得利益。人民币国际化在亚洲地区将与日元国际化形成竞争关系，同时也将威胁到美元在亚洲地区的地位。因此，美元、欧元、英镑和日元作为当前国际货币体系的既得利益者，虽然彼此间表现为竞相拓展流通域、相互争夺国际货币职能执行权的关系，但是它们都不愿意看到人民币国际地位的提升，针对中国在多个维度上围堵、出手，试图打破人民币安全稳定环境的"反扑"行动，也反映出它们共同打压人民币的态度。回顾国际货币体系的演变历程，美元取代英镑成为国际关键货币，欧元和日元崛起，均引起当时主要货币发行国的强烈抵制。美元之所以拥有今天的地位，是凭借美国强大的政治、经济和军事实力。作为守成大国，美国一直拥有不惜代价维护美元地位与美国霸权的强烈愿望。长期以来，美元霸权一直是支撑美国作为超级大国的核心要素之一，美国当然不会容许其他任何货币挑战或蚕食美元地位。因此，中国推动人民币国际化进程时，美国、日本和欧元区国家将会联合起来挤压人民币的国际生存空间，并继续在人民币汇率、贸易不平衡和市场开放等问题上不断向中国施加压力。随着中国资本市场的逐步开放，这些国家也必然会想尽一切办法通过向中国输入输出资本对尚未成熟的中国资本市场"割韭菜""榨油水"，同时冲击人民币币值的稳定以及中国的经济安全。因此，中国政府必须要高度警惕人民币国际化风险，从中国的现实情况出发，立足于中国的利益，创造持续、充分的条件，宏观稳慎地推动人民币国际化。

（二）后疫情时代外部环境不确定性凸显，影响人民币国际化进程

新型冠状病毒感染疫情的爆发，导致2020年全球经济出现深度衰退，GDP增长率为负3.27%。虽然2021年增长率反弹到5.80%，但全球经济发展放缓、经济增速压力加大已成现实。在全球经济增速放缓的大背景

下，人民币很难独善其身。

第一，由于发达经济体和新兴经济体经济增速放缓，其对中国产品的需求也随之下降，拉动经济的"三驾马车"中的出口额波动较大，受到能源供求结构失衡和劳动力成本不断上升等的影响，这种趋势在短期内很难得到缓解，中国必须寻找新的经济增长点。同时，新型冠状病毒感染疫情暴发还会对国际分工和产业链重新布局带来长期影响。后疫情时代外部环境充满不确定性，全球经济能否出现触底反弹仍无法下定论。如果全球经济严峻局势得不到扭转，则无疑会增加全球供应链断裂、产业链逆转等风险，从而影响人民币跨境流通、境外离岸市场建设、汇率稳定、境外投融资等，减缓人民币国际化进程。

第二，2020年以来，美国实行量化宽松政策，从需求端刺激经济，表面上看起来经济得以复苏，实际却造成了严重的供求失衡。而近期为控制持续走高的通货膨胀率，美联储不得不加息缩表，造成了资本回流、风险外溢、汇率大幅波动。当前以美元为主导的国际货币体系下，美国货币政策的外溢效应明显，人民币国际化进程也不得不被动面对这一不确定性带来的负面影响。

第三，以英国脱欧、美国制造业回归为标志，近年来全球化遭遇逆流，保护主义、单边主义上升，而新型冠状病毒感染疫情造成的经济衰退进一步强化了部分国家内顾倾向，国际环境日趋复杂，不稳定性不确定性明显增加。无论从国际贸易发展指数看，还是从跨国投资指数看，全球化都在退步。美国提出要"制造业回归"，有些国家提出要"经济主权回归"，一些国家紧跟美国"脱钩"政策宣布对华脱钩等，其目的是肢解经济全球化。尽管人民币已经具备在国际货币体系中承担重任的潜力，但人民币国际化需要在全球化的大趋势下才能更好地推动，若不就当前逆全球化趋势提出应对措施，人民币国际化的实现将充满不确定性。

(三) 美国"去中国化"意图明显，不利于提高人民币在国际货币体系中的地位

伴随中国经济与人民币地位的快速崛起，美国越来越担心中国国际影响力不断上升会威胁和削弱美国在亚太地区的主导地位。2017年12月，美国直接将中国定义为"战略对手"。2018年以来，美国频繁指责中国操纵人民币汇率，要求人民币升值，实现人民币资本项目下的可自由兑换，美国联邦政府曾多次重申，将来不排除改变"汇率操纵"的认定标准。在

中美贸易摩擦愈演愈烈的背景下,美国继续向人民币汇率施压的可能性大大增加,其所谓"汇率操纵"的认定标准甚至有可能为中国"量身定制"。美联储更是借机在 2019 年 3 月与 14 个国家(或地区)的央行建立了总量达 4 500 亿美元的流动性互换协议,人民币被排除在外。为应对中国的"一带一路"倡议,特朗普政府提出"印太战略"①,推出多项国际协定,企图让制造业从中国、东南亚回流,振兴美国实体经济;而拜登政府的"亚太再平衡战略",通过注重团结和盟友的关系,拉拢组建新的产业链和经济框架遏制中国,推动"去中国化"。中美政治经济博弈与战略竞争、科技竞争、产业竞争、货币竞争以及地缘竞争势必将常态化与长期化。在美国各项"去中国化"的措施下,人民币国际化进程受到不同程度的制约,人民币在国际货币体系中能否占据有利地位也将面临新挑战。

---

① 美国"印太战略"的目标是在印度洋—太平洋区域,综合使用政治(强调民主价值观)、外交(加强双边同盟、离间中国与他国关系等)、军事(联合军演、加强军售)、经济(排他性的经贸制度安排)等手段,整合中国周边的战略力量,以削弱中国的影响力,遏制中国崛起,从而实现美国霸权护持。

第十章 人民币国际化发展展望

随着我国综合国力的稳步提升，人民币走向更高层次的国际化是中国经济发展和市场演进以及时代发展的必然趋势。在外部环境不确定性增加的情况下，中国要强化人民币国际化新动能必定要承受更多来自外部资本的流动冲击，因此，有序推进人民币国际化，中国应当审时度势，根据具体问题做出具体安排。

第一节 人民币国际化的目标

人民币国际化自2009年作为国家战略被提上日程后，就正式踏上了一段有始无终的征程。人民币需要在当前的国际货币体系中不断地拓展其流通域，更多地执行各项国际货币的职能。在条件允许的情况下，人民币还要充当改革当前国际货币体系的重要角色。为稳慎推进人民币国际化，确保人民币国际化沿着符合中国利益的方向前进，首先应明确人民币国际化的目标。笔者认为，人民币国际化应该有短期目标，中长期目标和终极目标。

一、人民币国际化的短期目标

在人民币国际化的漫长征程中，中国不单需要自身保持高质量发展，而且应当科学看待外部机遇新内涵，准确把握深层次趋势性变化并做出积极应对。当客观条件不允许时，人民币国际化还应主动降速。在世界百年未有之大变局的背景下，国际环境进入动荡变革期且复杂变化程度日益凸显，三到五年时间难以突破人民币国际化在新阶段的发展瓶颈。因此，对于人民币国际化而言，中国为实现具体化、现实化和可操作化的短期目标，应当制定十年的实施方案。

在未来十年，人民币的目标应该是逆势崛起跃升至继美元、欧元之后的第三大国际货币的地位。从数据横向比较来看，不管是在 SDR 货币篮子份额、官方外汇储备中的占比，还是货币国际化的考量指标，人民币都应与紧随其后的日元和英镑拉开差距。对一些暂时还落后于日元和英镑的指标，人民币要跟"短板"叫板，强化研判应对，精准靶向发力，推动指标赶超进位。在国际流通域方面，人民币应当争取成为亚洲的区域关键货币，与美元、日元"三分亚洲"。在执行国际货币职能方面，在人民币跨境使用活跃度明显增强，并保持积极向好的态势中，确保人民币主导地位绝对稳固，并在推动大宗商品交易人民币计价中有所突破。在第三方的跨境贸易结算方面，在"一带一路"沿线国家和 RCEP 协议国范围内，逐步强化人民币在其中的腹地地位。基于上述考虑，在推动人民币国际化的第二个十年，人民币在 SDR 货币篮子份额应当提升至 15% 以上；在官方外汇储备中的占比应当进一步提升到 6%~8%。

二、人民币国际化的中长期目标

很长一段时间内，美元霸权主导下的国际货币体系难以出现根本性转变。伴随全球化发展，虽然美国的经济实力和政治实力会相对下降，但国际货币体系的制度惯性决定了美元霸权不会因此而消失。可以预见，对人民币而言，中国的综合实力难以支撑起人民币对美元霸权产生实质性的威胁。或者说，在未来 30~50 年，中国的综合实力将继续保持提升的态势，即便具备挑战美元霸权，重塑国际货币体系的实力，中美金融战的交锋升级是否真的利大于弊，收益大于成本，仍需要探讨。

因此，人民币国际化的中长期目标仍应当立足于当前的国际货币体系，结合中国经济特性与需求推进人民币在美元霸权主导下的国际货币体系中发挥补充和辅助的作用。为此，党中央高瞻远瞩，在党的二十大报告中明确指明向第二个百年奋斗目标进军的"时间表""路线图"，人民币国际化也涵盖其中。我们认为，可以将人民币国际化的中长期目标定在人民币国际化四十周年之际。

这一阶段，人民币国际化的目标应当对标欧元，尽快成为亚洲最关键的国际货币，逐步争取在亚洲区域内的国际贸易结算支付、官方储备等方面的绝对话语权。在全球范围内，人民币的各项数据也应当与欧元保持一致，使人民币在 SDR 货币篮子份额、官方外汇储备的占比均超过 20%，形成美元、欧元、人民币在国际货币体系中"一超两极"的格局。

三、人民币国际化的终极目标

本书第七章关于国际货币体系的阐述中指出，当前的牙买加体系并非国际货币体系的最终形态，只是因为可以与美元抗衡甚至取代美元霸权的货币在未来可预见的一段时期内不大可能出现，所以当前的国际货币体系仍将维持很长一段时间。本书拟对人民币国际化未来的终极目标作一简易探讨，这里谈到的人民币作为储备货币或者说人民币国际化的最终形态，在很大意义上是一个前瞻的、逐步发生的、在若干年后才有可能性的趋势，因此，我们应抛开当前国际货币体系的约束，充分展望人民币国际化最终能到达的高度。

假如在未来的某个时间节点，国际货币的新格局使当前的国际货币体系产生第五次历史巨变，新构建的国际货币体系或能重拾"硬锚"，更好地响应实体经济对货币的需求，推出铸币税共享机制。这无疑昭示了美元已经从其威严的宝座上跌落，美国借助美元体系在全世界"薅羊毛"的"超额特权"已经被废除。因此，不管今后国际货币体系怎样改进，世界货币制度如何安排，可以预见的是，货币体系进入全球化时代后，贸易自由化程度进一步提高，世界将难以再出现像 19 世纪的英国和 20 世纪的美国这样的超级霸权大国，曾经英镑霸权、美元霸权主导下的单极体系也将不会再出现。与此同时，各国、各种跨国社会行为体及相关政治经济单元处于大规模、持续不断的多元动态博弈之中，作为最大的新兴市场和发展中国家的中国崛起，在国际经济与金融事务中具有引领作用，由此可以预见，人民币国际化也成为国际货币体系改革的推动力量。故此，人民币国际化的终极目标应当是在未来国际货币体系下，中国积极参与全球多极化发展，并占据重要的一席之地，实现人民币与其他主要国际货币并驾齐驱的地位。这种博弈的结果将持续冲击美元的主导地位，让美元回归其应有的位置，从而为人民币国际化发展打开新的机遇，促使欧元和人民币作为国际储备货币的地位相对上升，最终由"一超两极"旧常态逐渐转化为美元、欧元、人民币"三足鼎立"的新格局。

鉴于实现人民币国际化这一终极目标需要中国自身综合实力的大幅提升，美元霸权的式微乃至灭失，以及科学把握战略机遇和风险挑战等必要条件，面对当前不确定性日益增强的世界经济，我们显然无法在达成上述必要条件实现人民币成为国际货币这一终极目标的不确定性中，给出一个确定的时间表。

第二节 人民币国际化应坚持的原则和应处理好的关系

在明确了人民币国际化的最终目标后，面对在当前国际经济的不断发展和世界格局的深刻变化的现实条件下，人民币国际化的机会与挑战并存这一现状，中国更应该立足于目标导向，坚持并遵循渐进性原则、适应性原则、市场性原则以及主动性原则，认真总结经验教训，合理调控政策冷静以对，并妥善处理好"人民币流出机制与回流机制的关系、开放资本项目与金融稳定的关系、人民币升值与人民币国际化之间的关系"三对关系，稳慎有效地推进人民币国际化，真正让人民币"走出去"成为世界各国和地区的主要储备货币之一。

一、人民币国际化应坚持的原则

（一）渐进性原则

人民币国际化是一个动态的过程，从不可兑换逐步走向国际化货币，从区域化走向全球化，从离岸驱动走向在岸驱动，从结算货币走向计价货币、贮藏货币，从谨慎探索的积累阶段步入适当加快、有序发展的新阶段，中国推动人民币走出去成为国际关键货币是一个供需适配、顺势而为、水到渠成的过程，需要经历多个层次的提升。当然，不同层次之间也并非彼此割裂，而是相互交叉的，人民币国际化应当循序渐进、分层推进、相互衔接。中国社科院副院长李扬认为，衡量货币国际化程度的一项重要指标应该是一国货币在外汇交易市场中的份额，而中国在这方面还有很大差距。因此，我们应"慎言"人民币国际化，对人民币国际化的艰难程度、可能会延续的时间长度都应当保持科学、冷静的态度，而不是盲目乐观、急于求成。中国经济和金融不确定性的变动特征，致使人民币国际化还难以承载太多的使命，既不会成为推动经济发展的根本动力，短期内也无法作为削弱美元霸权的工具。有鉴于此，人民币国际化才不会迷失在虚幻吹捧之中，在政策制定方面才不至于舍本逐末。

（二）适应性原则

人民币国际化本身不是最终目标，通过人民币国际化提升人民币在国际货币体系中的话语权，在国际经济往来中最大化中国的利益才是人民币国际化的应有之义。人民币国际化应当服务于社会主义新发展阶段中华民族全面复兴的伟大历史任务，应当同"一带一路"倡议与人类命运共同体的构建推进等相互配合与协同，成为全面维护中国核心利益的手段之一。人民币国际化这项系统工程[①]，应当主动适应中国的国际战略、国家安全与国家利益，应当与我国的经济实力和对外贸易活动需求、改革开放程度、人民币自由兑换进程等相得益彰。只有这样，中国才能在实施人民币国际化战略路径中做出最有利于自身利益的决策。

（三）市场化原则

中国人民银行《2020年人民币国际化报告》指出，人民币国际化是市场驱动下水到渠成的过程。未来，人民币跨境使用应进一步发挥市场的主导作用，坚持市场驱动为主、政策扶持为辅的基本原则，实现市场导向与政府引导的有机结合，在尊重市场需求的基础上采取适当的制度安排，继续推动国内金融市场开放和基础设施互联互通并引导离岸人民币市场健康发展。历史上日元国际化作为唯一依靠政府主导推动的货币国际化，其结果并不理想，中国应该引以为戒、深刻反思，并从中吸取教训，进一步完善宏观审慎管理，稳步推进人民币国际化。

（四）主动性原则

货币的核心问题是信用，一国货币的国际化首先是通过制度调整、改革增强国际信用的过程。货币问题不只是经济问题，也是政治问题，不能忽视货币的权力特征与政治内涵。人民币既然是央行的产品，推进其国际化的职责自然要落到国家层面上。对人民币国际化而言，政府的作用在内而不在外，应从全局出发，充分发挥政策导向作用，在着力培育高水平对外开放的、发达的国内金融市场上练好"内功"，主动为人民币国际化争取有利的客观条件。当中国经济具备将人民币国际化提升到更高层次的条件时，我们就可以主动引导并稳慎推进人民币走出国门、走向世界；反

---

① 曹远征，周舸. 人民币国际化相关问题讨论［M］//博源基金会. 人民币国际化：缘起与发展. 北京：社会科学文献出版社，2011：302.

之，如果金融市场的发展还不足以达到支撑推动人民币国际化的进程的广度和深度，我们则应当积极主动地采取各种防范措施，避免人民币国际化对中国经济金融的稳定发展造成负面影响。人民币国际化从零起步，无论是深入研究货币国际化理论还是参考借鉴大国货币崛起的经验教训，作为历史上唯一的发展中国家主权货币的国际化，10余年的发展进程表明，人民币国际化有别于其他主要货币登上国际货币舞台的传统路线，实现了基本开发，并因此创造了资本管制的新经验和特殊制度安排，形成了人民币国际化的"中国经验"独特路径。因此，中国应当基于人民币国际化的现状，在全球视角下重新审视自己，从全新的角度理解自己，以问题导向入手，主动探索、审慎推进，确保人民币国际化少走弯路。

二、人民币国际化应处理好的关系

（一）人民币流出机制与回流机制的关系

人民币国际化并不是意味着人民币单向的对外流出，向境外输出流动性，而应当是人民币的流出与回流共同构成人民币跨境流动的基本循环。人民币对外输出流动性是通过人民币输出数量大于回流数量实现的，所以中国在机制建设上应当协调考虑人民币的流出机制与回流机制。如果无法提供合适的人民币回流途径，投资者和贸易商就没有动力持有人民币，人民币的国际流通域使用也就无法扩大。因此，人民币的流出机制与回流机制是相辅相成的关系，如果没有人民币的流出，那么人民币的回流将无从谈起；而如果没有一个很好的回流机制，人民币的流出必将面临瓶颈。

就当前学术界关于人民币的讨论可以看出，关于人民币流出机制的探讨比较多，但关于人民币回流机制的探讨比较少。随着人民币国际化进程的推进，中国必然要建立和完善人民币回流机制。人民币"走出去"后，能否顺利回流不仅要依靠贸易渠道，更要靠一个发达的金融市场实现投资渠道回流。这除了涉及人民币资本项目下的开放问题，还受制于中国金融市场的广度和深度，以及利率市场化程度等问题，所以发达的富于弹性的金融市场建设也成为重大的国家战略安排，我们需要认真对待。

（二）开放资本项目与金融稳定的关系

历史经验证明，金融机构和金融市场的稳定与否，主要取决于国内的经济金融运行状况和金融监管水平，而与资本项目开放关系不大[1]。加强金融监管水平，提高金融机构管理能力，是维持我国金融稳定的关键要素之一。然而，随着当前我国金融体系改革的推动，跨境融资业的不断发展，中国的金融监管水平也亟待改革，以便迅速跟上主要发达国家。过快放开资本项目确实会对我国的金融稳定带来威胁，甚至造成重创，在1997年爆发的亚洲金融危机中，泰国、韩国和印尼等发生危机的经济体给中国拉响了警报。因此，如何在逐步开放资本项目的同时确保我国金融体系的稳定是人民币国际化进程中必须时刻注意的问题。

从人民币国际化的中长期目标看，人民币完全可自由兑换是人民币国际化的前提，但事实上，所谓的前提只是相对的，并不具备绝对的约束性。中国政府对人民币资本账户可自由兑换展开的一系列改革也从全球金融危机吸取了经验，在经典的"三难选择"上，中国政府避免了选择角点解，而是以更大决心、下更大力气推动了让资本自由流动与独立货币政策并行操作且相互促进、协调发展的模式。因此，人民币国际化的路径选择不能本末倒置，应以金融业的高水平开放与发展实现人民币的国际化，尤其是要重点完善我国的金融体系与金融监管水平，逐步为资本项目的放开创造条件[2]。

人民币国际化最终必须实现资本项目自由化，而资本项目自由化又会给中国经济带来一定的负面影响。笔者认为，中国应当开拓一条独特的、适用于自身的中国特色的资本项目开放路径。"中国特色"包括以下两方面的含义：第一，中华民族是具有非凡创造力的民族，在几乎所有重大的改革领域的每一次突破和发展，我们都是在坚持中国特色社会主义道路不断发展的前提下的改革，既不走封闭僵化的老路，也不走改旗易帜的邪路。在开放资本项目问题上也不例外，我们也能够继续拓展和走出一条符合中国国情和国际环境，具有中国特色的渐进式资本项目开放道路。中国可以一方面取消关于资本管制方面的明文规定，在名义上实现资本项目的可自由兑换，但是另一方面则通过行政或者其他手段，对资本的流入和流

---

[1] 20世纪90年代，我国资本项目没有开放，但一些信托投资公司、城市信用社、证券公司甚至个别银行都陷入了困境，有的甚至进行破产清算。此次金融危机中，我国资本项目开放程度已有较大提高，但金融机构损失反倒很小。此外，新加坡、中国香港和中国台湾等国家和地区尽管市场狭小，但资本账户开放并没有影响这些市场的金融稳定。

[2] 中国人民银行调查统计司课题组认为，我国加快资本账户开放的条件基本成熟。

出实行"软性"约束。也就是说，中国特色的资本项目自由化道路应当是原则上实行资本项目开放，但对最为核心的资本项目仍保留大量的行政性控制与监管。第二，面对中国的"特色国情"，其他国家资本自由化的成功经验，中国只能借鉴，却不能完全照搬。尤其是在改革的逻辑顺序下，理论和实际其实是一个交叉形成的过程，推动理论与实践的相互结合，必须要同总结经验、观照现实、推动工作结合起来，同解决实际问题结合起来。因此，资本项目自由化道路并不是要设计出很完美的路径图，然后严格沿着指定的路径走下去，而是应该始终沿着"资本项目自由化"指引方向，以"稳住、进好、调优"推进高质量跨越式发展，向既定目标奋进。

（三）人民币升值与人民币国际化之间的关系

我国经常项目与资本项目的双顺差以及由此产生的巨额外汇储备，决定了中国即使不开放资本项目，人民币也存在很强的升值压力。目前有不少观点认为人民币升值是人民币国际化的重要保障，本书认为这个观点有待商榷。如果人民币贬值速度过快，自然无法受到其他国家的青睐，人民币国际化也就无从谈起；而如果人民币处于一个升值过程，其他国家自然会增加持有量。然而，人民币升值在人民币国际化进程中只产生促进作用，不会对人民币国际化产生根本性的影响。设想一下，如果人民币国际化是由于人民币升值的话，那么当某一天人民币实现汇率市场化，不再具有升值压力的时候，进一步推动人民币国际化的动力将是什么？如果人民币出现贬值，又是否意味着人民币国际化的进程将会倒退呢？

因此，人民币升值不是人民币国际化的基础，二者之间不存在确定的因果关系。一国货币能否成为世界货币，最终起决定作用的是该国的综合经济实力。换句话说，人民币国际化的基础应当是中国的经济实力与政治实力。经济稳，则汇率稳。人民币汇率是中国经济基本面的反映。不论是面对1997年的亚洲金融危机和2008年的国际金融危机，还是与近期美、欧、日等经济体相比较，中国始终坚持稳健的货币政策，在合理均衡水平上保持了人民币币值的稳定，促使人民币成为良好的避险货币，使人民币在国际舞台扮演的角色日益重要。这些事实一再证明，币值稳定才是人民币真正成为国际货币的基础。人民币币值的稳定包含着两方面的含义，一是不过度贬值，二是不过度升值。人民币如果成为其他国家之间跨境贸易与投资的计价结算货币，其升值、贬值都会直接影响国际经济情况，不利于人民币执行国际交易媒介和支付手段职能①。当前人民币升值的根本原因也不是人民币国际化，而是长期以来双顺差的国际收支格局所积攒的人民币升值压力必须得到释放。随着市场逐渐适应人民币的国际化角色，在未来相当长一段时间里，中国政府都应该让人民币汇率逐步回归到正常水平并趋于均衡合理。虽然人民币升值有利于降低进口成本、吸引资本流入和推动人民币国际化，但若人民币大幅升值且速度过快，则会给出口带来沉重一击，可能造成汇率超调、资产泡沫等中国政府难以消化的负面影响。因此，在推进人民币国际化的进程中，中国应高度警惕人民币汇率的异常波动，防止人民币过快升值给中国经济稳定增长带来的不利影响。我们可以具体从两方面着手进行，一是逐渐削弱导致人民币升值的因素（比如长期的双顺差和巨额的外汇储备），二是降低人民币升值对我国经济的影响②。

此外，人民币国际化并不一定要通过经常项目的逆差对外输出人民币流动性。人民币对外输出流动性，要求的是中国国际收支逆差，而这可以通过经常项目的逆差和资本项目的逆差两种途径实现，只要其中一个项目的逆差额大于另一个项目的顺差额，那么人民币就可以实现对外输出。其实，在国际货币的发展史上，英镑和美元成为国际关键货币的时候，英国和美国一直以贸易顺差示人。英、美两国当时最主要的货币输出途径都是资本输出，即商品贸易是顺差而资本项目是逆差③。回到人民币国际化，中国同样可以针对不同国家和地区采取不同的人民币输出方式实现"国际化"，即对于贸易逆差的国家和地区通过经常项目输出人民币流动性，而对于贸易顺差的国家和地区则通过资本项目输出人民币流动性。

第三节 稳慎推进人民币国际化的政策建议

稳慎推进人民币国际化，除了明确的发展目标和推进节奏要求，还要

---

① 如果其他国家的贸易使用人民币结算，人民币贬值将有利于进口国，人民币升值将有利于出口国。

② 具体而言，我国应当进一步扩大内需，通过转型升级来实现由外需拉动向内需驱动的转变，改变我国在国际分工中的地位，增加高附加值商品在我国出口结构中的比重。

③ 曹远征，肇越. 关于人民币国际化和国际货币体系问题研讨会会议纪要一[M]//博源基金会. 人民币国际化：缘起与发展. 北京：社会科学文献出版社，2011：265-266.

把握有利条件，抓住历史机遇，采取更加有效、更有针对性的措施，赢得发展先机。常立志不如立长志，而长志的基础又在于常志的实现。所以就实现人民币国际化目标而言，短期目标是在中长期目标和终极目标的基础之下的具体化、现实化和可操作化目标，也是实现中长期目标和终极目标中不可或缺的重要环节之一。基于中国实际，中国政府必须坚持远近结合、长短兼顾，使短期目标与中长期目标相衔接，创造人民币成为真正国际货币的条件，并深度参与区域本币化进程，从而实现人民币国际化的终极目标。当前，结合人民币国际化的短期目标，本书认为中国应当重点做好以下工作。

一、全力推动经济高质量发展，提升人民币国际化软实力

经济发展是人民币国际化的基本前提。中国只有推动科技不断创新，构建完整的全要素产业链，从制造业大国不断向制造业强国转变，提高产品技术含量，才能为全球经济增长不断增添中国动力，为人民币国际化争取更多的话语权，提高人民币的国际认可度。新型冠状病毒感染疫情期间，中国在有效控制疫情蔓延、治疗感染病例、研发接种疫苗等方面取得了突出成果，在全球经济复苏步伐放缓情况下，依旧保持稳健增长步调走在前列。但在后疫情时代全球经济格局变化形势下，面对外部需求减少、物流减缓、人员流动受阻等压力，促进国内国际经济在新发展格局下"双循环 双演进"动态发展，进一步夯实人民币国际化基础成为当务之急。

第一，应当继续保持经济的合理增速。稳定第一、第二产业发展，加快第三产业发展，增强经济发展韧性，更好地保障经济安全，提高抵御各项经济金融风险的能力。目前，中国采取了专项贷款、减税降费等政策扶持中小企业，为经济发展提供活力，央企、国企也应主动承担社会责任，彰显担当，不断稳固经济发展基调。第二，应当全面贯彻新发展理念，在发展中解决经济的结构性问题。坚持以供给侧结构性改革为主线，加快推进要素市场化改革、财税金融体制改革、国企改革、医疗体制改革、社会保障体制改革等，完善科技创新体制，优化土地、劳动、资本、技术等资源的配置，提高要素效率，为进一步推进人民币国际化提供更好的经济基础。第三，在服务实体经济方面，人民币应当精准发力，推动大宗商品人民币计价结算频率，坚持本币优先原则，完善跨境人民币使用政策，引导境内外人民币资金投向先进制造业与战略性新兴产业并发挥作用。第四，

2021年以来，随着经济的不断转型，金融活水"引灌"绿色低碳转型，已成为中国经济社会实现可持续发展的重要内容。在绿色能源领域，中国应抓住全球能源体系变革、绿色经济转型机遇，利用所掌握的新能源技术，加快占据市场的步伐，掌握行业主导权，甚至定价权，打造一个具有国际化属性的"绿色能源人民币"；要以低碳经济发展作为契机，以绿色债券、绿色金融产品发展推动以人民币计价的金融工具和金融市场的发展，提供跨境人民币绿色贷款，允许将人民币兑换成可自由使用的货币，来满足国际收支需求，通过这种方式推动人民币在整个金融市场上、在国际投融资中发挥作用，打造"绿能人民币"。

二、推进金融体制创新，为人民币国际化提供重要支撑

金融基础设施为金融市场稳健高效运行提供基础性保障，从交易平台、支付体系、结算系统等硬件设施与法律法规、会计原则等制度软约束方面，支撑金融体系功能的正常发挥，有效推动人民币国际化发展进程。

中国应当继续深化金融体系改革，合理有序开放金融市场，完善金融监管体系，为人民币国际化提供强大支撑。一是加快国债市场的建设和发展，扩大国债规模，提高流动性，增加债权品种。二是积极推进人民币汇率、利率形成机制改革，强化市场调节作用，使其由市场主导，防止投机风险，建立以市场供求为主体、有管理的浮动汇率制度。三是加快外汇市场的建设，优化各项交易制度。加快资本账户可兑换，完善多层次、全方位的资本市场体系，吸引更多境内外投资者进行投资。四是加强金融监管，完善金融体系改革，要坚持宏观审慎原则，加强对跨境资金流动的监测，及时识别异常跨境资金流动，使监管能力与开放水平相适应。

在人民币国际化的创新实践方面，第一，中国应将自贸区和自贸港作为金融开放以及推进人民币国际化的前沿试点地带，活跃各种以人民币金融交易为主体的资本市场。加快在岸金融市场开放进程，推动在岸与离岸市场良性互动，强化金融助力双循环格局。第二，中国应强化离岸人民币金融体系创新，以货币互换等方式理顺人民币流通机制，加强离岸人民币市场建设，使其保持健康平稳发展，丰富离岸人民币市场产品，加强产品创新，讲高度、挖深度、拓广度、增温度，增强在岸、离岸市场联动。充分发挥货币互换协定作用，通过使用人民币和他国本国货币交易，在有效避免兑换手续费和汇率波动风险的同时，还能增加人民币的使用率。第

三，中国应通过对海外基础设施建设投资，增加海外人民币贷款和人民币债权发放量，增加人民币在海外存量。与此同时，加快创新离岸人民币产品和业务，如结算投资收益和出口高价值产品等做法也有利于提高人民币回流效率。

同时，中国应完善金融市场的制度安排。中国金融市场虽然经历了70多年的曲折发展，但其改革弊病似乎成为不可能视而不见，也不可能立时改革的巨大问题。其中最大的症结在于：现有的一些金融制度安排还相对落后。构建与国际市场接轨的金融体系，还应充分借鉴国外先进经验，结合实际情况，进一步完善政府间货币互换安排，延展以人民币为中心的货币互换网络，为人民币在国际贸易投资方面广泛使用争取更多的国际支持者，夯实人民币在区域货币合作中发挥关键货币作用的政治基础。

三、抢抓共建"一带一路"高质量发展机遇，完善人民币的国际循环

在"一带一路"高质量发展建设下推进人民币国际化，中国应加强政策协调与对接，找准最大利益契合点和最佳合作切入点，凝聚国际共识，汇集国际合力，加强合作共赢。

第一，创新政策协调与对接方式。结合中国当前的对外开放布局，有效整合相对成熟的合作机制，推动与各国之间的政策互通，不断深化共建国家间的经贸合作，进而带动货币合作，提升人民币国际地位。中国应继续秉承"共商、共享、共建"的原则，推动政府间沟通，以法律文件形式呈现相应沟通成果，为人民币国际化奠定扎实的政策基础。

第二，以金砖国家、东盟、"一带一路"、区域全面经济伙伴关系协定（RCEP）等为重点平台，大力拓展人民币接受国数量[①]，优先在东盟、中亚、中东等地区积极推进人民币货币区建设，并强化区域性货币合作机制。优化人民币跨境使用政策，提高贸易投资结算便利度，引导更多境内外人民币资金流向经济社会发展的重点领域。在计价、支付、结算、交易等领域，加大人民币贸易金融、供应链金融、绿色金融等创新，丰富人民币对"一带一路"、RCEP国家外汇交易与风险管理工具，完善人民币区域使用场景与循环路径，推动建立新型互利合作关系。

第三，在深化与"一带一路"沿线国家政策沟通的基础上，中国还应

---

① 蔡琬琳."一带一路"建设中人民币的货币锚效应研究［D］.长春：吉林大学，2021.

在贸易和投资领域培育人民币的真实需求,扩大海外市场对人民币的使用活跃度,完善人民币的国际循环,为人民币流动性"开新渠",从而增强人民币货币锚效应。在投资层面,稳步扩大与沿线国家之间的双向投资规模,在"一带一路"沿线国家的国际骨干通道、电力与输电通道、口岸基础设施以及通信网络等建设方面,都面临巨大的投融资需求等基础设施不完善的现实问题,完善这一过程为人民币在沿线国家的流通和使用创造了广阔空间,有利于人民币国际地位的提升;要充分利用国家外商投资优惠政策,鼓励外商扩大投资范围,以诸如绿地投资、并购投资、证券投资、联合投资等方式,推动有实力的企业"走出去"。

第四,坚持本币优先原则,推动人民币跨境使用。在实践中中国应将本币优先上升至国家战略,基于顶层设计,由国家发展和改革委员会、外交部、中国人民银行等部门建立本币优先部门合作机制,自上而下落实本币优先;应将"本币优先、扩大人民币国际使用"写入各部门政策文件中,便于省(自治区、直辖市)、市、县级相应部门明确任务、落实执行。

第五,在双循环发展的格局下,不断优化营商环境。中国政府部门应成立专门的机构,组织专业人员对企业进行指导和规范,避免企业进行盲目的投资和经营,减少企业"走出去"面临的市场风险,为企业"引进来"提供真金白银的政策红利,提升企业的投资信心,切实扩大"一带一路"沿线区域进行投资和贸易的企业"朋友圈",提升人民币作为金融计价货币的地位,进而推动人民币的国际化水平。

四、积极应对"去中国化",为人民币国际化争取宽松的外部环境

为打破美国"去中国化"阴谋,中国应积极争取有利的外部环境,除了通过"一带一路"建设与 RCEP 协议,与合作国家进行贸易、文化、金融等多方面外交,畅通人民币使用渠道外,还应利用俄罗斯、伊朗等国家为应对欧美金融制裁所成功采取"去美元化"战略的影响力,尤其是对美元体系内的边缘国家的影响,并以此为突破不断拓展人民币的流通域。

第一,推进重点领域人民币结算。如石油等重要资源作为目前工业发展的重要资源[1],决定着各国经济的命脉[2]。美国通过建立石油美元体系,间接地掌握了世界上绝大多数国家的经济命脉。因此,提高人民币在石油

---

[1] 李沛. 美元霸权松动与黄金的新机遇[N]. 中国黄金报,2020-11-24(5).
[2] 张娟丽. 全球去美元化方式与路径研究[D]. 石家庄:河北经贸大学,2022.

市场的话语权，既可以降低金融交易对美元的依赖，还能提高人民币的国际地位，促进人民币国际化。作为石油进口大国，中国应突破定价权限制，在石油价格决定和结算方面提高人民币的国际认可度和使用频率。目前，中俄的石油交易开始使用人民币结算；人民币原油期货合约在上市不到一年的时间内，成交量就排到了世界第三。中国应继续保持与石油出口国的良好沟通与合作关系，并努力拓展与其他国家的能源贸易国际合作，持续优化石油进口结构，挖掘石油人民币交易的深度和广度，重点加强对石油资源以及相关基础设施的投资。在与俄罗斯进行石油人民币交易的同时，合理优化交易规模，并且逐步扩展到金砖国家、上合组织①的其他国家，继续维持和安哥拉、尼日利亚等传统投资贸易伙伴之间的合作，推进石油人民币结算协议的实施，扩大人民币结算范围。

第二，加强区域金融合作。从广度来看，中国应争取与更多的贸易伙伴签署自贸协定，争取加入 CPTPP 和 DEPA，实施自由贸易区提升战略和提高自贸协定综合利用率，不断扩大经贸合作"朋友圈"。争取在与沿线国家合作时做到横向扩展，使合作范围进一步延伸到非洲、拉美国家。同时，进一步挖掘合作深度，鼓励各经济主体与"一带一路"沿线国家的金融机构开展跨地区合作，包括股权融资、银团贷款等业务，鼓励合作国进行合理投资对金融业务进行创新，通过业务合作带动合作国国内整体业务水平，扩大服务贸易和投资领域的开放程度。

第三，加强支付系统等关键领域合作。加强中欧、中俄合作，对支付系统进行有效联动，建立相互促进机制，增强各国支付系统的相互联系和合作，投入共同资金进行系统的研究和革新，使其成为国际合作的基础设施，促进国际间交流与合作。随着电子商务这几年的迅速发展，交易量和交易额逐渐增多。我国与"一带一路"沿线国家的合作势头良好，"一带一路"沿线国家对人民币的信任度逐渐增强。据中国人民银行官网报道，截至 2021 年 10 月，CIPS 系统业务实际覆盖 3 600 多家银行法人机构，其中近三分之一的机构来自"一带一路"沿线国家。

---

① 上海合作组织（英语：Shanghai Cooperation Organization），简称上合组织（SCO），是 2001 年 6 月 15 日，中国、哈萨克斯坦、吉尔吉斯斯坦、俄罗斯、塔吉克斯坦、乌兹别克斯坦在中国上海宣布成立的永久性政府间国际组织。

五、把握数字经济发展时代机遇，冲刺人民币国际化新赛道

虽然本书在对数字货币的探讨中，认为央行数字货币是传统货币在载体上的创新，本质上仍是国家信用，由国家主导发行的法定信用货币，但并不否认数字货币对人民币国际化具有重要意义。

数字经济的发展，为数字人民币的推出及走向世界带来机遇。作为货币顶层设计的一次创新变革，数字人民币是数字经济的核心。其对于加快构建以国内大循环为主体、国内国际双循环相互促进的新发展格局，在完善数字货币及金融领域的法律制度体系的基础上，利用中国在数字经济方面的优势，依托大规模的国际贸易抓紧建设和完善以数字人民币为主的支付结算体系，扩大人民币国际使用规模，进一步巩固和提升人民币在国际货币体系中的地位具有至关重要的作用。

第一，数字人民币的落地是货币数字化转型的关键[1]，中国应充分运用数字货币先发优势，促进制度创新、产品创新、交易方式创新，扩大人民币国际化在资本市场上的使用规模，创造和培育良好的金融环境，加速提升人民币投资和结算职能。积极推动数字人民币应用于绿色金融、石油结算等人民币国际化新途径。利用好"一带一路"平台，加强数字人民币在沿线国家投资与贸易中的结算比例。使用数字人民币发行绿色债券和提供绿色信贷，紧抓碳达峰、碳中和契机，大力发展碳金融，运用绿色金融助力人民币国际化。

第二，拓展数字人民币应用场景，试点先行，以点带面[2]。数字人民币职能及空间的扩展受到应用场景的制约，尤其是要尽快突破国际应用场景，在各个环节秉承"试点探索，投石问路"的设计思路。中国数字货币在国内场景具备先发优势，截至2020年8月底，全国共落地试点场景6 700多个，覆盖生活缴费、餐饮服务、购物消费、政务服务等领域，并在试点过程中开发出"离线""碰一碰"等创新功能。中国要遵循稳步、安全、可控的原则，通过经验分享、合作共建等方式推动数字人民币的境外试点，达到以点带面的效果；可通过在"一带一路"等区域推行数字人民币交易，形成数字人民币区域化网络，从而构建数字人民币国际结算体

---

[1] 黄国平. 数字人民币发展的动因、机遇与挑战[J]. 新疆师范大学学报（哲学社会科学版），2022（1）：129-138.

[2] 陶立敏. 数字人民币发展的机遇、挑战及政策建议[J]. 企业经济，2022（2）：5-15.

系的先行区，然后在其他相关区域推行。探索大宗商品的数字人民币结算，既可以提高大宗商品市场结算效率，又可以提升人民币在大宗商品上的定价权，尝试突破当前大宗商品主要采用美元结算的瓶颈。

第三，加强数字人民币的宣教体系建设[①]。鼓励市场主体、社会公众养成使用数字货币的习惯，培育市场主体、社会公众的安全意识，维护数字人民币的公信力和信用度。继续加大相关技术研发力度，强化关键环节、关键领域的保障能力。面临关键技术的"卡脖子"问题，应基于动态演进的视角持续关注并尝试其他有竞争力的安全技术、可信技术，积极推动各类技术的融合创新，而非在研发的过程中将技术路线限制在区块链的单一技术中。围绕数字人民币的商业生态，构建产学研合作模式，加大技术研发力度，加快科技成果转化与知识扩散。

第四，不断完善数字人民币的流通、循环的监管机制，加强数字人民币的技术层面的安全管理。数字人民币的无摩擦性在加剧货币之间竞争的同时，也带来更加复杂和隐蔽的系统性风险[②]。数字人民币技术的物理层面包括安全可信的基础设施、数字技术、支付交易技术、终端应用技术，在虚拟经济体系下，运行中极易出现各类衍生风险，在隐私安全及对金融系统的影响方面也存在较高的不确定性，所以应强化技术保障，注重金融安全宣传，堵住金融诈骗源头。

---

① 姚前. 数字资产与数字金融：数字新时代的货币金融变革 [M]. 北京：人民日报出版社，2019.

② 张姝哲. 数字人民币的体系架构及其发行对经济运行的影响 [J]. 企业经济，2020 (12)：147-153.

参考文献

中文参考文献：

［1］艾肯格林. 资本全球化：国际货币体系史［M］. 2 版. 上海：上海人民出版社，2009.

［2］保罗·R.克鲁格曼，茅瑞斯·奥伯斯法尔德. 国际经济学：理论与政策［M］. 8 版. 北京：中国人民大学出版社，2011.

［3］陈彪如. 国际货币体系［M］. 上海：华东师范大学出版社，1990.

［4］陈彪如. 国际金融概论［M］. 上海：华东师范大学出版社，1996.

［5］池元吉. 世界经济概论［M］. 北京：高等教育出版社，2006.

［6］道格拉斯·C.诺思. 制度、制度变迁与经济绩效［M］. 上海：格致出版社，上海三联书店，上海人民出版社，2008.

［7］樊苗江，柳欣. 货币理论的发展与重建［M］. 北京：人民出版社，2006.

［8］古德哈特. 古德哈特货币经济学文集［M］. 北京：中国金融出版社，2010.

［9］韩文秀. 人民币迈向国际货币［M］. 北京：经济科学出版社，2011.

［10］怀特·劳伦斯. 货币制度理论［M］. 北京：中国人民大学出版社，2004.

［11］姜波克. 人民币可自由兑换和资本管制［M］. 上海：复旦大学出版社，1999.

[12] 杰弗里·萨克斯, 费利普·拉雷恩. 全球视角的宏观经济学 [M]. 上海：上海三联书店, 上海人民出版社, 2004.

[13] 鞠国华, 张强. 价格单一化问题探索：基于国际货币制度演变的研究 [M]. 北京：经济科学出版社, 2010.

[14] 凯恩斯. 就业、利息和货币通论 [M]. 北京：商务印书社, 1983.

[15] 李若谷. 国际货币体系改革与人民币国际化 [M]. 北京：中国金融出版社, 2009.

[16] 刘仁伍, 刘华. 人民币国际化风险评估与控制 [M]. 北京：社会科学文献出版社, 2009.

[17] 罗恩·彻诺. 摩根财团：美国一代银行王朝的现代金融业的崛起 [M]. 北京：中国财政经济出版社, 2003.

[18] 马克思. 资本论（第一卷）[M]. 北京：人民出版社, 2004.

[19] 马克思. 资本论（第三卷）[M]. 北京：人民出版社, 2004.

[20] 马克斯·维贝尔. 世界经济通史 [M]. 上海：上海译文出版社, 1981.

[21] 蒙代尔. 蒙代尔经济学文集（第四卷）：宏观经济学与国际货币史 [M]. 北京：中国金融出版社, 2003.

[22] 蒙代尔. 蒙代尔经济学文集（第五卷）：汇率与最优货币区 [M]. 北京：中国金融出版社, 2003.

[23] 蒙代尔. 蒙代尔经济学文集（第六卷）：国际货币：过去、现在和未来 [M]. 北京：中国金融出版社, 2003.

[24] 孟宪扬. 浅析"牙买加体系" [J]. 世界经济, 1990 (4)：20-25.

[25] 穆良平. 主要工业国家近现代经济史 [M]. 成都：西南财经大学出版社, 2005.

[26] 聂利君. 货币国际化问题研究：兼论人民币国际化 [M]. 北京：光明日报出版社, 2009.

[27] 任治君. 国际经济学 [M]. 2版. 成都：西南财经大学出版社, 2007.

[28] 斯蒂芬·罗西斯. 后凯恩斯主义货币经济学 [M]. 北京：中国社会科学出版社, 1991.

[29] 托马斯·迈耶. 货币银行经济学 [M]. 上海：上海译文出版社, 1989.

[30] 魏克塞尔. 利息与价格 [M]. 北京：商务印书馆, 1959.

[31] 亚当·斯密. 国民财富的性质和原因的研究（上册）[M]. 北京：商务印书馆, 1988.

[32] 杨胜刚, 姚小义. 国际金融 [M]. 北京：高等教育出版社, 2005.

[33] 约翰·梅纳德·凯恩斯. 货币论（1-2卷）[M]. 西安：陕西师范大学出版社, 2008.

[34] 约翰·梅纳德·凯恩斯. 就业、利息和货币通论 [M]. 北京：商务印书馆, 1999.

[35] 张振江. 从英镑到美元：国际经济霸权的转移（1933-1945）[M]. 北京：人民出版社, 2006.

[36] 郑华伟. 历史上的十次货币战争 [M]. 上海：上海财经大学出版社, 2011.

[37] 博源基金会. 人民币国际化：缘起与发展 [M]. 北京：社会科学文献出版社, 2011.

[38] 陈治国. 人民币国际化问题研究 [D]. 长春：吉林大学, 2011.

[39] 李军睿. 人民币国际化路径研究 [D]. 长春：吉林大学, 2009.

[40] 李凌云. "双本位"国际货币体系的形成与影响 [D]. 天津：南开大学, 2010.

[41] 谢洪燕. 东亚区域货币合作与人民币地位研究 [D]. 成都：西南财经大学, 2008.

[42] 张敬之. 人民币国际化与对外直接投资互动关系视角下的对外直接投资政策研究 [D]. 南昌：江西财经大学, 2015.

[43] 巴曙松, 杨现领. 从金融危机看未来国际货币体系改革 [J]. 当代财经, 2009（11）：51-56.

[44] 曹勇. 国际货币体系改革的历史视角分析与现实选择 [J]. 宏观经济研究, 2010（7）：68-73.

[45] 陈彪如. 关于人民币迈向国际货币的思考 [J]. 上海金融, 1998（4）：4-6.

[46] 陈彪如. 国际货币体系的回顾与前瞻 [J]. 世界经济, 1984 (9): 52-53.

[47] 陈明. 美国金本位法确立的历史背景透析 [J]. 吉林大学学报 (社会科学版), 2003 (12): 54-58.

[48] 陈岩岩, 唐爱朋, 孙健. 人民币国际化过程中货币整合的可行性分析 [J]. 西南金融, 2005 (7): 7-9.

[49] 陈雨露, 王芳, 杨明. 作为国家竞争战略的货币国际化: 美元的经验证据: 兼论人民币的国际化 [J]. 经济研究, 2005 (2): 35-43.

[60] 程实. 次贷危机后的国际货币体系未来发展: 本位选择、方向和路径 [J]. 经济学家, 2009 (6): 84-89.

[51] 崔建军. 货币供给的性质: 内生抑或外生 [J]. 经济学家, 2005 (3): 113-120.

[52] 崔建军. 货币中性非中性: 理论述评 [J]. 河南金融管理干部学院学报, 2006 (3): 60-65.

[53] 付竞卉. 关于国际货币体系改革问题的研究综述 [J]. 经济研究导刊, 2010 (8): 123-124, 136.

[54] 韩文秀. 国际货币的支撑要素: 国家货币演变为国际货币的历史考察 [J]. 宏观经济研究, 2009 (3): 19-25.

[55] 郝宇彪, 田春生. 人民币国际化的关键: 基于制约因素的分析 [J]. 经济学家, 2011 (11): 64-72.

[56] 何帆, 李婧. 美元国际化的路径、经验和教训 [J]. 社会科学战线, 2005 (1): 266-272.

[57] 何帆, 张明. 国际货币体系不稳定中的美元霸权因素 [J]. 财经问题研究, 2005 (7): 32-37.

[58] 何慧刚. 人民币国际化: 模式选择与路径安排 [J]. 财经科学, 2007 (2): 37-42.

[59] 胡定核. 试论人民币自由兑换的意义及应创造的条件 [J]. 武汉市经济管理干部学院学报, 1995 (1): 20-23.

[60] 胡宗伟. 外生与内生货币供给理论研究述评 [J]. 上海行政学院学报, 2005 (11): 98-104.

[61] 黄梅波. 货币国际化及其决定因素: 欧元与美元的比较 [J]. 厦门大学学报, 2001 (2): 44-50.

[62] 黄万夫. 从跨境人民币结算到人民币国际化 [J]. 区域金融研究, 2011 (6): 41-45.

[63] 姜波克, 张青龙. 货币国际化: 条件与影响的研究综述 [J]. 新金融, 2005 (8): 6-9.

[64] 姜波克. 人民币国际化问题探讨 [J]. 证券市场导报, 1994 (5): 30-32.

[65] 姜凌. 人民币国际化理论与实践的若干问题 [J]. 世界经济, 1997 (4): 19-23.

[66] 李华民. 基于人民币性质的中国货币国际化战略 [J]. 信阳师范学院学报 (哲学社会科学版), 2003 (1): 48-51.

[67] 李继民. 对货币国际化研究成果的一个综述 [J]. 金融理论与实践, 2011 (2): 99-104.

[68] 李继民. 货币国际化研究成果综述 [J]. 首都经济贸易大学学报, 2011 (2): 96-104.

[69] 李婧, 管涛, 何帆. 人民币跨境流通的现状及对中国经济的影响 [J]. 管理世界, 2004 (9): 45-52.

[70] 李向阳. 布雷顿森林体系的演变与美元霸权 [J]. 世界经济与政治, 2005 (10): 14-19.

[71] 李晓, 李俊久, 丁一兵. 论人民币亚洲化 [J]. 世界经济, 2004 (2): 21-34.

[72] 李晓. "日元国际化"的困境及其战略调整 [J]. 世界经济, 2005 (6): 3-18.

[73] 李晓. 现阶段人民币国际化的进展及面临的问题 [J]. 中国市场, 2011 (20): 12-23.

[74] 李智, 黎鹏, 方晓萍. 国际金本位时期英镑的空间分布及其成因 [J]. 长春金融高等专科学校学报, 2011 (3): 1-5.

[75] 梁东黎. 关于货币内生、外生问题的一般理论 [J]. 当代经济研究, 2009 (2): 13-20.

[76] 凌星光. 试论人民币升值和中国国际货币战略 [J]. 管理世界, 2002 (1): 58-64.

[77] 刘爱文. 人民币国际化之路 [J]. 商业研究, 2005 (18): 150-153.

[78] 刘群. 区域货币与世界货币：人民币前景判断与决策分析 [J]. 学术论坛, 2006 (9): 76-82.

[79] 刘生峰. 布雷顿森林体系的历史地位 [J]. 世界经济, 1992 (6): 40-43.

[80] 刘曙光. 人民币国际化条件分析 [J]. 金融, 2009 (4): 79-84.

[81] 刘兴华. 欧元区东扩：基于中东欧国家视角的解析 [J]. 国际论坛, 2008 (5): 68-72.

[82] 刘永佶. 论货币及其演变 [J]. 广播电视大学学报（哲学社会科学版）, 2004 (4): 52-54.

[83] 马东生, 李海明, 杨汝亭. 货币中性与非中性假说：争议与验证 [J]. 财会通讯, 2010 (10)（下）: 57-59.

[84] 马琳, 孙磊. 金融危机对美元国际地位的影响探析 [J]. 经济问题探索, 2010 (1): 124-128.

[85] 马壮昌. 世界货币不是货币的一个职能 [J]. 财经理论与实践, 1990 (3): 17-18.

[86] 钱正林. 金融危机难撼美元霸主地位 [J]. 金融经济, 2009 (3): 11-12.

[87] 任志刚. 推动亚洲债券市场的发展 [J]. 中国货币市场, 2004 (9).

[88] 邵鹏斌. 美元国际化进程对人民币国际化的启示 [J]. 经济学动态, 2009 (10): 57-60.

[89] 孙立, 王东东. 人民币国际化的约束条件分析 [J]. 当代经济研究, 2005 (8): 27-30.

[90] 陶士贵. 建立中国周边国家和地区人民币自由汇兑圈的可行性分析 [J]. 广东商学院学报, 2003 (1): 47-52.

[91] 王有光. 蒙代尔最适度货币区理论的发展及其现实意义 [J]. 经济经纬, 2000 (2): 71-74.

[92] 王玉峰, 刘利红. 论货币的本质是信用：从货币演变史中抽象货币的本质和演变规律 [J]. 贵州财经学院学报, 2003 (6): 49-52.

[93] 吴富林. 论国际货币与货币的国际化 [J]. 经济学家, 1991 (2): 74-82.

[94] 吴官政. 人民币国际化目标定位及路径分析 [J]. 经济学家, 2012 (2): 83-89.

[95] 吴惠萍. 国际货币与货币国际化研究综论 [J]. 现代财经, 2010 (7): 37-41.

[96] 谢冰, 王烜. 关于铸币税的理论研究进展 [J]. 经济学动态, 2002 (9): 13-19.

[97] 谢世清. 后危机时代国际货币基金组织的职能改革 [J]. 国际贸易, 2011 (11): 46-51.

[98] 熊爱宗, 黄梅波. 国际储备货币体系改革的中国视角 [J]. 经济学家, 2010 (11): 90-98.

[99] 徐鸣. 论货币的"象、数、理": 基于马克思货币观的哲学阐释 [J]. 当代财经, 2009 (11): 12-20.

[100] 徐玮. 略论美国第二次工业革命 [J]. 世界历史, 1989 (6): 20-29.

[101] 严佳佳. 货币替代理论研究综述 [J]. 经济学动态, 2009 (8): 80-85.

[102] 杨英杰. 当前我国金融体系存在的问题及对策 [J]. 理论前沿, 2005 (7): 21-22.

[103] 姚洪心, 高印朝. 货币国际化收益与成本理论的国外最新研究进展 [J]. 上海金融, 2008 (3): 68-72.

[104] 姚铃. 欧债危机路漫漫, 中欧经贸待考验: 剖析欧元区主权债务危机及其影响 [J]. 国际贸易, 2011 (9): 42-52.

[105] 尹亚红. 西方货币替代理论研究进展述评 [J]. 理论探讨, 2011 (1): 108-111.

[106] 尹应凯, 崔茂中. 美元霸权: 生存基础、生存影响与生存冲突 [J]. 国际金融研究, 2009 (12): 31-39.

[107] 于冰, 武岩. 从"欧债危机"到"欧元危机" [J]. 国际金融, 2011 (12): 62-67.

[108] 余永定. 欧洲主权债危机和欧元的前景 [J]. 和平与发展, 2010 (5): 29-33.

[109] 禹钟华. 对货币职能及本质的再探讨 [J]. 经济评论, 2003 (6): 86-88.

[110] 张国庆,刘骏民. 日元国际化:历史、教训与启示 [J]. 国际金融, 2009 (8): 56-60.

[111] 张俊喜. 当代货币经济学的新发展 [J]. 世界经济, 2001 (5): 67-68.

[112] 张明. 国际货币体系改革:背景、原因、措施及中国的参与 [J]. 国际经济评论, 2010 (1): 115-137.

[113] 张明. 货币·货币五种形态演替变化·货币数量论 [J]. 浙江大学学报, 1996 (3): 37-43.

[114] 张明. 人民币国际化:基于在岸与离岸的两种视角 [J]. 金融与经济, 2011 (8): 4-10.

[115] 张倩. 人民币升值对中国经济的影响 [J]. 生产力研究, 2011 (4): 31-32.

[116] 张群发. 美元霸权与人民币国际化 [J]. 经济经纬, 2008 (2): 42-45.

[117] 张新颖. 英国霸权下的国际金本位制:从霸权稳定论看1870—1914年的国际货币体系 [J]. 山东财经学院学报(双月刊), 2009 (4): 66-68.

[118] 张宇燕,张静春. 国际货币的成本和收益 [J]. 世界知识, 2008 (21): 58-63.

[119] 张宇燕,张静春. 货币的性质与人民币的未来选择:兼论亚洲货币合作 [J]. 当代亚太, 2008 (2): 9-43.

[120] 赵春玲. 货币政策中性命题的重新认识 [J]. 经济学家, 2004 (3): 99-102.

[121] 赵海宽. 人民币可能发展成为世界货币之一 [J]. 经济研究, 2003 (3): 54-60.

[122] 钟伟. 略论人民币的国际化进程 [J]. 世界经济, 2002 (3): 56-59.

[123] 钟伟. 人民币在周边国家流通的现状、问题及对策 [J]. 管理世界, 2008 (1): 165-166.

[124] 周汉勇. 从货币形态演进看货币本质问题 [J]. 世界经济情况, 2009 (3): 56-60.

[125] 周小川. 关于改革国际货币体系的思考 [J]. 中国金融, 2009 (7): 8-9.

[126] 祝丹涛. 最优货币区批判性评析 [J]. 世纪经济, 2005 (1): 17-34.

[127] 邹三明. 国际货币体系与美国霸权 [J]. 世界经济与政治, 2000 (3): 30-34.

[128] 沈伟, 靳思远. 信用货币制度、数字人民币和人民币国际化: 从"数字钱包"到"多边央行数字货币桥"[J]. 上海经济研究, 2003 (6): 78-93.

[129] 屈博雅, 高雅妮, 俞利强. 关于法定数字货币的文献综述 [J]. 西部金融, 2022 (5).

[130] 陈若愚, 李舞岩, 张珩. 央行数字货币的发行: 模式、评估与比较研究 [J]. 西南金融, 2022 (3).

[131] 刘谆谆, 贲圣林. 数字货币理论与实践研究 [J]. 西南金融, 2022 (3).

[132] 吕睿智. 数字货币的交易功能及法律属性 [J]. 法律科学（西北政法大学学报), 2022 (5).

[133] 温信祥. 人民币国际化的全新历史时期"一带一路"与未来国际金融体系 [J]. 学术前沿, 2015 (8).

[134] 王喆, 张明. "一带一路"沿线跨境并购的特征, 影响因素及展望: 基于美、英、日、中的国际比较 [J]. 亚太经济, 2019 (3).

[135] 董鹏刚. "一带一路"倡议战略下的人民币国际化进程分析 [J]. 中国流通经济, 2020 (1).

[136] 吴林, 韩江波. "一带一路"倡议下人民币国际化的影响因素和实现路径研究 [J]. 经济视角, 2020 (1).

[137] 曹东亚, 陈坤. "一带一路"战略之亚投行人民币国际化新引擎基于国际比较视野 [J]. 时代金融, 2015 (8).

[138] 郭海龙. 全球新冠疫情背景下中国宏观经济的若干新特征评析 [J]. 东北亚经济研究, 2022 (3).

[139] 李自磊. 构建双循环新发展格局的国际经验及其启示 [J]. 天津师范大学学报, 2022 (3).

英文参考文献：

[1] ALIBER R. The future of the dollar as an international currency [M]. New York: Frederick Praeger, Publishers, 1966.

[2] BAYOUMI, TAMIM, BARRY EICHENGREEN. Operationalzing the theory of optimum currency areas [J]. CEPR Discussion Paper, 1996 (1484).

[3] BIRD, GRAHAM. The IMF and the future: issues and options facing the fund [M]. London and New York: Routledge, 2003.

[4] BORDO, CHOUDRI. Currency substitution and the demand for money [J]. Journal of Money, Credit and Banking 14 (1): 48-57.

[5] BRUNNER, KARL, MELTZER, et al. The uses of money: money in the theory of an exchange economy [J] American Economic Review, American Economic Association, 1971, 61 (5): 784-805.

[6] C P KINDLEBERGER. The world in depression, 1929-1939 [M]. University of California Press, 1973.

[7] CHARLES, P KINDLEBERGE. The international economic order [J]. Financial crisis and International public goods, 1988.

[8] CHRYSTAL, ALEC K. Demand for international media of exchange [M]. The American Economic Review, 1984, 67 (5): 840-850.

[9] COHEN BENJAMIN J. The future of sterling as an international currency [M]. Macmillan Press, 1971.

[10] COHEN B H. Currency choice in international bond issuance [J]. BIS Quarterly Review, 2005 (6): 53-66.

[11] COHEN, BENJAMIN J. The future of money [M]. Princeton, NJ: Princeton University Press, 2004.

[12] COHEN, BENJAMIN J. The future of sterling as an international currency [M]. Macmillan Press, 1971.

[13] CORDEN W M. Monetary integration [J]. International Finance, 1972 (93).

[14] CUDDINGTON JOHN. Currency substitution, capital mobility and money demand [J]. Journal of International Money and Finance, 1983, 2: 111-133.

[15] DEVEREUX, MICHAEL B, ENGEL, et al. Monetary policy in the open economy revisited: price setting and exchange rate flexibility [J]. Review of Economic Study, 2003 (70).

[16] EICHENGREEN B. Is Europe an optimum currency area? [J]. NBER Working Paper, 1991 (3579).

[17] EICHENGREEN. Global imbalance and lessons of bretton woods [J]. NBER Working Paper, 2004, 3 (10497).

[18] EICHENGREEN. Globalizing capital: a history of the international monetary system [M]. Princeton University Press, 1996.

[19] EICHENGREEN. Golden fetters [M]. Oxford: Oxford University Press, 1998.

[20] EICHENGREEN. Sterling's past, dollar's future: historical perspectives on reserve currency competition [J]. NBER Working Paper, 2005, 3 (11336).

[21] EICHENGREEN. The dollar and the new bretton woods system [J]. The Henry Thornton Lecture Delivered at the Cass School of Business, 2004.

[22] F A HAYEK. Monetary nationalism and international stability [J]. Economica, 1938, 5 (20): 491.

[23] F A HAYEK. The denationalization of money [M]. 2nd ed. London: Institute of Economics Affairs, 1970.

[24] FRIBERG, RICHARD. In which currency should exporters set their price? [J]. Journal of International Economics, 1998 (45).

[25] GIOVANNINI, ALBERTO. Exchange rate and trade goods prices [J]. Journal of International Economics, 1998 (24).

[26] GOODHART C A E. What is the essence of money? [J]. Cambridge Journal of Economics, 2005, 29: 817-825.

[27] GRASSMAN, SVEN. A fundamental symmetry in international payments pattern [J]. Journal of International Economics, 1973.

[28] HARTMANN P. The international role of euro [J]. Journal of Policy Modeling, 2002 (24).

[29] HARTMANN, PHILIPP. The currency denomination of world trade after european monetary union [J]. Journal of the Japanese and International Economies, 1998 (12): 424-54.

[30] INGRAM. The case for european monetary integration [J]. International Finance, 1973.

[31] JEFFREY A, FRANKEL. No single currency regime is right for all countries or at all times [J]. NBER Working Paper, 1999.

[32] KENEN P B. The theory of optimum currency areas: an eclectic view [M]. Chicago: University of Chicago Press, 1969.

[33] KRUGMAN P. Policy problems of a monetary union [M]. London: Longman, 1990.

[34] KRUGMAN, PAUL VEHICLE. Currencies and the structure of intentional exchange [J]. Journal of Money, Credit and Banking, 1980, 12: 513-526.

[35] M DOOLEY, D FOLKERT-LANDAU, P GARBER. An essay on the revived bretton woods system [J]. NBER Working Paper, 2003.

[36] MARC A MILES. Currency substitution, flexible exchange rates, and monetary independence [J]. American Economic Review, 1978, 68 (3): 428-436.

[37] MATSUYAMA K, N KIYOTAKI, A MATSUI. Toward a theory of international currency [J]. The Review of Economic Studies, 1993, 60 (2): 283-307.

[38] MCKINNON R I. Portfolio balance and international payments adjustment [M]. Chicago: Chicago University Press, 1969.

[39] MCKINNON R. Optimum currency area [J]. American Economic Review, 1963, 53: 717-724.

[40] MCKINNON, RONALD I. The euro threat is exaggerated [J]. The International Economy, 1998, 12: 32-33.

[41] MCKINNON, RONALD. Money in international exchange [M]. Oxford: Oxford University Press, 1979.

[42] MILTON FRIEDMAN. The case for flexible exchange rates [J]. Positive Economics, 1953.

[43] MUNDELL, SWOBODA. Monetary problems of the international economy [M]. Chicago: Chicago University Press, 1969.

[44] MUNDELL, ROBERT A. A theory of optimum currency [J]. American Economic Review, 1961, 51 (4): 657-665.

[45] MUNDELL. Flexible exchange rates and employment policy [J]. Canadian Journal of Economics and Political Science, 1961 (27): 509-517.

[46] MUNDELL. The international disequilibrium system [J]. Kyklos, 1961 (14): 153-171.

[47] MUNDELL. The international monetary system: the missing factor [J]. Journal of Policy Modeling, 1995, 17 (5): 479-492.

[48] MUNDELL. EMU and international monetary system [J]. The EPR Conference on the Monetary Future of Europe, La Coruna, Spain, 1992: 11-12.

[49] MUNDELL. Theoretical problems of the international monetary system [J]. Pakistan Development Review, 1967 (7): 1-28.

[50] MUNDELL. Toward a better international monetary system [J]. Journal of Money, Credit and Banking, 1969, 1 (3): 625-648.

[51] PAUL R KRUGMAN. A model of balance of payments crisis [J]. Journal of Money, Credit and Banking, 1979 (11): 311-325.

[52] POLOZ S S. Currency substitution and the precautionary demand for money [J]. Journal of International Money and Finance, 1986, 5 (1): 115-124.

[53] PRAKASH KANNAN. On the welfare benefits of an international currency [J]. IMF Working Paper, 2007.

[54] REY H. International trade and currency exchange [J]. Review of Economic Studies, 2001.

[55] ROSE A K. One money, one market: estimating the effect of common currencies on trade [J]. National Bureau of Economic Research Working Paper, 1999, 7432.

[56] TAVALS, GEORGE S. Internationalization of currencies: the case of the US dollar and its challenger euro [J]. The International Executive, 1998.

[57] TAVLAS, GEORGE S. The "new" theory of optimum currency areas [J]. The World Economy, 1993, 16.

[58] TRIFFIN. Gold and the dollar crisis: the future of convertibility [J]. International Affairs, 1961, 37 (1): 81.

[59] TRIFFIN. Our international monetary system: yesterday, today, and tomorrow [M]. New York: Random House, 1968.

[60] V K CHETTY. On measuring the nearness of near money [J]. The American Economic Review, 1969, 59: 279-281.

[61] VRIES, TOM DE. On the meaning and future of the european monetary system [C]. Essays International Finance. New Jersey: Princeton University Press, 1976 (138): 9.

[62] WHITT. The role of external shocks in the asian financial crisis [J]. Economic Review, Federal Reserve Bank of Atlanta, Second Quarter, 1999: 18-31.

[63] WORLD BANK. Global development finance [M]. Washington, D. C.: World Bank, 2004.

[64] WORLD BANK. Global economic prospects and the developing countries [J]. Washington, D. C.: World Bank, 2002.

附录　人民币国际化大事记[①]

2009 年

7月1日，中国人民银行、财政部、商务部、海关总署、国家税务总局和中国银行业监督管理委员会联合发布《跨境贸易人民币结算试点管理办法》（中国人民银行财政部、商务部、海关总署、国家税务总局、中国银行业监督管理委员会公告〔2009〕第10号）。

7月3日，中国人民银行与中国银行（香港）有限公司签署了修订后的《香港人民币业务清算协议》，配合跨境贸易人民币结算试点工作的开展。

7月3日，为贯彻落实《跨境贸易人民币结算试点管理办法》，中国人民银行发布《跨境贸易人民币结算试点管理办法实施细则》（银发〔2009〕212号）。

7月6日，上海市办理第一笔跨境贸易人民币结算业务。

7月14日，中国人民银行、财政部、商务部、海关总署、国家税务总局、中国银行业监督管理委员会联合向上海市和广东省政府发布《关于同意跨境贸易人民币结算试点企业名单的函》（银办函〔2009〕472号），第一批试点企业正式获批开展出口货物贸易人民币结算业务，共计365家。

9月15日，财政部首次在香港发行人民币国债，债券金额共计60亿元人民币。12月22日，中国人民银行发布《跨境贸易人民币结算试点相关政策问题解答》，管理系统（RCPMIS）正式上线运行。

---

① 本部分内容摘自中国人民银行《2022年人民币国际化报告》。

2010 年

3 月 8 日，中国人民银行发布《人民币跨境收付信息管理系统管理暂行办法》（银发〔2010〕79 号）。

6 月 17 日，中国人民银行、财政部、商务部、海关总署、国家税务总局和中国银行业监督管理委员会联合发布《关于扩大跨境贸易人民币结算试点有关问题的通知》（银发〔2010〕186 号），扩大跨境贸易人民币结算试点范围。

7 月 19 日，中国人民银行与香港金融管理局在香港签署《补充合作备忘录（四）》，与中国银行（香港）有限公司签署修改后的《关于人民币业务的清算协议》。

8 月 17 日，中国人民银行发布《关于境外人民币清算行等三类机构运用人民币投资银行间债券市场试点有关事宜的通知》（银发〔2010〕217 号）。

8 月 31 日，中国人民银行发布《境外机构人民币银行结算账户管理办法》（银发〔2010〕249 号）。

2011 年

1 月 6 日，中国人民银行发布《境外直接投资人民币结算试点管理办法》（中国人民银行公告〔2011〕第 1 号），允许跨境贸易人民币结算试点地区的银行和企业开展境外直接投资人民币结算试点，银行可以按照有关规定向境内机构在境外投资的企业或项目发放人民币贷款。

7 月 27 日，中国人民银行、财政部、商务部、海关总署、国家税务总局、中国银行业监督管理委员会发布《关于扩大跨境贸易人民币结算地区的通知》（银发〔2011〕203 号），明确将跨境贸易人民币结算境内地域范围扩大至全国。

10 月 13 日，中国人民银行发布《外商直接投资人民币结算业务管理办法》（中国人民银行公告〔2011〕第 23 号）。

11 月 4 日，根据中国人民银行公告〔2003〕第 16 号确定的选择中国香港人民币业务清算行的原则和标准，中国人民银行授权中国银行（香港）有限公司继续担任中国香港人民币业务清算行（中国人民银行公告〔2011〕第 25 号）。

12月16日，中国证券监督管理委员会、中国人民银行、国家外汇管理局联合发布《基金管理公司、证券公司人民币合格境外机构投资者境内证券投资试点办法》（证监会令第76号）。

12月31日，中国人民银行发布《关于实施〈基金管理公司、证券公司人民币合格境外机构投资者境内证券投资试点办法〉有关事项的通知》（银发〔2011〕321号）。

2012年

4月3日，经国务院批准，中国香港人民币合格境外机构投资者（RQFII）试点额度扩大500亿元人民币。

6月29日，中国人民银行发布《关于明确外商直接投资人民币结算业务操作细则的通知》（银发〔2012〕165号）。

7月31日，中国人民银行发布《境外机构人民币银行结算账户开立和使用有关问题的通知》（银发〔2012〕183号）。

11月13日，经国务院批准，中国香港人民币合格境外机构投资者（RQFII）试点额度增加2 000亿元人民币。

2013年

3月1日，中国证券监督管理委员会、中国人民银行、国家外汇管理局联合发布《人民币合格境外机构投资者境内证券投资试点办法》（证监会令第90号）。

3月7日，中国人民银行与新加坡金融管理局续签了规模为3 000亿元人民币/600亿新加坡元的双边本币互换协议。

3月13日，中国人民银行发布《关于合格境外机构投资者投资银行间债券市场有关事项的通知》（银发〔2013〕69号）。

4月25日，中国人民银行发布《关于实施〈人民币合格境外机构投资者境内证券投资试点办法〉有关事项的通知》（银发〔2013〕105号）。

7月9日，中国人民银行发布《关于简化跨境人民币业务流程和完善有关政策的通知》（银发〔2013〕168号）。

9月23日，中国人民银行发布《关于境外投资者投资境内金融机构人民币结算有关事项的通知》（银发〔2013〕225号）。

10月8日，中国人民银行与欧洲中央银行签署了规模为3 500亿元人民币/450 亿欧元的双边本币互换协议。

12 月 31 日，中国人民银行发布《关于调整人民币购售业务管理的通知》（银发〔2013〕321 号）。

2014 年

3 月 14 日，中国人民银行、财政部、商务部、海关总署、国家税务总局和中国银行业监督管理委员会联合发布《关于简化出口货物贸易人民币结算企业管理有关事项的通知》（银发〔2014〕80 号）。

3 月 31 日，中国人民银行与英格兰银行签署了在伦敦建立人民币清算安排的合作备忘录。

6 月 11 日，中国人民银行发布《关于贯彻落实〈国务院办公厅关于支持外贸稳定增长的若干意见〉的指导意见》（银发〔2014〕168 号）。

9 月 28 日，中国人民银行办公厅发布《关于境外机构在境内发行人民币债务融资工具跨境人民币结算有关事宜的通知》（银办发〔2014〕221 号）。

9 月 30 日，经中国人民银行授权，中国外汇交易中心在银行间外汇市场完善人民币对欧元的交易方式，发展人民币对欧元的直接交易。

11 月 1 日，中国人民银行发布《关于跨国企业集团开展跨境人民币资金集中运营业务有关事宜的通知》（银发〔2014〕324 号）。

11 月 4 日，中国人民银行、中国证券监督管理委员会联合发布《关于沪港股票市场交易互联互通机制试点有关问题的通知》（银发〔2014〕336 号）。

11 月 5 日，中国人民银行发布《关于人民币合格境内机构投资者境外证券投资有关事项的通知》（银发〔2014〕331 号）。

2015 年

6 月 1 日，中国人民银行发布《关于境外人民币业务清算行、境外参加银行开展银行间债券市场债券回购交易的通知》（银发〔2015〕170 号）。

7 月 14 日，中国人民银行印发《关于境外央行、国际金融组织、主权财富基金运用人民币投资银行间市场有关事宜的通知》（银发〔2015〕220 号），对境外央行类机构简化了入市流程，取消了额度限制，允许其自主选择中国人民银行或银行间市场结算代理人为其代理交易结算，并拓宽其可投资品种。

7月24日，发布中国人民银行公告〔2015〕第19号，明确境内原油期货以人民币为计价货币，引入境外交易者和境外经纪机构参与交易等。

8月11日，中国人民银行发布关于完善人民币兑美元汇率中间价报价的声明。自2015年8月11日起，做市商在每日银行间外汇市场开盘前，参考上日银行间外汇市场的收盘汇率，综合考虑外汇供求情况以及国际主要货币汇率变化向中国外汇交易中心提供中间价报价。

9月7日，中国人民银行印发《关于进一步便利跨国企业集团开展跨境双向人民币资金池业务的通知》（银发〔2015〕279号）。

9月30日，中国人民银行公告〔2015〕第31号发布，开放境外央行（货币当局）和其他官方储备管理机构、国际金融组织、主权财富基金依法合规参与中国银行间外汇市场。

10月8日，人民币跨境支付系统（一期）成功上线运行。

10月20日，中国人民银行在伦敦采用簿记建档方式成功发行了50亿元人民币央行票据，期限1年，票面利率3.1%。这是中国人民银行首次在中国以外地区发行以人民币计价的央行票据。

10月20日，中国人民银行与英格兰银行续签了规模为3 500亿元人民币/350亿英镑的双边本币互换协议。

11月2日，为满足境外中央银行、货币当局、其他官方储备管理机构、国际金融组织以及主权财富基金在境内开展相关业务的实际需要，中国人民银行办公厅发布《关于境外中央银行类机构在境内银行业金融机构开立人民币银行结算账户有关事项的通知》（银办发〔2015〕227号）。

11月6日，中国人民银行、国家外汇管理局发布《内地与香港证券投资基金跨境发行销售资金管理操作指引》（中国人民银行外汇局公告〔2015〕第36号）。

11月25日，首批境外央行类机构在中国外汇交易中心完成备案，正式进入中国银行间外汇市场。

11月27日，中国银行间市场交易商协会接受加拿大不列颠哥伦比亚省在中国银行间债券市场发行60亿元人民币主权债券的注册。

11月30日，国际货币基金组织执董会决定将人民币纳入特别提款权（SDR）货币篮子，SDR货币篮子相应扩大至美元、欧元、人民币、日元、英镑5种货币，人民币在SDR货币篮子中的权重为10.92%，新的SDR货币篮子将于2016年10月1日生效。同日，中国人民银行授权中国建设银行苏黎世分行担任瑞士人民币业务清算行。

2016年

1月20日，中国人民银行办公厅印发《关于调整境外机构人民币银行结算账户资金使用有关事宜的通知》（银办发〔2016〕15号）。

1月22日，中国人民银行印发《关于扩大全口径跨境融资宏观审慎管理试点的通知》（银发〔2016〕18号）。

2月24日，中国人民银行发布2016年第3号公告，便利符合条件的境外机构投资者投资银行间债券市场（中国人民银行公告〔2016〕第3号）。

4月29日，中国人民银行印发《关于在全国范围内实施全口径跨境融资宏观审慎管理的通知》（银发〔2016〕132号）。

6月7日，中国人民银行与美国联邦储备委员会签署了在美国建立人民币清算安排的合作备忘录，并给予美国2 500亿元人民币合格境外机构投资者额度。

6月27日，经中国人民银行授权，中国外汇交易中心在银行间外汇市场完善人民币对韩元的交易方式，发展人民币对韩元直接交易。

7月11日，中国银行（香港）有限公司以直接参与者身份接入人民币跨境支付系统（CIPS），这是CIPS的首家境外直接参与者。

8月30日，中国人民银行、国家外汇管理局联合发布《关于人民币合格境外机构投资者境内证券投资管理有关问题的通知》（银发〔2016〕227号）。

9月20日，中国人民银行发布2016年第23号公告，授权中国银行纽约分行担任美国人民币业务清算行（中国人民银行公告〔2016〕第23号）。

9月27日，中国人民银行与欧洲中央银行签署补充协议，决定将双边本币互换协议有效期延长3年至2019年10月8日。互换规模仍为3 500亿元人民币/450亿欧元。

11月4日，中国人民银行、中国证券监督管理委员会联合发布《关于内地与香港股票市场交易互联互通机制有关问题的通知》（银发〔2016〕

282号)。12月5日,正式启动"深港通"。

11月29日,中国人民银行印发《中国人民银行关于进一步明确境内企业境外放款业务有关事项的通知》(银发〔2016〕306号)。

12月26日,中国人民银行办公厅印发《中国人民银行办公厅关于境外机构境内发行人民币债券跨境人民币结算业务有关事宜的通知》(银办发〔2016〕258号)。

2017年

1月13日,中国人民银行发布《关于全口径跨境融资宏观审慎管理有关事宜的通知》(银发〔2017〕9号)。

5月23日,中国人民银行发布《关于印发〈人民币跨境收付信息管理系统管理办法〉的通知》(银发〔2017〕126号)。

5月27日,中国人民银行办公厅发布《关于完善人民币跨境收付信息管理系统银行间业务数据报送流程的通知》(银办发〔2017〕118号)。

7月4日,经国务院批准,中国香港人民币合格境外机构投资者额度扩大至5 000亿元人民币。

11月22日,中国人民银行与香港金管局续签双边本币互换协议,协议规模为4 000亿元人民币/4 700亿港元,有效期为3年。

2018年

1月5日,中国人民银行印发《关于进一步完善人民币跨境业务政策促进贸易投资便利化的通知》(银发〔2018〕3号),明确凡依法可使用外汇结算的跨境交易,企业都可以使用人民币结算。

1月5日,中国外汇交易中心发布《关于境外银行参与银行间外汇市场区域交易有关事项的公告》,同意符合条件的境外银行参与银行间外汇市场区域交易。

2月9日,中国人民银行授权美国摩根大通银行担任美国人民币业务清算行。

3月26日,人民币跨境支付系统二期投产试运行。

3月26日,以人民币计价结算的原油期货在上海国际能源交易中心挂牌交易。

4月20日,为进一步规范人民币合格境内机构投资者境外证券投资活动,中国人民银行办公厅印发《关于进一步明确人民币合格境内机构投资者境外证券投资管理有关事项的通知》(银办发〔2018〕81号)。

5月1日,将"沪股通"及"深股通"每日额度扩大四倍,北上每日额度从130亿元人民币调整为520亿元人民币,南下每日额度从105亿元人民币调整为420亿元人民币。

5月2日,人民币跨境支付系统二期全面投产,符合要求的直接参与者同步上线。

5月4日,以人民币计价的大连商品交易所铁矿石期货正式引入境外交易者。

5月9日,人民币合格境外机构投资者试点地区扩大至日本,投资额度为2 000亿元人民币。

5月16日,为进一步完善跨境资金流动管理,推进金融市场开放,中国人民银行办公厅印发《关于进一步完善跨境资金流动管理,支持金融市场开放有关事宜的通知》(银办发〔2018〕96号)。

6月1日,中国A股股票正式纳入明晟(MSCI)新兴市场指数和全球基准指数,有利于吸引境外投资者配置人民币股票资产。

6月11日,为规范人民币合格境外机构投资者境内证券投资管理,中国人民银行、国家外汇管理局发布《关于人民币合格境外机构投资者境内证券投资管理有关问题的通知》(银发〔2018〕157号)。

6月13日,为进一步完善人民币购售业务管理,中国人民银行发布《关于完善人民币购售业务管理有关问题的通知》(银发〔2018〕159号),开放了证券投资项下跨境人民币购售业务。

9月8日,为促进全国银行间债券市场对外开放、规范境外机构债券发行、保护债券市场投资者合法权益,中国人民银行和财政部联合下发《全国银行间债券市场境外机构债券发行管理暂行办法》(中国人民银行财政部公告〔2018〕第16号)。

9月20日,中国人民银行和香港金融管理局签署了《关于使用债务工具中央结算系统发行中国人民银行票据的合作备忘录》。

10月22日,中国人民银行与日本银行签署了在日本建立人民币清算安排的合作备忘录;26日,授权中国银行东京分行担任日本人民币业务清算行。

10月26日,中国人民银行与日本银行签署规模为2 000亿元人民币/

34 000 亿日元的双边本币互换协议。

11月7日，中国人民银行通过香港金融管理局债务工具中央结算系统（CMU）债券投标平台，首次招标发行人民币央行票据。

2019 年

1月31日，彭博公司正式确认将于2019年4月起将中国债券纳入彭博巴克莱债券指数。

2月28日，明晟（MSCI）宣布，大幅提升A股在其全球指数中的权重，分三阶段将纳入因子由5%增加至20%。

5月30日，中国人民银行发布2019年第11号公告，授权日本三菱日联银行担任日本人民币业务清算行（中国人民银行公告〔2019〕11号）。

9月10日，国家外汇管理局公告取消合格境外机构投资者（QFII）和人民币合格境外机构投资者投资额度限制。

10月8日，中国人民银行与欧洲中央银行续签规模为3 500亿元人民币/450亿欧元的双边本币互换协议。

10月15日，中国人民银行与国家外汇管理局联合发布《关于进一步便利境外机构投资者投资银行间债券市场有关事项的通知》（银发〔2019〕240号）。

2020 年

1月31日，中国人民银行会同财政部、中国银行保险监督管理委员会、中国证券监督管理委员会和国家外汇管理局共同发布《关于进一步强化金融支持防控新型冠状病毒感染肺炎疫情的通知》（银发〔2020〕29号），简化疫情防控相关跨境人民币业务办理流程，支持建立"绿色通道"，切实提高跨境人民币业务办理效率。

3月11日，中国人民银行会同国家外汇管理局发布《关于调整全口径跨境融资宏观审慎调节参数的通知》（银发〔2020〕64号），将全口径跨境融资宏观审慎调节系数由1上调至1.25。

5月7日，中国人民银行与国家外汇管理局共同发布《境外机构投资者境内证券期货投资资金管理规定》（中国人民银行外汇局公告〔2020〕第2号）。

9月25日，中国证券监督管理委员会、中国人民银行、国家外汇管理局联合发布《合格境外机构投资者和人民币合格境外机构投资者境内证券期货投资管理办法》（证监会中国人民银行外汇局令第 176 号）。

12 月 11 日，中国人民银行会同国家外汇管理局调整跨境融资宏观审慎调节参数，将金融机构的跨境融资宏观审慎调节参数由 1.25 下调至 1。

2021 年

1 月 4 日，中国人民银行会同国家发展和改革委员会、商务部、国务院国有资产监督管理委员会、中国银行保险监督管理委员会、国家外汇管理局联合发布《关于进一步优化跨境人民币政策支持稳外贸稳外资的通知》（银发〔2020〕330 号）。

1 月 7 日，中国人民银行会同国家外汇管理局发布《关于调整企业跨境融资宏观审慎调节参数的通知》（银发〔2021〕5 号），将企业的跨境融资宏观审慎调节参数由 1.25 下调至 1。

1 月 27 日，中银香港推出中国香港人民币央票回购做市机制。

9 月 10 日，粤港澳三地同时发布《粤港澳大湾区"跨境理财通"业务试点实施细则》。

9 月 15 日，中国人民银行、香港金融管理局发布联合公告，开展内地与中国香港债券市场互联互通南向合作，人民银行发布《关于开展内地与香港债券市场互联互通南向合作的通知》。

10 月 29 日，富时罗素公司正式宣布将中国国债纳入富时世界国债指数（WGBI）。

12 月 10 日，人民币跨境收付信息管理二代系统上线试运行。

12 月 23 日，中国人民银行、国家外汇管理局发布《关于支持新型离岸国际贸易发展有关问题的通知》，鼓励银行优化金融服务，为诚信守法企业开展真实、合规的新型离岸国际贸易提供跨境资金结算便利。

2022 年

1 月 29 日，中国人民银行、国家外汇管理局发布《关于银行业金融机构境外贷款业务有关事宜的通知》，进一步支持和规范境内银行开展境外贷款业务。

5 月 11 日，国际货币基金组织执董会完成了 5 年一次的特别提款权（SDR）定值审查，将人民币权重由 10.92% 上调至 12.28%，人民币权重仍保持第三位。执董会决定,新的 SDR 货币篮子于 2022 年 8 月 1 日正式生效。

6 月 20 日,中国人民银行印发《关于支持外贸新业态跨境人民币结算的通知》。

7 月 4 日,中国人民银行与香港金管局签署常备互换协议,双方将自 2009 年起建立的货币互换安排升级为常备互换安排,协议长期有效,互换规模由原来的 5 000 亿元人民币/5 900 亿港元扩大至 8 000 亿元人民币/9 400 亿港元。

后记

2023年,我正式步入不惑之年。我似乎有些恍惚,但也安然地接纳。生活已经让我回归了本质,最真实的是现在每日的安然平静,身边有温柔贤惠的妻子,一双活蹦乱跳的儿女。在这个特殊的年份里,我完成了我个人的一桩心愿:在博士毕业后的第11年撰写的第一本专著——《货币国际化理论研究与人民币国际化前景展望》由西南财经大学出版社出版发行。这份特别的礼物,献给我生命中最重要的三个人——相伴近二十载的妻子李昕女士、儿子张逸宸、女儿张逸湉;也送给闯过一个又一个关口,正式进入人生下半程的自己。

目光所至,皆是回忆,心之所向,皆是过往。2012年博士毕业时,将博士论文修改出版的想法就曾萌生过。然而理想之美好,却难敌现实之骨感。晨起日落、为生活奔忙的脚步,朝朝暮暮、日常琐碎的点滴,生命延续、血脉相承的责任,压力递增、节奏加快的职场,无一不在分散自己有限的精力。再加上出版专著也无法对如今的事业提供实质性的帮助,曾经的想法也就一直被束之高阁。

掀开日历的扉页,撕去过往的片片记忆,留下屡屡回忆行行。渐渐步入中年,经历过世情冷暖以后,我对人生有了更加透彻的了解,内心也变得更加成熟,在不断的自省中看清轻与重,看淡得与失,也常常回忆起曾经年轻纯粹的自己。在我脑海中浮现最多的,便是当年为了扎根成都在西南财大光华园、柳林园留下的足迹。最让我自豪的,也不是如今衣食无忧、一眼可以望到老的稳定生活,而是曾经那段捉襟见肘,物来顺应、未来不迎、当时不杂、既过不恋的青葱岁月。

2021年5月，因工作需要我被派到了基层工作，岗位与身份几经转变，这里也成为我自身经风雨、见世面、壮筋骨的宝贵战场。2022年酷暑之时，新型冠状病毒感染疫情几乎已经在我国东西南北中转了个遍，而我的工作所在地也不幸"中奖"，实施了"静默管理"。全城都处于静止和沉默的状态中，一个人居家办公的我突然有了更多可自由支配的时间。百无聊赖之际偶然翻出了曾经的博士论文，昔日的点点滴滴、林林总总跃然而起，我仿佛又再次站在了漫漫求学道路的终点站，心潮澎湃，思绪万千，将毕业论文修改出版的想法再次浮上心头。拿定主意后，就迅速行动起来。不同的是，这一次我没有仅仅停留在"想"的层面，而是走出了内心无序、精神熵增的现实困境，不再茫然、不再彷徨，说干就干、提笔就写，坚定地迈出了第一步。除了疫情时期并不算短暂的居家办公的日子，后面的大半年时间，我的业余时间几乎都安排在这本书上。写书前的准备工作、书稿框架的搭建、书稿内容的撰写以及出版社的选择等每个环节，我都严格按照制定的时间表一一推进，事无巨细、力求完美，花费了大量精力，最终才有了今天这本书的顺利出版。

我为何要写这本书？或许最初只是因为居家隔离的简单生活方式让我想打发一下闲暇时间，想要利用有限资源让自己有所事事、发挥余热；或许是内心对于回忆里那段生活中的小美好和怀念曾经自己的某些状态的执着。当然，不可否认的是，写书过程中的"忆苦思甜"让我觉得这一年的生活变得更加充实。光阴寸隙流如电，风霜两鬓白如练。从当年在导师指导下独立完成博士论文到如今由自我意志推动完成本书，我也从风华正茂到而立之年再到现在进入不惑之年。不敢奢望本书能有多大的学术价值，但能在不惑之年为"恰同学少年"时追梦路上的自己曾经萌生的一个念头找到这份支撑和底气，知其缘法，付诸行动并脚踏实地去实现、去达成，也算是为逝去的青春画上一个圆满的句号。

从开始写作至本书最终定稿，总共花费了我一年内所有的业余时间。虽说在繁忙的工作之余要完成这本书的确不是一件很轻松的事情，但我内心深处却满含深深的感激之情。

感谢我的博士生导师穆良平教授。穆老师敦厚儒雅、治学严谨，当年的博士论文是在他的悉心指导下才得以顺利完成。而今在本书出版过程中，已经退休安享晚年的穆老师不厌其烦地给予指导，无论是在既有章节的修订，还是在新增章节的编写上，穆老师缜密的思维和高屋建瓴的点拨，让我少走了很多弯路。

感谢本书的合著者田正华女士。本书真正落笔时才意识到任务的艰巨，并非简单地将我曾经的博士论文修修补补就可以出版。博士论文中关于人民币国际化的一些观点并非完全能够经得住时间的考验。十年来世界经济形势出现了翻天覆地的变化，"逆全球化"思潮的出现和涌动，给人民币国际化的有序推进带来了一定的负面影响。要让曾经的论文观点能在十年后仍不失偏颇，需要完善增补，甚至推翻重写的内容远超预期。田女士作为西南财大世界经济专业的硕士，其研究生毕业后仍笔耕不辍，对于人民币国际化的研究远比我更有见地。合著本书的提议与田女士一拍即合，也让我对完成本书充满信心。田女士主要负责本书人民币国际化部分的撰写，在撰写过程中频繁与我交流意见并充分考虑了我的建议。在田女士的大力支持下，本书才能在短时间内顺利出版。

感谢我的妻子李昕女士，与你携手同行是我此生最为荣幸的事情。深情不及久伴，厚爱无须多言。写书的这一年时间里，脑子里无数次浮现的是日夜赶工博士论文时在我身边怀有身孕的你。一路走来虽然少不了争吵，但是彼此仍一路坚守。你的宽容与支持让我在这纷繁复杂的社会中仍能保持独立之思想，自由之人格，这一点对我尤为重要。而与你共同抚育的一双儿女，更是我人生最珍贵的礼物。

感谢我的父亲张兰明先生，我的母亲黄纯如女士。生养之恩，无以言表！此时我脑中浮现的画面是：父亲看到本书时，拿起老花镜认真阅读，然后要来跟我探讨一番；母亲拿起手机拍照分享到各个家庭群、好友群。在你们眼里，这应该就是很了不得的成就吧；而在我看来，只要你们还健在，我的根就还在。人到四十还能喊一声"爸"，喊一声"妈"，就是一种福气。

感谢王思静女士和易潇女士,在工作之余热心帮助我校稿,为我完成了十分繁杂且重要的一项工作,让我能在短时间内顺利完稿。

谨以此书缅怀我的兄长——张桂馥先生。七年生死两茫茫,不思量,自难忘……

张桂文

2023 年春于四川资中